O HOMEM INCOMENSURAVELMENTE MAIS DO QUE *SAPIENS*

Editora Appris Ltda.
1.ª Edição - Copyright© 2025 do autor
Direitos de Edição Reservados à Editora Appris Ltda.

Catalogação na Fonte
Elaborado por: Dayanne Leal Souza
Bibliotecária CRB 9/2162

F723h 2025	Formaggio, A. R. O homem incomensuravelmente mais do que sapiens / A. R. Formaggio. – 1. ed. – Curitiba: Appris: Artêra Editorial, 2025. 344 p. ; 23 cm. Inclui referências. ISBN 978-65-250-7403-0 1. Homem – Origens. 2. Dignidade. 3. Ciência. 4. Fé. 5. Universo. 6. Inteligência. I. Título. CDD – 128

Appris
editorial

Editora e Livraria Appris Ltda.
Av. Manoel Ribas, 2265 – Mercês
Curitiba/PR – CEP: 80810-002
Tel. (41) 3156 - 4731
www.editoraappris.com.br

Printed in Brazil
Impresso no Brasil

A. R. Formaggio

O HOMEM INCOMENSURAVELMENTE MAIS DO QUE *SAPIENS*

Curitiba, PR

2025

FICHA TÉCNICA

EDITORIAL	Augusto V. de A. Coelho
	Sara C. de Andrade Coelho
COMITÊ EDITORIAL	Marli Caetano
	Andréa Barbosa Gouveia (UFPR)
	Edmeire C. Pereira (UFPR)
	Iraneide da Silva (UFC)
	Jacques de Lima Ferreira (UP)
SUPERVISORA EDITORIAL	Renata C. Lopes
PRODUÇÃO EDITORIAL	Daniela Nazario
REVISÃO	Pedro Ramos
DIAGRAMAÇÃO	Jhonny Alves dos Reis
CAPA	Kananda Ferreira
REVISÃO DE PROVA	Alice Ramos

Explicação da capa: *O homem*, possivelmente a única criatura inteligente dentro do Universo, extasia-se diante da colossal beleza cósmica e busca entender *quem ele é, qual deve ter sido sua origem e para onde irá um dia*. Ele precisa aumentar sua consciência quanto à incomensurável altura da *montanha de sua dignidade*, a fim de que possa descobrir qual é a *sua real missão aqui no Universo*. Os braços levantados representam tanto o seu deslumbramento diante do magnífico Universo, quanto o seu reconhecimento diante da grandeza do seu Criador.

No princípio, Deus criou o céu e a Terra...

Deus disse: "Que exista a luz!..."

Deus disse: "Que exista um firmamento!..."

Deus disse: "Que exista um chão seco..."

Deus disse: "Que existam os luzeiros..."

Então, Deus disse:

Façamos agora <u>o homem "à nossa imagem e semelhança"</u>.

Que ele reine *sobre os peixes do mar, sobre as aves dos céus,*

sobre os animais domésticos e sobre toda a terra, e

sobre todos os répteis que se arrastam sobre a terra."

<u>Deus criou o homem "à sua imagem"; criou-o "à imagem de Deus"</u>,

criou o homem e a mulher.

Deus os abençoou: "Frutificai, disse ele, e multiplicai-vos,

<u>enchei a terra e submetei-a</u>.

Dominai *sobre os peixes do mar, sobre as aves dos céus e*

sobre todos os animais que se arrastam sobre a terra."

*Deus contemplou toda a sua obra, **e viu que tudo era muito bom**.*

Sobreveio a tarde e depois a manhã: foi o sexto dia.

cf. Gênesis 1, 1-31

AGRADECIMENTOS

Agradeço a Deus, em primeiro lugar, por ter-me dado disposição, força, coragem, ousadia e a oportunidade de escrever o presente livro.

Gastei inúmeras horas em pesquisas, organizações das literaturas e dos pensamentos, trocas de ideias, diagramações, revisões e correções.

Ao final de tudo, depois de ter visto a quantidade de horas de trabalho gastas, confesso que, visando à maior glória de Deus, bem como à efetiva conquista e ao necessário resgate da DIGNIDADE DO HOMEM em sua missão neste mundo, eu me disporia a gastar o dobro, ou o triplo, ou quanto esforço fosse necessário para tanto.

Agradeço à minha amada família, pelas incontáveis horas em que, devido aos trabalhos com este livro, não pude estar em convívio direto com eles, mas sim enfurnado no meu escritório, diante do laptop, livros e fontes, para conseguir tornar possível a presente obra.

Peço a Deus que, se for da Sua Vontade Sapientíssima e Soberana, esta obra possa ser útil a pelo menos uma pessoa neste mundo. Se isso acontecer, tudo terá valido a pena.

Omnia ad majorem Dei gloriam!
(Tudo para a maior glória de Deus!)
(Sto. Inácio de Loiola)

DEDICO:

Àqueles que enriquecem meu mundo e meu viver:
Martinha, Fernanda, Renato, Lily, Melissa e Emily, Daniela, Felipe e Laurinha.
À memória de meus amados pais, intrépidos e valorosos guerreiros:
Luiz e Lydia.
*Especialmente **aos jovens**, em sua natural e ávida*
busca por 'respostas'.
*Mas, também, **aos cientistas experientes**,*
que, em seu ingente esforço por desvendar o Universo,
ajudam tanto a Humanidade inteligente em sua peregrinação
por entre as constelações e as galáxias desta maravilhosa e colossal imensidão.
A todos aqueles que desejam conhecer cada vez melhor o correto lugar e a
insubstituível missão do ser humano dentro do Universo.

APRESENTAÇÃO

O presente livro nasceu da premente necessidade de que *o homem* conscientize-se da <u>*incomensurável dignidade*</u> de que é portador.

Nenhuma outra criatura dentro do Universo tem *um grau de dignidade tão grande como o ser humano.*

Para que o ser humano entenda-se tão digno e elevado, este livro expõe as grandes *interrogações existenciais (quem sou eu?, de onde vim?, o que estou fazendo aqui?, para onde vou? etc.)* que o perseguem desde que ele se entende por *inteligente.*

Viaja pelas imensidões e pelas infimidades do Universo e da matéria, como conseguem ser vistas pela avançada *ciência* do século XXI.

Questiona se a *matéria* é um *vazio*, bem como entra no *vácuo* do *átomo.*

Depois, volta-se para *a parte viva do Universo*, da qual *o homem* faz parte.

Questiona a explicação do *surgimento da <u>vida</u>* como tem sido teorizada pela *ciência.*

Em seguida, discute se *as diversas espécies de seres vivos* teriam mesmo surgido conforme tenta explicar o *evolucionismo darwiniano,* ou não.

A última parte gira em torno do próprio *homem* e apresenta um discurso sobre *a colossal (e ainda desconhecida!) <u>dignidade do ser humano</u>.*

Um ponto importante para entender a forma de abordagem dos vários assuntos neste livro é: procuramos contextualizar tudo sob a ótica do inigualável *binômio "ciência e fé".*

Afinal, *a ciência sozinha* não consegue explicar tudo e, por outro lado, à *fé* não é conveniente invadir os domínios da *ciência.*

Mas, como dizia sabiamente o então Papa João Paulo II: "A *fé* e a *razão (ciência)* constituem como que as duas asas pelas quais o espírito humano se eleva para *a contemplação da verdade*" (Encíclica *Fides et Ratio,* 1998).

A *ciência sozinha* não é capaz de abarcar todas as nuances e particularidades do *homem*, que é *corpo (biológico)* e também *alma (espiritual,* portanto, não tangível para os *estudos científicos).*

Assim, nem *só ciência* e nem *só espiritualidade.*

Mas *"ciência e fé"*, em conjunto, têm requisitos necessários para permitir, como dissemos em outra parte, *conhecer os verdadeiros "fundamentos últimos da realidade"*, visando ajudar a humanidade a corretamente contextualizar-se, a encontrar e a viver bem sua missão (única e insubstituível) neste nosso *ainda "misterioso Universo"*.

Procurou-se escrever este livro num *estilo amigável e acessível*, para que todos, mesmo quem não tenha vivência científica, possam ter compreensão fácil, inclusive sobre assuntos mais intrincados e científicos.

Contudo, apesar dessa *buscada acessibilidade*, procurou-se dar confiança *também a cientistas e especialistas* experientes, acostumados com as abordagens mais complexas e multifacetadas.

Para interessados em investigações adicionais, são citadas várias *fontes e nomes dos autores principais* consultados ao longo das exposições. Foram consultadas mais de 1.500 fontes ao longo do processo de desenvolvimento do texto do presente livro.

Por fim, é necessário dizer que não tivemos a pretensão de ter sido exaustivos. Em geral, as páginas de um livro não são suficientes para abarcar tudo o que existe sobre determinado assunto, sobretudo em tópicos tão abrangentes como os aqui abordados.

Com honestidade, simplicidade (mas, não sem uma necessária ousadia) e lisura, procuramos dar uma ideia panorâmica sobre o que a *ciência* já conquistou.

Mas *a ciência também tem limites* e, assim, procuramos deixar claro sobre *o que a ciência ainda não sabe*. Afinal, é preciso que tenhamos a honestidade e a humildade de reconhecer que *ainda há muitas coisas não dominadas pela ciência*.

Destacamos que, independentemente de possíveis tendências de imposição de ideias que possam estar existindo em distintos lugares e ambientes, seja por quem seja, cada leitor(a) pode (e deve!) sentir-se completamente livre para posicionar-se diante de *questões que ainda são hipóteses e teorias* (e não *fatos comprovados,* como muitas vezes se possa pretender afirmar).

* * *

Mas, o assunto principal deste livro é sobre **"o homem"**, que a *ciência* insiste em classificar como *Homo sapiens*. No entanto, na realidade, o homem é incomensuravelmente mais do que *sapiens* (daí a motivação do *título* deste livro).

Mas, afinal, *quem somos nós*, os **seres humanos**? Quem somos nós **no Universo**?

Desde que *o homem* entende-se por *inteligente*, ele faz essas e outras perguntas correlatas.

No entanto, nem sempre podemos considerar que as *respostas* já tenham sido dadas em toda a plenitude e com a essencial perfeição.

Se considerássemos que tudo no Universo fosse *uma grande peça de teatro*, na qual *o Universo* seria o vasto cenário e *os diferentes seres vivos* seriam, então, *os personagens*, qual deveria ser *o legítimo papel dos seres humanos* nesse grande teatro?

Quais deveriam ser as interconectividades e as corretas inter-relações entre os vários personagens?

Quem tem conhecimento e autoridade para responder com autoridade, com base e com profundidade, a essas importantes perguntas?

Se déssemos voz apenas à *ciência*, veríamos que ela teria uma lente exclusivamente científica, insuficiente para formular a resposta pretendida.

A *ciência* examinaria apenas *o corpo biológico* do homem e, então, sua resposta seria algo como: "o homem é um *animal racional*, biologicamente semelhante aos grandes macacos, como os orangotangos e os chimpanzés. Pode ser classificado, segundo o sistema de Lineu, como pertencente à espécie *Homo sapiens*".

Mas o homem não é apenas *corpo biológico*.

A *ciência* só consegue estudar *o corpo biológico do homem* porque esse corpo tem variáveis e processos mensuráveis e palpáveis (peso, altura, características biológicas, DNA, reprodução, digestão etc.).

O *homem* é, na verdade, **um todo muito complexo** formado por *corpo* e *alma*.

Como dito anteriormente, *o corpo biológico* pode ser objeto da ciência, mas a *alma* não. A *alma* situa-se no domínio do *espiritual*.

Assim, *alma* não é palpável nem mensurável e, portanto, não é passível de ser estudada pela *ciência* e por seus métodos científicos.

O homem é *muito mais do que* seu corpo biológico.

Ele carrega em si um *altíssimo nível de dignidade*. Mas, infelizmente, esse altíssimo nível de dignidade não é ainda adequadamente vislumbrado nem devidamente reconhecido tanto quanto deveria.

Esse *extraordinário nível de dignidade do homem* situa-se exatamente no *"muito mais do que"* antes aludido, que está *além do corpo biológico* e não é tangível pela *ciência*.

Está muito mais no domínio da espiritualidade, da transcendência e da *fé*.

Mas nem *só a ciência* nem *só a fé* conseguem, *sozinhas*, abarcar toda a grandeza do homem.

É aí que, quando trabalhadas com a necessária cooperatividade e a correta complementaridade, *ciência e fé*, em conjunto, conseguem dar as *respostas* pretendidas às perguntas apontadas.

O presente livro traz uma honesta e fundamentada reflexão sobre o que a *ciência* considera e pensa sobre *o homem*, procurando esclarecer sobre o suprarreferido *"o muito mais do que"* seu corpo biológico, que o *homem* possui em si.

Só quando o homem conseguir *conhecer-se a si mesmo em plenitude* poderá ocupar com toda consciência, confiança e convicção o papel, a missão e o lugar que é *seu* (*e unicamente seu!*) no grande palco do Universo.

Só então ele poderá ser verdadeira e completamente feliz.

Ó homem, se soubesses a imensidão da **dignidade** de que és portador, *se soubesses o quanto realmente vales!*

* * *

Todas as críticas, análises, opiniões, correções e sugestões serão bem-vindas (nosso email: formag1106@gmail.com).

LISTA DE SIGLAS E ABREVIAÇÕES

a.C. =>	–	antes de Cristo
At =>	–	Atos dos Apóstolos
ATP =>	–	Adenosina trifosfato (*em inglês*, Adenosine TriPhosphate)
Cf =>	–	conferir ou confira
CIC =>	–	Catecismo da Igreja Católica
CSA =>	–	Canadian Space Agency
d.C. =>	–	depois de Cristo
DNA =>	–	Ácido desoxirribonucleico, DNA (*em inglês, DNA,* Deoxyribonucleic acid)
ESA =>	–	European Space Agency
Gl =>	–	Carta de São Paulo aos Gálatas
Gn =>	–	Livro do Gênesis
GS =>	–	*Gaudium et spes*
Hb =>	–	Carta aos Hebreus
HST =>	–	Hubble Spatial Telescope
INPE =>	–	Instituto Nacional de Pesquisas Espaciais
JWST =>	–	James Webb Space Telescope
MEP =>	–	Modelo do Estado Padrão (*sobre a origem do Universo*)
Mt =>	–	Evangelho de São Mateus
Nasa =>	–	National Aeronautics and Space Administration
RNA =>	–	Ácido ribonucleico, ARN (*em inglês,* RNA, Ribonucleic acid)

SUMÁRIO

1

INTRODUÇÃO

Afinal, quem somos nós, os seres humanos?

Em cada amanhecer, antes de iniciar nova jornada, olhamos para o céu e dentro de nós emerge um agradecimento por mais um dia que nos é dado e renovam-se perguntas que frequentemente nos interpelam: _quem sou eu?... o que estou fazendo aqui dentro deste Universo tão belo e grandioso?... como deve ter sido o surgimento do Universo, da vida?... de onde eu, ser humano, venho?... para onde vou?... como devo viver para ser verdadeira e plenamente feliz?..._

Ah, o _"mistério humano"..._

Se olhamos para a direção do nascente, vemos uma luz forte, grande e bela que vai surgindo e começa a iluminar e a aquecer... depois, vai elevando-se, atinge seu pico ao meio-dia e logo inicia a descida, rumo ao poente, já pressagiando o entardecer... depois o anoitecer... e mais um dia de nossa trajetória...

Vem a noite escura e lá no quase infinito, a distâncias impensáveis, brilham as estrelas como pontinhos de luz, contrastando com o fundo negro do espaço colossal.

Em nosso pensamento nos deslumbramos com a imensidão do Universo e quase automaticamente voltamos a nos fazer perguntas: _por que o Universo é tão gigantesco?... será que só em nosso Planeta existe **vida**?... o homem seria o único **ser inteligente** dentro do Cosmos?... **quem** fez e governa tudo isso?..._

No entanto, em geral não nos é possível determo-nos por muito tempo nestas reflexões, pois todos os dias temos de nos desdobrar nas várias missões de nossas vidas, para resolver os diversos assuntos e para desenvolver os trabalhos que garantem nossa sobrevivência.

Assim o tempo vai transcorrendo, a vida vai rolando, mas _nossas perguntas_ continuam sempre latejantes dentro de nós.

Simultaneamente, muitas são as notícias, os pontos de vista, as opiniões, os fatos, os acontecimentos, os compromissos, as atividades, as obrigações e as atribuições. Os tempos estão deveras movimentados e nós também não podemos parar.

... o mar da vida está bem movimentado...

Neste agitado cenário, a principal motivação que me levou à realização do presente livro foi a de buscar fazer uma reflexão _em relação ao ser humano_ sobre dois valores que, principalmente nos últimos séculos, vêm se desbotando crescentemente:

> *a incomensurável "dignidade do homem";*

> *a sua missão "única" e "insubstituível" dentro do Universo.*

Como veremos, estes temas têm tudo a ver com o binômio *ciência e fé* e, assim, é sob esta ótica que procuraremos abordá-los.

* * *

A *ciência* estima que o Universo deve ter surgido há aproximadamente 14 bilhões de anos e desde então vem passando progressivamente por várias e contínuas transformações, em sua trajetória cósmica.

Podemos comparar o Universo com *um grande trem* que, em seus trilhos invisíveis (*"o tempo"*), está viajando incessantemente.

Fazendo parte deste imenso *"trem"* estão os astros em ininterrupto movimento... e, num lugarzinho singular, há um planeta magnífico, *a nossa Terra*, que é o vagão em que nós, *a humanidade*, estamos viajando...

Que *"trem"* é este?

Que *"viagem"* é esta?

"Quando" começou esta *viagem*?

"Por que" existe este *"trem"*?

"Para onde" ele vai?

"Quem" o conduz?

"Qual é a nossa missão" dentro deste *trem*?"

"De onde vem a colossal energia" necessária para mantê-lo em movimento?

• • •

Muitos têm pensado intensamente, e numerosos são aqueles que continuam pensando, em busca de *respostas* para estas e para muitas outras *perguntas*.

Várias são as teorias *científicas* sobre a *origem* do Universo e sobre *de que é constituída a matéria...* e isso abordaremos mais à frente.

Ao longo da extensa história cósmica, foram surgindo as *estrelas* e as *galáxias* e, numa destas galáxias — a Via Láctea —, há cerca de 4 bilhões e 600 milhões de anos foi formado *o nosso Sistema Solar*.

Dentro deste *Sistema*, há aproximadamente 4 bilhões e 500 milhões de anos surgiu um planeta para lá de especial, *a nossa Terra*.

Neste *magnífico planeta*, a *ciência* estima que há cerca de 4 bilhões e 100 milhões de anos atrás deva ter surgido *a vida*, um dos pontos mais altos desta encantadora trajetória do *grande trem*.

Muito tempo depois, outro ponto alto na trajetória cósmica, que, para muitos é o grande ápice da história do Universo: *"a chegada do homem inteligente"*, surgido estimativamente há aproximadamente duzentos mil anos.

Para termos uma perspectiva de conjunto, podemos representar esta gigantesca epopéia de um modo gráfico:

Há 14 bilhões de anos => surgimento do Universo

Há 4,6 bilhões de anos => surge o Sistema Solar

Há 4,5 bilhões de anos => origem do Planeta Terra

Há 4,1 bilhões de anos => surgimento da Vida

Há cerca de 200 mil anos =>

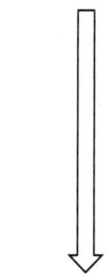

Homem inteligente

Numa ampla visada contextual, este esquema parece mostrar-nos que tudo dentro do Cosmos, desde o início, foi de alguma maneira convergindo para o surgimento do *homem inteligente*.

De fato, se não houvesse *a inteligência humana* dentro do Universo, não teria sido possível construir uma concepção de toda a *"longa traje-*

tória do Cosmos" e nem de, nela, perceber a existência de uma provável e proposital "trama" confluindo para o grande ápice, *"o homem inteligente"*.

Contudo, é preciso reconhecer: principalmente ao longo dos últimos três séculos, *a inteligência humana (a ciência)* vem correndo um crescente risco de perder a noção de seu principal objetivo — o de ser *um dos faróis que iluminam o caminho do homem* em sua *"busca pela Verdade e pela verdadeira felicidade"*, anseios inscritos no íntimo do ser humano.

Infelizmente, ao longo dos séculos o homem tem, muitas vezes, *desvalorizado sua própria essência*, principalmente quando considera a si mesmo como *"um mero animal racional"*.

A própria *ciência*, quando tenta enquadrar o homem como *uma espécie animal evoluída a partir de espécies animais ancestrais*, indiretamente está dando a entender ao ser humano que ele seria, também, meramente, uma *espécie animal*.

Mas, *por ser superiormente inteligente, por ter livre arbítrio e vontade própria*, por ter dentro de si uma necessidade insuperável de *buscar a Verdade* e, também, uma insaciável *sede da verdadeira felicidade*, por *"sua origem e destino divinos"*, o homem é *incomensuravelmente mais do que os animais*.

Diferente do *homem*, um *animal* não tem necessidades espirituais ou intelectuais e nem sente sede de felicidade e de verdade. Desde que lhe sejam fornecidos alimento, água e abrigo, ele sente-se plenamente saciado e seguro e, portanto, *"feliz"*.

Mas, podemos, nós, *homens*, chegar a conhecer quem somos, o que somos, o que estamos fazendo aqui neste Universo e qual é *"o real tamanho da nossa dignidade e da nossa nobreza"*?

Podemos conhecer *a Verdade*?

A *ciência* e o *engenho humano*, principalmente a partir do século XX, tiveram um desenvolvimento gigantesco, permitindo nos dias de hoje à nossa inteligência, com os frutos destes avanços, vislumbrar novos conhecimentos que nunca antes haviam sido postos à luz.

Então, a partir destes novos conhecimentos científicos e tecnológicos, torna-se *agora (no século XXI)* possível desenvolver *visões de mundo* muito mais lúcidas do que as que eram possíveis até o século dezenove.

É ilustrativo incluir aqui, a título de comparação, um exemplo de *como era no passado* e de como são as possibilidades dos dias atuais.

Galileu Galilei *(1564-1642)*, considerado o *"pai da ciência moderna"*, foi o inventor do primeiro telescópio para finalidades astronômicas, por volta do ano 1610, o qual possibilitava aumentos de *até oito ou nove vezes*.

Nos tempos atuais, o telescópio espacial Hubble[1], por exemplo, lançado pela Nasa em abril de 1990, é tão potente que tem a capacidade de fotografar até mesmo uma minúscula mosca comum — de apenas cinco ou seis milímetros de comprimento — que esteja posicionada a cerca de *13 mil e 700 quilômetros de distância* dele!

Assim, o que no passado era impossível, hoje é realidade e consegue-se registrar até as zonas mais longínquas e profundas do Universo, dispondo de tecnologias que antes eram impensáveis.

Na antiguidade, as mudanças eram lentas.

Foram necessários mais de dois mil anos *(desde o século quarto a.C. até o século décimo sétimo d.C.)* até se conseguir chegar à retificação da equivocada concepção *geocêntrica*[2] para a correta, a do *heliocentrismo*[3].

A *ciência moderna* teve o início efetivo de seu desabrochar entre os séculos XVI e XIX d.C., e, depois disso, o conhecimento humano vem crescendo a velocidades cada vez maiores, até ao ponto em que, nas últimas décadas viemos a conhecer *um desenvolvimento científico e tecnológico* nunca antes visto em toda a história humana.

Verificou-se, no entanto, nos últimos tempos, uma progressiva, e talvez até desproporcional, valorização da *ciência*, ao mesmo tempo em que pareceu ocorrer uma crescente *desvalorização do homem*, ao lado de um certo afastamento de *Deus*, o grande referencial para a existência de *tudo o que há no Universo.*

---

[1] Hubble Spatial Telescope *(HST)*: considerado um dos mais importantes de todos os telescópios já construídos pelo homem. Pertence à agencia espacial norte-americana Nasa (National Aeronautics and Space Administration), tendo sido lançado em 24 de abril de 1990, a bordo do ônibus espacial Discovery. É um satélite artificial não tripulado e transporta um grande telescópio que atua na luz visível e na infravermelha. Como fica no espaço, orbitando ao redor do nosso planeta, a 600 km de altitude, está livre de interferências da atmosfera terrestre. Isto favorece a obtenção de imagens precisas das zonas mais distantes do Universo.

[2] *Geocentrismo:* teoria antiga, que supunha a Terra como centro do Universo e então todos os astros estariam girando ao seu redor.

[3] *Heliocentrismo:* modelo teórico do Sistema Solar, desenvolvido pelo astrônomo e matemático polonês, Nicolau Copérnico *(1473-1543)*, em que a Terra e os demais planetas giram ao redor do Sol.

Sem o seu principal e verdadeiro referencial — Deus —, o homem fica *"sem chão, sem teto, sem contexto e sem futuro"*, chegando mesmo a perder *"o verdadeiro sentido e a correta direção"* para a sua existência.

Onde está, então, o ponto ótimo de equilíbrio entre um valor adequado para a *ciência*, sem perder *o grande referencial*?

Nem *"endeusar a ciência"* e nem *"desendeusar a Deus"*, sempre tendo em conta que *"o homem"* é o único ponto de intersecção entre a Criação e o Criador.

Em um livro anterior intitulado *Todas as respostas do Universo*[4], abordamos a visão conjunta do binômio *ciência e fé* em relação *às grandes perguntas humanas* sobre o Universo, a vida, o homem e a inteligência.

Aqui, neste livro, procuraremos entender como a *ciência* teoriza sobre a *origem do Universo*, sobre a *origem da vida*, sobre *a origem das espécies* e sobre a *origem do homem* e como tudo isso vem sendo *"digerido"* pela humanidade.

Será que as *teorias científicas* sobre os assuntos anteriormente referidos têm, realmente, conseguido desenvolver seu papel de fazer crescer o conhecimento humano, *de forma correta, isenta e em direção à Verdade*?

Passaremos, no presente livro, pelas *principais teorias*, sempre procurando usar um linguajar compreensível, tanto para os *jovens* cheios de perguntas e sedentos de respostas, como também, numa abordagem fundamentada nos melhores autores e pensadores, para os *cientistas* que buscam *"a verdade"* no campo do binômio *"ciência e fé"*.

* * *

Finalmente, por que o título deste livro é **"O homem incomensuravelmente mais do que _sapiens_"**?

Desde o século XVIII, o homem vem sendo incluído no sistema taxonômico de Lineu, sendo chamado de _Homo sapiens_, como se fosse mais uma mera classe de *espécie animal*.

Porém, veremos aqui que *o homem* não é, definitivamente, um mero *"animal racional"*.

---

[4] Formaggio, A.R. *Todas as respostas do Universo*. Editora Literando. São Paulo (S.P.). Junho 2024. 223p.

O homem é, sim, um *"ser superior"*, dotado de características e de capacidades inigualáveis dentro da Criação, pois é *"de origem e de destino divinos"*.

Assim, como o título indica, um dos focos principais deste livro será o de dar luzes para o resgate dos conceitos envolvidos com a **_"incomensurável dignidade"_** da parte mais valiosa do Universo: *"o ser humano"*.

* * *

2

O NOSSO UNIVERSO EXTRAORDINÁRIO E MISTERIOSO

O único lugar onde podemos existir e viver é *o Universo*.

A questão sobre *a origem do Universo* sempre foi e ainda é uma das mais fundamentais para o homem.

Respostas para perguntas relacionadas à sua natureza, do que é constituído, qual seria o seu tamanho, sua idade, e tantas outras, vêm sendo buscadas desde as primeiras civilizações e culturas.[5]

A ciência tem dedicado grande parte de seus esforços na direção de tentar responder a todas estas questões, contudo, é preciso reconhecer que os conhecimentos sobre o Universo ainda são muito poucos e há uma quantidade imensa de temas que precisam ser investigados pela ciência.,

A compreensão do Universo, desde os filósofos gregos clássicos, como Aristóteles, Sócrates e Platão *(por volta de 500 a.C.)* até há alguns poucos séculos, sempre foi fragmentada e especulativa, uma vez que a chamada *"ciência moderna"* é relativamente recente, podendo-se considerar os séculos XVI/XVII *(com Galileu)* como seu início.

É oportuno destacar que, desde épocas antigas, os egípcios, os chineses, os incas, os maias e os astecas já sabiam observar o Universo e procuravam entender os movimentos dos astros.

Os gregos antigos desenvolveram métodos geométricos até certo ponto aprimorados e precisos para determinar órbitas e tamanhos de corpos celestes, bem como para previsões de alguns eventos astronômicos.

Cosmologias da antiguidade

Para nós, que vivemos aqui no primeiro quarto do século XXI d.C. e que dispomos de telescópios espaciais, de observatórios astronômicos,

---

[5] Steiner, J.E. *(2006). A origem do universo. Estudos Avançados*, 20(58), 231-248. Disponível em: https://www.revistas.usp.br/ eav/article/view/10192. Consulta: 24 agosto 2021.

de supercomputadores, de sofisticados modelos matemáticos e físicos, bem como de um grande arsenal de instrumentos de alta tecnologia, é pertinente conhecer como eram *as cosmovisões dos povos da antiguidade*, que não dispunham nem mesmo da mais rústica luneta para observar o céu.

Contudo, é importante considerar que estas cosmovisões antigas influenciaram de alguma maneira em nossas concepções atuais.

Para quase todas as civilizações daqueles tempos da antiguidade era necessário acomodar em suas visões de mundo não só a face visível da Terra e a do céu, mas também incluir, possivelmente no espaço, o mundo dos mortos, tanto os abençoados como os condenados, além dos reinos dos deuses e dos demônios.

Havia, nestas mundivisões, significativa influência das religiões e também relevante consideração pelas interpretações associadas ao ambiente físico ou cultural de cada civilização.

Assim, hoje é compreensível que, para estas civilizações da antiguidade, suas cosmologias pudessem incluir tendências e visões de Terra plana.

Na Índia, uma das mais antigas civilizações do planeta, formada por caçadores, coletores e nômades, as várias cosmologias dos hindus, brâmanes e budistas tinham em comum os pressupostos de doutrinas reencarnacionistas.

Assim, as configurações físicas de suas mundivisões necessitavam acomodá-los, incluindo os diversos níveis de céus e de infernos considerados por estas doutrinas.

Desta forma, para os hindus, por exemplo, o universo era como um ovo redondo coberto por sete cascas concêntricas, feitas com distintos elementos.

Para os egípcios antigos, civilização que existiu há cerca de cinco mil anos no vale do rio Nilo, o universo era uma ilha plana cortada por um rio, sobre a qual estava suspensa uma abóbada sustentada por quatro colunas.

Para os babilônios *(1895 a.C.–539 a.C.)*, civilização que existiu no centro-sul da Mesopotâmia, o universo era composto de duas camadas conectadas por uma escada cósmica.

A civilização maia *(250 d.C.-900 d.C.)* viveu na América Central, construiu grandes cidades e era fortemente dependente do milho e das chuvas, que muitas vezes eram escassas e, para eles, vinham do céu.

Consideravam que no início do Universo havia apenas o céu, o mar e o criador. Este, após várias tentativas fracassadas, conseguiu construir pessoas a partir do milho e da água.

No antigo testamento da Bíblia judaico-cristã, a Terra era imaginada estando em conexão ao misterioso firmamento, às águas acima do firmamento, às fontes do abismo, ao limbo e à casa dos ventos.

Assim, o primeiro livro bíblico, o Gênesis, narra que o Universo teve *um começo*:

> No princípio Deus criou os céus e a Terra.
>
> A Terra, porém, estava informe e vazia; as trevas cobriam o abismo e o Espírito de Deus pairava sobre as águas.
>
> Deus disse: *"Faça-se a luz"*. E a luz foi feita.
>
> Deus viu que a luz era boa, e separou a luz das trevas.
>
> Deus chamou à luz "dia", e às trevas "noite". Houve uma tarde e uma manhã: foi o primeiro dia...[6]
>
> ... e, depois, Deus criou as demais partes, tendo como ápice o homem, *criado à imagem e semelhança do Criador.*

* * *

A grande verdade é que tudo o que diz respeito ao ser humano e a todos os demais entes universais não poderia existir a não ser *dentro do Universo,* esta nossa grande, extraordinariamente bela e acolhedora *"casa hospedeira".*

Porém, muitas vezes podemos sentir-nos como alguém que está dentro de uma casa, sem saber *como* surgiu aquela casa e, mais ainda, *quem* somos nós e *o que* estamos fazendo ali.

Para nós, homens inteligentes, conhecer tudo o que nos for possível sobre o Universo é uma chave para entendermos tudo o que nos rodeia e até para compreendermos mais sobre nós mesmos.

A ciência que estuda o Universo é a *Cosmologia*. Esta preocupa-se em desvendar sobre a origem, a dinâmica e a composição do Cosmos.

Os filósofos pré-socráticos *(século VII a.C. ao século V a.C.)* já procuravam entender o Universo de uma forma racional e, por isso, de certa forma têm sido considerados como *os primeiros cosmólogos.*

---

[6] Gn 1, 1-5.

Naqueles tempos primevos estes sábios refletiam muito sobre o Universo, porém só podiam contar com observações sobre o que estava dentro de sua abrangência visual.

Anteriormente aos filósofos gregos, as ideias que existiam sobre a origem do Universo eram baseadas em *narrativas mitológicas* que sugeriam a origem de tudo a partir dos titãs *(Chaos, Chronos e Gaia)* e que os deuses de então *(Zeus, Hades e Poseidon)* teriam sido os libertadores do Universo, que antes estava sob o jugo da crueldade de Chronos.

Tales de Mileto *(624-546 a.C.)*, filósofo considerado como o primeiro cosmólogo de origem grega, após ter observado muito o Universo, asseverava que tinha sido *a água* que dera origem a tudo.

Embora nos dias atuais sua concepção possa parecer paradoxal, é-lhe atribuído valor por ser considerada como *a primeira tentativa de explicação racional* e não baseada em algum *elemento sobrenatural*.

No tempo dos filósofos gregos, e ao longo de vários séculos posteriores, *não havia recursos tecnológicos* e todas as especulações sobre o Universo ficavam apenas no campo das ideias.

Como dissemos antes, *a primeira luneta* foi construída pelo italiano Galileu Galilei, astrônomo, físico e engenheiro florentino, que viveu entre 1564 e 1642.

Era um instrumento tecnológico revolucionário para a época e permitia aumentos de até nove vezes.

Após algum tempo, Galileu conseguiu desenvolver uma versão melhorada de seu telescópio, o qual tinha a capacidade de proporcionar aumentos de até trinta vezes.

Foi considerado um instrumento superior a todos os demais que até aquele momento tinham sido fabricados na Europa.

Galileu teve então a ideia de apontar seu telescópio para o espaço e fez descobertas relevantes para a sua época. Mostrou, por exemplo, que a superfície da Lua não era lisa, mas forrada de crateras.

Quando ele visou as estrelas, notou que elas não eram *fixas* e que a Via Láctea não era feita, como dizia o filósofo grego Aristóteles *(384-322 a.C.)*, de exalações celestiais, mas por imensos agrupamentos de estrelas.

Ele descobriu também quatro "planetas". Hoje sabe-se que eram, na verdade, satélites naturais orbitando o planeta Júpiter.

Galileu foi perspicaz a ponto de perceber que *a Terra não era o centro do Universo* (ideia chamada em sua época de *geocentrismo*), como se dizia desde Aristóteles *(século IV a.C.)* em sua teoria *teocêntrica*, a qual tinha sido há muito tempo adotada pela Igreja Católica.

Este grande astrônomo italiano chegou à conclusão de que *era a Terra que girava ao redor do Sol* e não o contrário. A partir de então, passou a defender o *heliocentrismo*.

Depois de Galileu *(século XVI d.C.)* o progresso tecnológico foi ainda relativamente lento até o início do século XX, quando a ciência e a tecnologia passaram a ter *aumentos de progresso formidavelmente grandes e rápidos*, como nunca antes, na história da humanidade, tinha ocorrido.

A Cosmologia moderna faz parte da Astronomia e da Astrofísica, com a inigualável vantagem, em relação aos filósofos antiguidade e cosmólogos da *época pré-científica*, de que agora pode contar com avançados modelos matemáticos e físicos, além de instrumentos de alta tecnologia como supercomputadores e telescópios espaciais como o Hubble, já citado antes.

Sim, a ciência e o conhecimento humano cresceram substancialmente, em especial no século XX, mas, mesmo assim, uma resposta científica definitiva sobre a grande pergunta relacionada com a *origem do Universo* ainda está muito distante.

Por outro lado, hoje sabemos que o tamanho do *Universo observável* é formidavelmente enorme.

Não entrando em maiores elucubrações, poderíamos dizer que o *Universo observável* é comparável a uma esfera com raio de aproximadamente 13,7 bilhões de *anos-luz*[7]! Por sermos os observadores, o nosso Planeta estaria no centro desta esfera.

Isto quer dizer que, se tomássemos um ponto localizado no limítrofe desta colossal esfera universal, a luz emitida por ele demoraria cerca de 13,7 bilhões de anos para chegar ao nosso Planeta, mesmo viajando a incríveis 300 mil km/segundo, que correspondem à velocidade da luz[8].

---

[7] *Ano-luz:* distância percorrida pela luz, no vácuo, durante um ano, à velocidade de 300 mil km/seg. Um ano-luz equivale a $9,461 \times 10^{12}$, ou seja, 9,461 trilhões de quilômetros.

[8] *Velocidade da luz:* nenhum objeto interno ao Universo consegue ultrapassar 1,08 bilhão de km/h — a velocidade da luz no vácuo — porque todos os corpos vão ganhando cada vez mais massa à medida que sua velocidade aumenta.

Isto significa que, quando esta luz estivesse chegando aqui, nós estaríamos vendo como este ponto era há 13,7 bilhões de anos, ou seja, estaríamos observando *o passado* do mesmo, devido à imensa viagem realizada por ele.

Se alguém perguntasse: *"o que existe fora desta esfera universal?"*, a resposta teria de ser *"não sabemos"*, pois, se existir algo, *a sua luz ainda não chegou até nós.*

* * *

Nossa galáxia, nosso Sol e nossa Terra dentro do Universo

Nosso Planeta situa-se dentro da *galáxia*[9] chamada *Via Láctea*.

Aos olhos humanos, a *Via Láctea* é de uma enormidade colossal![10]

Nas ilustrações sobre ela, vemo-la como um estrutura composta de estrelas formando um disco com diâmetro estimado em 100 mil anos-luz *(algo como $9,461 x 10^{17}$ km)*.

Mas nossa galáxia é envolvida por um halo de *matéria escura*[11] e então, se esta matéria for contabilizada, isto faz elevar o seu diâmetro total para quase 2 milhões de anos-luz *(ou cerca de $1,9 x 10^{19}$ km, quando transformamos a unidade para quilômetros)*!

Isto quer dizer que, se nós, humanos, habitantes do planeta Terra *(que, por sua vez, está localizada no Sistema Solar)* quiséssemos sair *para fora da Via Láctea* e se conseguíssemos construir uma nave com capacidade de viajar à velocidade da luz *(300 mil km/seg)*, demoraríamos cerca de dois milhões de anos para completar esta viagem!!!...

Para termos uma ideia sobre esta questão da possibilidade de humanos pensarmos um dia em viajar à velocidade da luz, é ilustrativo mencionar a sonda *Voyager-1*[12], que é a nave espacial mais rápida já construída

---

[9] *Galáxias:* são aglomerados de estrelas. Variam de tamanho, desde as anãs *(que agrupam apenas algumas centenas de milhões de estrelas)* até as gigantes *(que reúnem centenas de trilhões de estrelas)*.

[10] *Via Láctea:* estima-se que a nossa galáxia agrupa entre 200 e 400 bilhões de estrelas.

[11] *Matéria escura:* tipo de matéria existente no Universo, que interage gravitacionalmente com a matéria normal, mas não interage com a força eletromagnética e, por isso, não é visível. Começou a ser percebida a partir da década de 1930, mas muito pouco se sabe sobre ela até o presente.

[12] *Voyager-1:* sonda norte-americana fabricada pelo Jet Propulsion Laboratory. Foi lançada ao espaço em 05 de setembro de 1977, para obter informações dos planetas Júpiter e Saturno. Depois disso, prosseguiu viagem rumo ao espaço interestelar. A sonda foi o primeiro artefato da humanidade a entrar no espaço interestelar, conforme informação oficialmente confirmada pela NASA no dia 12 de setembro de 2013. *In:* NASA/Jet Pro-

pelo homem e pode alcançar uma velocidade de 77,3 km/s *(278.280 km/h)* ou algo como 0,0257% da velocidade da luz, já que a velocidade da luz corresponde a 1.079.252.848,8 km/h.

No *BOX 2.1* é feita uma reflexão sobre as chances de, considerando as capacidades tecnológicas atuais, o homem tentar fazer uma viagem *para fora do nosso Sistema Solar*, em direção ao sistema solar mais próximo de nós, que é o da estrela Proxima Centauri, localizada na Constelação do Centauro.

* * *

Quantas *galáxias* e *estrelas* existem no Universo?

Um estudo de 2021[13], realizado com dados da sonda espacial *New Horizons*[14], da Nasa, permitiram estimar que existem aproximadamente duzentos bilhões de galáxias no Universo observável e cerca de 10^{24} estrelas[15].

As galáxias variam em tamanho, desde as anãs, que agregam algumas centenas de milhões de estrelas, até as galáxias gigantes, que agrupam algo como 100 trilhões de estrelas, cada uma orbitando ao redor do centro de massa de sua respectiva galáxia.

BOX 2.1 – Distâncias no espaço x possibilidades de viagens para fora do Sistema Solar

A *Voyager-1* é considerada o primeiro artefato construído por mãos humanas a sair da influência do Sistema Solar.

Em 05 de setembro de 2021, a *Voyager-1* havia completado quarenta e quatro anos de missão e já tinha viajado até então cerca de 107,26 bilhões de quilômetros.

A *Voyager-1* está distanciando-se do Sistema Solar a uma velocidade de cerca de 3,6 UA (*Unidade Astronômica*) por ano. Uma UA corresponde à distância entre a Terra e o Sol e, portanto, equivale a 150 milhões de quilômetros.

---

pulsion Laboratory. *NASA Spacecraft Embarks on Historic Journey Into Interstellar Space (disponível em:www.jpl. nasa.gov/news/nasa-spacecraft-embarks-on-historic-journey-into-interstellar-space.* Consulta realizada em 5/ dezembro/2021).

[13] Sarah Chemla. *Astronomers were wrong about the number of galaxies in Universe (Os astrônomos estavam errados sobre o número de galáxias no Universo). The Jerusalem Post,* January 14, 2021. Disponível em: https://web.archive. org/web/20210114153938/https://www.jpost.com/health-science/astronomers-were-wrong-about-the-num- ber-of-galaxies-in-universe-655425. Consulta realizada em 05 dezembro 2021.

[14] *New Horizons:* é uma sonda espacial interplanetária que foi desenhada como parte do programa New Fron- tiers, da NASA. Foi lançada em 2006, com a missão principal de realizar um estudo panorâmico de Plutão. Tornou-se a quinta sonda espacial a atingir a velocidade de escape necessária para deixar o Sistema Solar.

[15] Marov, Mikhail Ya. *The Structure of the Universe (A estrutura do Universo). In: The Fundamentals of Modern Astrophysics.* pp. 279–294. 2015. doi:10.1007/978-1-4614-8730-2_10. ISBN 978-1-4614-8729-6.

Para qual direção a *Voyager-1* está indo? Ela está viajando rumo à estrela Proxima Centauri, na Constelação do Centauro. Esta estrela é a que está mais próxima de nós, a cerca de 4,22 anos-luz em relação à Terra. Portanto, supondo que a sonda viaje a uma velocidade média da ordem de 50.000 km por hora, ela gastará mais de 40.000 anos para chegar lá!

É significativo incluir estas informações aqui para que possamos ter elementos que nos permitam refletir, por exemplo, sobre questões como: *"seriam possíveis viagens espaciais tripuladas para planetas habitáveis possivelmente existentes fora do nosso Sistema Solar?"*

Para termos uma ideia sobre a ordem de grandeza deste intervalo de tempo de *40.000 anos* anteriormente citado, estima-se que o homem passou da condição de caçador para a de *agricultor* — e esta passagem é considerada como o início do surgimento das *primeiras civilizações* — há apenas 12.000 anos!

Ou seja, se considerarmos o nível tecnológico atual, uma viagem como esta seria completamente inviável!

Quando vamos a uma praia, vemos toda aquela areia e nem imaginamos contar quantos grãos existem ali. Muito menos ainda, imaginamos quantos grãos de areia existem em todo o nosso planeta.

Mas podemos dizer com toda certeza que existe um número maior de estrelas no Universo do que o número de todos os grãos de areia existentes no planeta Terra!

Na nossa galáxia, a Via Láctea, há um número estimado de 400 bilhões de estrelas!

O nosso Sol é uma das estrelas da Via Láctea e localiza-se a cerca de 26 mil anos-luz de distância em relação ao centro de massa da nossa galáxia.

A Terra orbita ao redor do Sol a uma distância média de 149,6 milhões de quilômetros desta nossa estrela, e pode ser considerada como um dos lugares mais esplêndidos do Universo.

Pelos conhecimentos atuais, podemos dizer que, talvez, a Terra seja o único ponto do Universo onde há *vida* e *inteligência*.

Em 2013 a Agência Espacial Europeia *(ESA)* publicou aquele que é considerado o mapa mais preciso e detalhado e que contém a luz mais antiga do Universo, ou seja, aquela emitida poucos momentos após o *Big-Bang*. Este mapa revelou que o Universo deve ter cerca de 13,8 bilhões de anos.[16]

---

[16] Redd, N.T. *How Big is the Universe? (Quão grande é o Universo?)* Disponível em: https://www.space.com/24073-how-big-is-the-universe.html (Consulta em 25/08/2021).

Como num navio navegando no imenso oceano, os astrônomos da Terra podem girar seus telescópios para observar 13,8 bilhões de anos-luz em todas as direções. Isto coloca a Terra no centro de uma esfera observável com raio de 13,8 bilhões de anos-luz.

Embora a dita esfera pareça ter quase 28 bilhões de anos-luz de diâmetro, sabe-se que esta esfera universal é muito maior.

Os astrônomos sabem que o Universo está se expandindo. Assim, embora possamos ver um ponto que fica a 13,8 bilhões de anos-luz a partir da Terra, o qual está localizado na época do *Big-Bang*, sabemos que o Universo continuou expandindo-se ao longo do tempo.

Assim, considerando a taxa de expansão ao longo do percurso, este mesmo ponto deve estar a aproximadamente 46 bilhões anos-luz de distância e assim o Universo observável passa a ser uma esfera com um diâmetro em torno de 92 bilhões de anos-luz!

Considerando o raio de 46 bilhões de anos-luz, esta impressionante cifra equivale a cerca de $4,35 \times 10^{23}$ quilômetros, ou seja, um número como 435.000.000.000.000.000.000.000 quilômetros!

Isto significa que, saindo da Terra, para atingir o limite mais externo do Universo observável, se fôssemos viajar à velocidade da luz *(cerca de 300 mil quilômetros por segundo, que é tida como a maior velocidade, no vácuo, possível dentro do Universo)*, gastaríamos cerca de 46 bilhões de anos!

Se nos fosse possível embarcar numa nave que pudesse viajar numa *ultravelocidade* como a do *pensamento (supondo-a muito maior que a velocidade da luz, mas existente apenas no mundo da nossa fantasia)* ao longo do Universo, iríamos vendo, durante o trajeto, inúmeros grupos de galáxias, vazios imensos, nebulosas, buracos negros, berços de estrelas, campos de energia escura, matéria escura e matéria ordinária, campos de radiação eletromagnética e até antimatéria.

Difícil não ficarmos impressionados com os tamanhos gigantescos das estruturas e com as colossais distâncias dentro do Universo!

São números para nós inconcebivelmente colossais, que só podem ser medidos com unidades de grandeza como *os anos-luz, as unidades astronômicas, os parsecs* e *os yottametros.*

No *BOX 2.2*, está uma tabela[17] com diferentes unidades de medida, desde as que servem para as mais ínfimas, como o *yoctômetro*, até as mais gigantescas, como o *yottametro*.

$$* * *$$

Viajando por entre os ínfimos *yoctômetros* (10^{-24} *m*)

Até aqui viajamos por *dimensões macro* do Cosmos.

Mas há toda uma realidade completamente diferente quando mergulhamos *nas dimensões mais ínfimas do Universo*.

BOX 2.2 – Unidades de comprimento macro e micro no Universo

Múltiplos do metro

yottametro *(Ym):* 10^{24} metros

zettametro *(Zm):* 10^{21} metros

exametro *(Em):* 10^{18} metros

petametro *(Pm):* 10^{15} metros

terametro *(Tm):* 10^{12} metros

gigametro *(Gm):* 10^{9} metros

megametro *(Mm):* 10^{6} metros

quilômetro *(km):* 10^{3} metros

hectômetro *(hm):* 10^{2} metros

decâmetro *(dam):* 10 metros

---

metro: unidade básica do sistema internacional de unidades

Submúltiplos do metro:

decímetro *(dm):* 10^{-1} metro

centímetro *(cm):* 10^{-2} metro

milímetro *(mm):* 10^{-3} metro

micrômetro *(μm):* 10^{-6} metro

nanômetro *(nm):* 10^{-9} metro

picômetro *(pm):* 10^{-12} metro

---

[17] *Sistema Internacional de Unidades de Comprimento.* Disponível em: https://pt.wikipedia.org/wiki/Unidades_de_comprimento. Consulta realizada em 05 dezembro 2021.

fentômetro *(fm):* 10^{-15} metro
attômetro *(am):* 10^{-18} metro
zeptômetro *(zm):* 10^{-21} metro
yoctômetro *(ym):* 10^{-24} metro
Unidades de distância:
ano-luz *(ly):* $9,46 \times 10^{15}$ metros
unidade astronômica *(ua):* $1,495 \times 10^{11}$ metros
parsec *(pc):* $3,0857 \times 10^{16}$ metros

São dimensões absolutamente invisíveis aos nossos olhos por se referirem a elementos de tamanhos para nós *inimaginavelmente pequenos*, as menores e mais infinitesimais partículas da matéria!

Imaginemos uma minúscula nave que seja capaz de viajar até as entranhas mais diminutas da matéria, lá onde estas ínfimas partículas estão em frenéticas e contínuas interações, em dinâmicas tão ultramicroscópicas que os cientistas resolveram denominar este domínio de *"mundo quântico"*, o mundo da Física Quântica.

Para termos um parâmetro de ordem de grandeza, imaginemos uma fita métrica de *um metro*. Ela contém *cem centímetros*.

Indo para tamanhos menores, *um centímetro* contém *dez milímetros*. Portanto, *um metro* contém mil *milímetros (10^{-3}m)*.

Para nós é fácil visualizarmos *um milímetro*. Basta que olhemos para esta fita métrica ou para uma régua comum.

Mas, agora, ao nos referirmos a alguma partícula com tamanho da ordem de *um yoctômetro (10^{-24} metro)*, a nossa tarefa é bem mais complicada: em vez de visualizarmos *um milímetro (que, como sabemos, é a milésima parte do metro)*, teremos de imaginar *(apenas imaginar!, mesmo porque nossos olhos não conseguiriam ver!)* a 10^{-24}ésima parte do metro!

Para ilustrar: a medida 10^{-24}m corresponde a pegarmos uma fita métrica de um metro e depois a subdividimos por 1.000.000.000.000.000.000.000.000 *(um trilhão de trilhões)*!

No Universo das infimidades, quando nós aludimos a partículas elementares ultramicroscópicas, ao nível subatômico, precisamos referir-nos à sua *massa (em frações de quilogramas)* e, então, encontramos partículas já amplamente conhecidas como o *elétron*, o *próton* e o *nêutron*:

> a massa de um *elétron* é de 9,11 x 10^{-31} kg

> a massa de um *próton* é de 1,67 x 10^{-27} kg

> a massa de um *nêutron* é de 1,67 x 10^{-27} kg

É inimaginável para nós, humanos, que haja partículas tão pequenas no Universo, mas elas existem!

Vale destacar aqui que *os sábios da antiguidade* não tinham como chegar a estes conhecimentos.

Este desconhecimento chegou *deste jeito* até praticamente o início do século vinte, quando a *ciência* começou a experimentar um avanço considerável e então tais avançadas compreensões puderam começar a ser desvendadas.

Desta forma, é preciso compreender que muitas *mundivisões da antiguidade* estavam circunscritas aos limitados conhecimentos que se conseguia desenvolver com a *ciência* e a *tecnologia* de que dispunham em suas respectivas épocas.

Por outro lado, os imensos avanços científicos e tecnológicos conquistados *a partir do século vinte* propiciaram mudanças consideráveis em inúmeros conceitos que vigiam antigamente, da mesma forma que o telescópio de Galileu permitiu ultrapassar o *geocentrismo*, passando para o *heliocentrismo*, no final da Idade Média e início da Idade Moderna *(época da transição do século quinze para o século dezesseis)*.

Isto ilustra como os *paradigmas*, as *visões de mundo* e as *teorias* necessitam, muitas vezes, serem adaptadas ao longo do tempo, conforme o engenho e a inteligência humana vão conquistando novos conhecimentos e novos territórios científicos e tecnológicos.

* * *

O *"vazio"* da matéria

Vamos agora imaginar uma minúscula nave e também admitamos que conseguimos viajar com este veículo *por dentro da matéria*.

Sabemos que a matéria é composta de *átomos*.

Tomemos agora um átomo de um elemento químico qualquer e vamos, com nossa ultramicroscópica nave, viajando dentro dele... depois de algum tempo, vamos ficar estupefatos diante do *enorme vazio* ali existente...

Paradoxalmente teremos de raciocinar: se todos os átomos forem assim, podemos dizer que *"a matéria está cheia de vazio"*!

Mas, a matéria não é *concreta*, palpável, muitas vezes dura, rígida, sólida, maciça?

Vamos agora, com nossa navezinha, supor que estamos viajando dentro de um *átomo de carbono*.

Sabemos que os átomos são constituídos de três partículas principais: [*prótons + nêutrons (no núcleo)*] e os *elétrons* que orbitam o núcleo.

Antes de adentrar neste átomo, nós medimos o seu tamanho externo e verificamos que ele tem "diâmetro" *(entre aspas, pois o átomo não forma uma figura propriamente esférica)* de 10^{-10} m.

Agora vamos adentrar neste átomo.

Inicialmente vemos que seu *núcleo* tem apenas uma trilionésima parte do centímetro, ou seja, 10^{-12} cm *(que equivale a 10^{-15} m, ou seja, um fentômetro, conforme está no BOX 2.2)*!

Sim, é paradoxal, mas podemos dizer que, de uma certa forma, a *matéria*, que para nós parece ser tão concreta e maciça, é na verdade constituída sobretudo de *"vazio"*.

Os *elétrons* não têm dimensão que possa ser medida. Movem-se em redemoinho num espaço vazio um trilhão de vezes maior que o volume do *núcleo*.

Podemos dizer, então, que só uma trilionésima parte do átomo está preenchida por *matéria (o núcleo)*.

Mas, mesmo isso seria muita generosidade de nossa parte, pois o *núcleo* também não é um corpo sólido.

Interessantes as considerações sobre as *infimidades e vazios da matéria* quando tomamos como ilustração uma gota de água, por exemplo.

Quem nos explica é o físico e ensaísta científico francês Grichka Yourievitch Bogdanoff *(1950-2021)*[18]:

> Partamos de algo visível: uma gota d'água.
>
> Ela é composta de moléculas *(cerca de um trilhão de bilhões)*, cada uma delas medindo 10^{-9} metro. Penetremos nessas moléculas: vamos descobrir ali átomos muito menores, cuja dimensão é da ordem de 10^{-10} metro.

---

[18]   Grichka Yourievitch Bogdanoff. *In:* Guitton, J., Bogdanov, G., Bogdanov, I. *Deus e a ciência, em direção ao metarrealismo.* Editora Nova Fronteira, Rio de Janeiro, 1992. pp.72 e 73.

Continuemos nossa viagem.

Cada um desses átomos é composto de um núcleo ainda menor $(10^{-14}m)$ e de elétrons "gravitando" ao redor do núcleo.

Mas, nossa exploração não pára por aí.

Um novo salto, e eis-nos no cerne do núcleo: agora, encontramos uma quantidade de partículas novas *(os núcleons, dos quais os mais importantes são os prótons e os nêutrons)*, extraordinariamente pequenos, já que atingem uma dimensão de apenas 10^{-15} m.

Chegamos ao final da nossa viagem?

Trata-se da fronteira extrema, abaixo da qual não há mais nada?

De modo algum.

A partir de meados do século XX, foram descobertas partículas ainda menores, os *hádrons*, que, por sua vez, são compostos de entidades infinitesimais, que atingem o "tamanho" inimaginável de 10^{-18} m: os *quarks*!!!

* * *

A *"espiritualidade"* da matéria

Creio que, ao mergulharmos corajosamente no impressionante oceano das *infimidades*, possivelmente estejam abrindo-se para nós perspectivas de uma interface de grande e atual interesse: a convergência entre o campo da *ciência* e o da *fé*.

Estaríamos sendo ousados se disséssemos que, ao chegar aos *"limites inferiores da matéria"* — se é que eles existem! —, talvez estejamos adentrando no início do *campo espiritual*?

Estaríamos aqui começando a tocar com nossos dedos nos limites da *concretude da matéria* e na *impalpabilidade do espírito*?

Seria o território de encontro entre *material* e *espiritual*?!...

No início do século XX, vislumbraram-se os primeiros indícios de uma nova Física, com o físico alemão Max Planck *(1858-1947)*, considerado *"o pai da Física Quântica"*.

Com as descobertas de Planck, a ciência entrou na *era quântica*, uma nova percepção, que dá uma revolucionária perspectiva em relação à concepção do *mundo material*.

Para ilustrar esta nova compreensão, o filósofo e pensador francês Jean Guitton *(1901-1999)*[19], certa vez, pegando *uma chave* em suas mãos, dizia que, após a vinda da *era quântica*, temos de admitir que este objeto é feito de entidades incluídas num *outro mundo*: aquele do *infinitesimalmente pequeno*, no nível do átomo e das partículas elementares:

> Tudo o que a "física quântica" me ensina a propósito desta chave — pondera Guitton — não me impede, efetivamente, de senti-la como um *"objeto material"*, cujo peso e consistência posso sentir no côncavo de minha mão.
>
> Mas é importante dizer que isso não passa de "uma ilusão" no teatro da realidade.
>
> Tenho a tentação — continua Guitton — de acreditar que *a matéria é feita de espírito* e que, portanto, nos conduz diretamente à contemplação de Deus.
>
> [...]
>
> Minhas crenças na *"espiritualidade da matéria"* ou, por outro lado, na *"materialidade do espírito"*, são objetivamente fundadas?
>
> Será que nossos conhecimentos mais modernos sobre a matéria não nos conduzem, cientificamente, ao *espírito*?
>
> Creio que começamos a compreender que pode haver *respostas* para estas questões: é no cerne da *matéria*, em sua intimidade mais profunda, que devemos buscá-las.

Então, o que existe além da *substância sólida* desta chave?

Neste ponto, Guitton recorre ao filósofo francês Henri Bergson *(1859-1941)*, a quem visitou pessoalmente em maio de 1921, na Academia de Ciências Morais e Políticas, em Paris: *"Naquele dia - salienta Guitton - percebi que Bergson tinha uma visão puramente espiritual da matéria"*.

Para fundamentar esta impressão, Guitton coloca à nossa reflexão um trecho de uma carta escrita por Bergson a ao seu amigo, o jesuíta, filósofo e teólogo, o padre Tonquédec *(1868-1962)*:

---

[19]   Guitton, J. *Deus e a ciência, em direção ao metarrealismo*. Jean Guitton, Grichka Bogdanov, Igor Bogdanov, Editora Nova Fronteira, Rio de Janeiro, 1992. pp.68 e 69.

As considerações expostas em meu ensaio *"Matéria e memória"* fazem tocar com o dedo, espero, *a realidade do espírito.*

De tudo isso emana naturalmente a ideia de um Deus criador e livre gerador, ao mesmo tempo, da *matéria* e da *vida.*

Nesse sentido, Guitton, em seu livro *"Deus e a ciência, em direção ao metarrealismo" (p. 70),* já citado aqui, conclui: *"Não é de espantar, portanto, que essa matéria tenha uma memória 'espiritual', ligada às suas origens".*

* * *

O *"vácuo"* do átomo

Na continuidade da exposição sobre as *infimidades da matéria,* agora é o irmão gêmeo de Grichka *(anteriormente citado),* Igor Bogdanov, Professor na Universidade Megatrend de Belgrado, Sérvia, quem explana[20]:

> Imaginemos que tenho aqui em minhas mãos uma chave comum. Seguindo o raciocínio feito até aqui, a primeira coisa de que doravante estamos certos é que ela é feita de "vácuo".
>
> Um exemplo nos permite compreender melhor que o Universo inteiro é essencialmente composto de "vácuo": imaginemos que esta nossa chave cresça até atingir o tamanho do planeta Terra.
>
> Nesta nova escala, os átomos que compõem a chave gigante teriam, proporcionalmente considerando, apenas o tamanho de cerejas.
>
> Mas — continua Igor — eis algo ainda mais espantoso: suponhamos que tomássemos na mão um desses átomos do tamanho de uma cereja.
>
> Por mais que o examinássemos, mesmo com a ajuda de um poderoso microscópio, seria absolutamente impossível que conseguíssemos ver o seu núcleo, demasiado pequeno, mesmo numa tão ampliada escala.
>
> Para enxergá-lo, será preciso aumentar ainda mais a escala.
>
> A cereja que representa nosso átomo vai então ter de crescer até tornar-se um enorme globo de 200 metros de diâmetro.
>
> Mesmo neste tamanho impressionante, o núcleo do nosso átomo não será maior do que um minúsculo grão de poeira.

---

[20] Igor Bogdanov: citação encontrada no livro *"Deus e a ciência, em direção ao metarrealismo".* Jean Guitton, Grichka Bogdanov, Igor Bogdanov, Editora Nova Fronteira, Rio de Janeiro, 1992. p.72.

Creio que estas analogias podem nos dar uma ideia ilustrativa do que é considerado como "o vácuo do átomo.

* * *

Então, o que seria, afinal, a *matéria*?

Desde há muitos séculos que a inteligência humana vem buscando entender o que é, efetivamente, a *matéria* presente no Universo; uma pergunta cuja resposta é sempre buscada: *efetivamente, do que é feito o Universo?*

Na direção desta almejada resposta, entre os gregos da antiguidade o filósofo pré-socrático Demócrito *(460-370 a.C.)* foi aquele que propôs a ideia do *atomismo*, segundo o qual toda matéria é composta por elementos indivisíveis, aos quais ele deu o nome de *"átomo" (do grego, "a" = não + "tomo" = divisível).*

Este conceito teve sua importância no passado, mas, com o fenomenal avanço científico conquistado no século vinte, muitas novidades puderam ser descobertas, permitindo espaço para mudanças de conceitos e de paradigmas.

Sabemos hoje que *a matéria do Universo* é constituída por diferentes substâncias denominadas *elementos*, os quais possuem propriedades químicas e físicas próprias.

Exemplos de *elementos químicos* são o ouro, a prata e o carbono.

Existe um total de 118 tipos distintos de elementos químicos, sendo 92 de ocorrência natural e 26 de origem artificial.

Os elementos químicos estão agrupados na chamada *Tabela Periódica*[21].

* * *

Sobre a *origem do Universo*... como a *ciência* tenta explicá-la?

Tenho conversado frequentemente com vários amigos cientistas sobre questões relacionadas às *"origens" (do Universo, da vida, das espécies vivas, do homem, da inteligência)* e percebo que, diante de tantas incertezas científicas sobre estas *origens*, todos nós talvez tenhamos de assumir com humildade nossas limitações.

---

[21]   Tabela Periódica: é uma disposição sistemática dos *elementos químicos* ordenados por seus números atômicos, configuração eletrônica e recorrência das propriedades periódicas.

Entendemos que a *ciência* é uma busca contínua do conhecimento, tentando desvendar o cenário do desconhecido, mas não podemos saber se um dia conseguiremos iluminar a última fronteira do território que hoje ainda é escuro e misterioso para nós, humanos.

Newton dizia, com razão, que *"O que sabemos é uma gota e o que ignoramos é um oceano"*.

É a ânsia de explorar estes oceanos desconhecidos que motiva o *"fazer ciência"*, o buscar insaciavelmente o conhecimento.

Os sábios da antiguidade grega imaginavam que a Terra era o centro de *"tudo"* e que este *"tudo"* teria existido desde sempre.

Diferentes culturas ao longo dos séculos foram explicando com narrativas diferentes e diversas sobre como *"tudo"* teria começado.

A partir do início da conquista do desenvolvimento científico, com Copérnico, Galileu e Kepler, nos séculos XV e XVI, e com muitos outros depois deles, nos séculos seguintes e principalmente no século XX, foram sendo aumentados nossos conhecimentos sobre o Universo *(o "tudo")*, sobre seus componentes e sobre as leis que nele atuam.

Os avanços na *física teórica* e na *cosmologia* ocorridos desde há algumas décadas têm sido grandes e muito rápidos, como em nenhuma época anterior.

Supertelescópios, grandes detectores e sensores, supercomputadores e também a internet têm permitido interações científicas intensas, propiciando testar teorias como nunca antes tinha sido possível para a humanidade.

A curiosidade sobre *a origem do Universo* sempre existiu na humanidade inteligente e todas as civilizações e religiões tinham suas versões, porém em geral sem *bases científicas*.

A Ciência, entretanto, só foi conseguir conceber possíveis explicações para a *origem do Universo* a partir do século XX, quando, contando com instrumentos observacionais como o telescópio Hubble *(desde 1990)*, logrou enxergar distâncias tremendamente remotas do Universo, que, como sabemos, está em expansão.

Mas, então, se está ocorrendo esta expansão, podemos como que *"rebobinar o filme"* fazendo-o voltar para o mais próximo possível do início de tudo e, ao mesmo tempo, podemos ir imaginando que o Universo, à medida que voltamos em sua história, vai se tornando cada vez menor até chegar quase no seu ponto primordial.

Até a década de 1930 o conhecimento científico sobre o Universo era bastante limitado e restringia-se apenas às estrelas que se conseguia observar, a algumas galáxias mais próximas, e a extensão de Universo conhecida era de aproximadamente uns 30 mil anos-luz.

Foi só depois desta fase, com o advento de telescópios cada vez mais potentes, que foi percebendo-se que o Universo é muito mais extenso, formado por muitos bilhões de galáxias, aglomerados de galáxias e demais corpos celestes, que nos foi possível ir conhecendo com o crescimento dos dados observacionais e dos estudos científicos.

Contudo, depois de tantos séculos de buscas, de conjecturas e de elucubrações ao redor da questão sobre *a origem do Universo*, hoje, na altura das *primeiras décadas do século vinte e um*, após a conquista de tantos avanços científicos e tecnológicos de que falamos aqui, talvez tenhamos de admitir que:

> *"[...] a humanidade encontre-se ainda diante de uma escuridão não muito menor do que a que se encontravam os filósofos présocráticos ou quaisquer outros sábios da antiguidade".*

Talvez aqui caiba então uma pergunta:

> *"Será que a ciência cosmológica poderá um dia chegar a vislumbrar o 'conhecimento completo' sobre qual seja a efetiva resposta para esta tão intrigante questão?"*

Juntamente com esta pergunta, cabe uma outra: será que a resposta à questão sobre *a origem do Universo* deve ser buscada unicamente por meio da *ciência*?

Sabemos que os *modelos científicos* devem, obrigatoriamente, basear-se nas leis físicas prevalentes no Universo.

Como destaca o físico brasileiro, astrônomo e professor da Faculdade Dartmouth, nos Estados Unidos, Marcelo Gleiser *(nascido em 1959)*:

> Sempre que um físico propõe um *modelo* buscando descrever a origem do Universo, tem de valer-se de leis físicas bem conhecidas.

> Um modelo físico da origem do Universo, portanto, não pode lidar com a questão da origem das próprias leis da física, ou porque esse Universo opera desse modo e não de outro.

> Sem dúvida, a ciência nos oferece muitas respostas sobre os sutis mecanismos dinâmicos da Natureza, mas não devemos nos esquecer de suas limitações.

A questão de "porque existe algo ao invés de nada" deve sempre inspirar nossa humildade.

Diante da pergunta *"existe um começo para o Universo?"*, Gleiser *(1997)*[22] propõe que, conforme a ilustração esquemática da *Figura 2.1*, podemos encontrar uma resposta positiva ou uma negativa.

Figura 2.1. Possibilidades de respostas sobre a questão relacionada com a *origem do Universo*, conforme Gleiser *(1997)*.

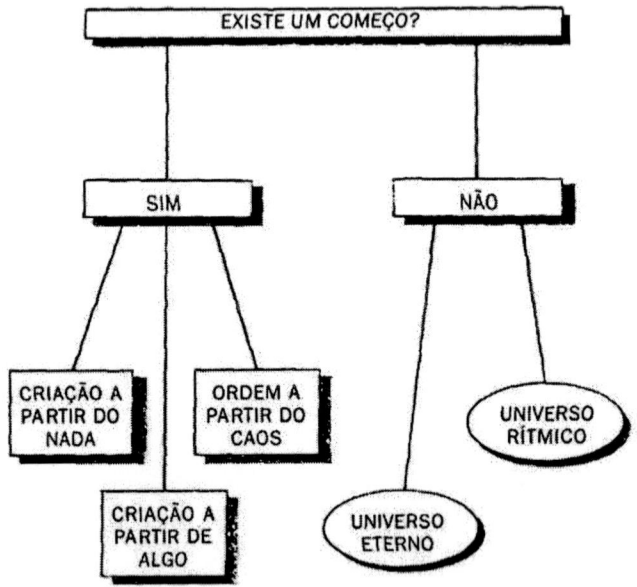

Para a *resposta positiva*, surgem três possibilidades:

1. a criação *a partir do nada*;
2. a criação *a partir de algo já existente*;
3. a ordem *a partir do caos*.

Se a *resposta* for *negativa*, existem duas possibilidades:

1. universo eterno;
2. universo rítmico.

[22] Gleiser, M. *A dança do Universo. Dos mitos de Criação ao Big-Bang.* 1997. Editora Companhia das Letras. São Paulo, S.P. 338p.

Iniciemos pelo lado das *respostas positivas*.

1. Criação *a partir do nada* (criação *"ex nihilo"*)

Na Grécia antiga concebia-se o Universo como eterno e, portanto, sem a necessidade de ter sido criado.

Porém, o pensamento cristão incorporou a ideia de *criação a partir do nada* (*creatio "ex-nihilo"*) e que há um só princípio-causa de tudo, Deus, que não necessitou nada para criar, sublinhando ainda que *a criação teve um começo* e não é eterna.

Desta forma, fica superada a concepção de uma *matéria eterna*, da qual Deus teria se abastecido para a criação, uma vez que não há outro princípio além do Deus criador.

São Gregório de Nissa *(335-394 d.C.)*, teólogo, místico e escritor grego da Ásia Menor, preocupava-se, em seus escritos, em explicar como seria possível que Deus, sendo *imaterial*, pudesse ter criado a *matéria*.

Em sua argumentação não é tratado explicitamente o tema acerca do *nada*, porém, pode-se inferir que ele trata este conceito como *a ausência absoluta de existência*, como *o não-ser* e que Deus, na criação, traz tudo à existência a partir dos princípios do binômio *movimento-repouso*.[23]

Santo Agostinho *(354-430 d.C.)*, um dos mais importantes teólogos e filósofos dos primeiros séculos do cristianismo, em suas interpretações acerca do início do Livro do Gênesis, no qual é narrada a criação, afirma que a palavra *"princípio"* deve ser compreendida como o *Logos*, o Verbo divino, enquanto *"céu e terra"* devem ser entendidos como *a matéria informe, espiritual e corporal*.

Santo Agostinho destaca que a diferença primária entre Deus e as criaturas consiste em que estas foram trazidas à existência *a partir do nada*, enquanto que o Criador existe *desde a eternidade*.

É interessante, também, incluir aqui o entendimento de Dionísio, cognominado "o Areopagita", que viveu entre os séculos V e VI d.C. e foi um dos continuadores do neoplatonismo[24] pelo viés religioso.

---

[23] Strok, N.S. *La recepción del concepto de "creatio ex nihilo" eriugeniano en las historias de la filosofía de Brucker, Tennemann y Rixner.* (*A receptividade do conceito de "creatio ex nihilo" nas histórias da filosofia de Brucker, Tennemann e Rixner*). Praxis Filosófica, Nueva serie, n.37, julio-diciembre 2013: 127 – 146.

[24] *Neoplatonismo*: escola filosófica, entre os séculos II e V d.C., com tendência mística e espiritualista, supondo a transcendência de um Deus que, por emanação, cria a realidade profana, e a possibilidade de que o ser

Neste autor encontramos a noção clássica de *processão (próodos)* ou *emanação neoplatônica*[25]. Segundo este conceito, Deus cria por seu próprio ser e sua bondade expande-se como raios do sol, mas mantendo-se sempre transcendente.

Enquanto as tendências anteriores à *ciência moderna* inclinavam-se a admitir *um início dependente de uma ação divina* para o Universo, o desenvolvimento científico tem marchado para *um sentido oposto*.

A ciência tem demonstrado significativa e sistemática oposição a proposições que possam favorecer conotações relacionadas a que o Universo possa ter tido *um início*, entendendo que isto poderia conduzir à *necessidade de ter de admitir um Deus Criador*.

O entendimento científico é o de que *um dia tudo será explicado cientificamente* e, então, não seria necessário depender de Deus para *a existência* e *a manutenção na existência*, do Universo.

Assim, nos livros e trabalhos científicos é praticamente impossível encontrar proposições que possibilitem, mesmo que minimamente, incluir a presença de *uma entidade divina*, quando tratam do tema *origem do Universo*.

Como modelos que podem ser incluídos nesta *categoria 1 (criação a partir do nada)*, creio que podemos citar:

a. *a criação conforme narrada no primeiro livro bíblico do Gênesis.*

Nada existia, mas, depois *tudo* passou a existir.

Portanto, tudo teria sido originado *pela ação direta de Deus Criador*. A Bíblia não informa *"como"* se deu este ato criativo, uma vez que não pretende ser fonte de informação sobre detalhes científicos, mas visa assinalar sobre *"quem"* foi o *Autor* e é o *Mantenedor* de tudo o que existe.

Alguns preferem dar a esta opção o nome de *Teoria da Criação*, entendendo que pode ser apresentada de várias maneiras.

Em todos os casos, baseia-se no fato de que a origem do Universo não poderia ser encontrada *nele mesmo*, mas em *uma entidade externa a ele*, que, na maioria dos casos, é chamada de *Deus*.

---

humano, em um movimento de interiorização contemplativa e retorno às suas origens, restabeleça a união com a divindade.

[25] *Processão (emanação neoplatônica)*: concepção segundo a qual um só Deus é a suprema realidade e princípio de todas as realidades e tudo no mundo visível e no mundo invisível é emanação de Deus.

Não é uma teoria que pertence exclusivamente à religião, visto que o grande filósofo grego Aristóteles *(384-322 a.C.)*, por exemplo, já afirmava em seu tempo, argumentando que o mundo era uma criação de uma entidade suprema que ele denominou *"Primeiro Motor"*.

Hoje em dia, mesmo utilizando os modernos recursos da ciência e da tecnologia, não tem sido possível obter nenhuma prova tangível que possa confirmar esta teoria e, assim, há uma tendência de relegá-la mais ao âmbito da *fé* do que ao da *ciência*.[26]

e

b. a origem do Universo segundo o *"ovo primordial"* de Lemaître, que, depois passou a ser incorporado no **modelo *Big-Bang* (***sobre o qual desenvolveremos mais nas próximas páginas deste livro)*.

Neste caso, estaríamos considerando que, antes da existência do "ovo", *nada existia.*

Então, indiretamente, estaríamos também admitindo a necessidade de que uma entidade divina deve ter dado origem a este *"ovo"*, dotando-o de todas as potencialidades para vir a originar *tudo*.

2. Criação *a partir de algo já existente*

Segundo o modelo cosmogônico de Lemaître[27], o "átomo primordial" teria sido o ponto de partida da origem do Universo. Portanto, este "átomo primordial" pode, neste caso, ser considerado o *"algo já existente"* para o início do Universo, permitindo enquadrar este modelo nesta *categoria 2*.

---

[26] Universidad Internacional de Valencia. *Teorías del Universo: origen y evolución (Teorias do Universo: origem e evolução)*. Disponível em: https://www.universidadviu.com/co/actualidad/nuestros-expertos/teorias-del-universo-origen-y-evolucion. Acesso: 21 fevereiro 2022.

[27] Georges Lemaître *(1894-1966)* foi um padre católico, astrônomo, cosmólogo e físico belga, que propôs uma teoria para a origem do Universo chamada de *"hipótese do átomo primordial"* ou do *"ovo cósmico"*, a qual posteriormente passou a ser conhecida como a *teoria do Big-Bang*.

Modelo do *Big-Bang*

Este modelo foi desenvolvido por Gamow[28] e seus colaboradores, propondo que o Universo tivera seu início a partir da explosão de um "átomo primordial", como o proposto por Lemaître.

Este modelo foi publicado em época praticamente simultânea à da divulgação científica de um outro modelo, o *Modelo do Estado Padrão* (sobre o qual exporemos mais à frente), portanto, por volta do início da década de 1950.

Hoyle[29], propositor do *Modelo do Estado Padrão*, foi quem cunhou o termo *"Big-Bang" (a "grande explosão")* para ridicularizar a concepção do modelo de Gamow de que o Universo pudesse ter tido *um início* e ainda mais via *a explosão do "átomo primordial"*.

Como foi, resumidamente, o desenvolvimento do Modelo do *Big-Bang*, de Gamow?

Gamow foi um dos investigadores que estudaram os processos físicos responsáveis pela geração de energia por estrelas.[30]

Numa estrela existe um equilíbrio entre dois tipos de processos: por um lado, a tendência de *implosão*, devido à intensa atração gravitacional sobre si mesma e, por outro lado, a tendência de *explosão*, devido à liberação de energia térmica gerada a partir de processos de fusão nuclear.

Enquanto houver equilíbrio entre estas duas tendências, a estrela continuará existindo.

Uma curiosidade que vale a pena registrar: nós, seres humanos, somos feitos de *elementos químicos* fabricados por explosões de *supernovas (fenômenos que ocorrem quando há explosões de estrelas)*.

Nestas explosões são gerados *elementos* como o carbono e outros *elementos pesados* que fazem parte dos nossos organismos e são básicos para nossa sobrevivência e foram fabricados dentro de estrelas moribundas, antes de terem sido arremessados para o espaço.

---

[28] George Gamow *(1904-1968)*: ucraniano, foi um físico e divulgador científico, que procurava entender a origem dos elementos químicos num Universo primordial quente e denso. Adotou o modelo do Universo em expansão desenvolvido por Alexander Friedmann e Georges Lemaître.

[29] Fred Hoyle *(1915-2001)*: astrônomo britânico, que formulou a teoria sobre a nucleossíntese estelar. Tornou-se conhecido por suas posições polêmicas e rejeição à Teoria do *Big-Bang*, termo que ele cunhou em uma entrevista para a rádio BBC, de Londres.

[30] Gleiser, M. *A dança do Universo (1997)*. Já citado anteriormente.

Por isso, podemos dizer que somos *"filhos das estrelas"*.

George Gamow, nascido na Ucrânia, fora aluno de Alexander Friedmann, o primeiro propositor da ideia de um *Universo não estático*, mas dinâmico, destacando que a noção de *um Universo estático* faz parte do *Modelo do Estado Padrão*.

Nos anos de 1931 a 1933, Gamow fora professor em Leningrado *(que posteriormente passou a denominar-se São Petersburgo)*, mas estava tentando fugir da União Soviética, onde havia imposições que impediam o livre trabalho científico.

Em 1933, quando participava de um congresso na Bélgica, Gamow conseguiu sucesso em sua fuga e aceitou o convite para ser professor na Universidade George Washington, em Washington, D.C., onde trabalhou até 1956.

Conforme expõe Gleiser *(1997)*, já citado antes:

> Em 1935, Gamow publicou seu primeiro artigo sobre a síntese de elementos em estrelas.
>
> Inspirado por seu próprio trabalho, Gamow perguntou-se se os processos de fusão ocorrentes no interior de estrelas poderiam explicar a síntese de todos os elementos químicos encontrados na natureza.
>
> E ainda mais: será que esses processos poderiam também explicar por que alguns elementos são mais abundantes do que outros?
>
> Após anos de investigação, em 1946 Gamow estava convencido de que a nucleossíntese estelar não era suficiente para explicar a abundância de todos os elementos, especialmente os mais leves.
>
> Ele então sugeriu uma explicação radicalmente diferente: talvez os elementos mais leves tivessem sido produzidos durante os primeiros instantes da existência do Universo.
>
> Foi então que esta ideia de Gamow tomou a forma de que o início do Universo deveria ter sido uma fornalha cósmica.

Em 1947, juntaram-se a Gamow um estudante de pós-graduação da Universidade George Washington, Ralph Alpher, e Robert Herman, do laboratório de física aplicada da Universidade Johns Hopkins.

Estes três pesquisadores, nos seis anos seguintes, aplicaram-se ao desenvolvimento do modelo físico do *Big-Bang*, iniciando por um Universo cheio de prótons, nêutrons e elétrons, como componente material, por eles chamados de *ylem*.

As temperaturas destes primórdios pós-explosão do "átomo primordial" devem ter girado em torno dos 500 bilhões de graus Celsius, com os constituintes básicos da matéria movendo-se livremente, colidindo uns com os outros e com fótons, mas ainda não havendo ligações que gerassem núcleos ou átomos.

À medida que foi havendo expansão dos elementos resultantes da explosão e posterior resfriamento, foram ocorrendo ajuntamentos hierárquicos da matéria, com ligações nucleares entre prótons e nêutrons sendo então possibilitadas.

O modelo de Gamow e colaboradores indicava que, quando havia-se passado em torno de *um centésimo de segundo após o início (ou seja, a explosão)*, deve ter ocorrido uma fase denominada *nucleossíntese primordial*, com a formação do deutério, do trítio, do hélio, do hélio 3 e de um isótopo do lítio, o lítio 7[31].

Um feito notável do modelo do *Big-Bang*, de Gamow, foi a sua capacidade de, usando a cosmologia relativista e a física nuclear, conseguir prever *a quantidade de hélio sintetizada durante as fases iniciais da evolução do Universo*, indicando que aproximadamente 24% da massa total do Universo é feita de hélio.

Previsões teóricas como esta, permitidas pelo modelo, podem agora ser testadas via observações, o que passou a ser uma grande oportunidade científica, além de um fortalecimento para a aceitação deste modelo de Gamow.

O próximo passo no processo de aglomeração hierárquica da matéria deveria ser a *formação dos átomos*.

Novamente temos de considerar a continuidade dos processos de expansão e de resfriamento, que foram ocorrendo após a explosão, fazendo que os fótons fossem progressivamente tornando-se menos energéticos.

Então, num determinado momento em que o Universo estava com aproximadamente 300 mil anos de idade, devem ter ocorrido as condições propícias para que prótons e elétrons pudessem formar *átomos de hidrogênio*.

A temperatura dos fótons era então de aproximadamente três mil graus Celsius.

---

[31] Gamow, G., *The physics of the expanding universe*, Vistas in Astronomy, 2, 1726–1732, 1956.

Outro fato relevante: o modelo do *Big-Bang* permitiu prever com clareza a existência da *radiação cósmica de fundo.*

Esta radiação foi de fato descoberta e detectada em 1964 por Robert Wilson e Arno Penzias, dois pesquisadores do laboratório da Companhia Telefônica Bell *(Bell Labs)*, em Princeton.

Penzias e Wilson haviam detectado em suas antenas alguns "ruídos", que inicialmente queriam eliminar, mas posteriormente vieram a descobrir que aqueles *"chiados"* eram na verdade os *"raios fósseis"* originados durante o processo de origem do Universo, provenientes do momento em que ocorreu o desacoplamento entre *matéria* e *radiação*. Isto era como que uma fotografia do Universo aos 300 mil anos de idade *após a grande explosão.*

Essa radiação havia viajado por mais de dez bilhões de anos através do espaço universal conduzindo junto uma prova da infância ultraquente do Universo!

Esta previsão e descoberta propiciada pelo Modelo do *Big-Bang* passou a ser outro dos grandes trunfos a favor da confirmação deste modelo cosmológico.

O artigo científico em que Penzias e Wilson relatam a descoberta da *radiação cósmica de fundo* foi publicado numa edição da proeminente revista *The Astrophysical Journal*, em 1965[32].

Graças a esta notável descoberta, Penzias e Wilson ganharam o prêmio Nobel de Física de 1978.

A detecção da radiação cósmica de fundo é considerada um dos maiores marcos da Cosmologia de precisão.

A partir de medidas de suas propriedades, pode-se extrair informações sobre as características do Universo quando ainda jovem e, em conjunto com outros dados, estabelecer o cenário cosmológico atual.[33]

De tudo isso, o que pode ser dito é que o modelo do *Big-Bang* passou a ser o mais aceito nas últimas décadas como explicação científica sobre *a origem do Universo.*

---

[32] Penzias, A.A, Wilson, R.W. *A Measurement of Excess Antenna Temperature at 4080 Mc/s (Uma Medição da Temperatura Excessiva de Antena em 4080 Mc/s). The Astrophysical Journal*, 142, 419–421, 1965.

[33] Marques, G.A. *Radiação Cósmica de Fundo em Micro-ondas. Physicae Organum*, vol. 1, n.2: 1-14. 2015. Brasília, D.F.

3. Ordem *a partir do caos*

Nosso Universo tem geometria isotrópica (ou seja, ele é homogêneo em todas as direções), mas há uma proposição de que teria evoluído a partir do caos geométrico primordial.

Esta proposição é conhecida como *"Universo mixmaster"* e foi aventada pelo físico americano Charles Misner *(nascido em 1932)*, em 1969, depois, em 1970, desenvolvida pelos físicos russos Vladimir Belinski *(nascido em 1941)*, Isaak Khalatnikov *(1919-2021)* e Evgeny Lifshitz *(1915-1985)*, três pesquisadores do Instituto Landau de Física Teórica, da Academia de Ciências da Rússia.

De acordo com este modelo, o Universo estaria oscilando caoticamente em torno de uma singularidade gravitacional na qual o tempo e o espaço tornam-se iguais a zero.

Mais informações sobre este modelo podem ser encontradas em Gleiser *(1997)*[34] e em Parker *(2013)*[35].

4. Universo eterno: modelo do Estado Padrão *(MEP)*

Este modelo pode ser incluído nesta *categoria 4* de modelos que tentam explicar sobre *a origem do Universo*.

Diante da forte oposição filosófica a que se pudesse aceitar *um início para o Universo*, três físicos britânicos da Universidade de Cambridge, Fred Hoyle *(já citado antes)*, Thomas Gold *(1920-2004)* e Hermann Bondi *(1919-2005)* propuseram, em 1948, o MEP, segundo o qual o Universo teria sido sempre igual e, portanto, *nunca teve origem temporal*.

Conforme Gleiser *(1997)*, esta proposta é uma extensão do princípio cosmológico originalmente sugerido por Einstein conhecida como *princípio cosmológico perfeito*.

Segundo esse *princípio*, o Universo não só é o mesmo em toda parte, como também é o mesmo ao longo dos tempos. Então, se realmente for assim, considera-se que o Universo seja infinitamente antigo e os problemas de seu *início* e de sua *idade* desaparecem.

Porém, com o desenvolvimento de mais estudos foi-se verificando que este modelo não consegue sustentar-se, pois sabe-se, desde 1929,

---

[34] Gleiser, M. *A dança do Universo*. pg. 392-393. Já citado anteriormente.

[35] Parker, B.R. *Chaos in the Cosmos: The Stunning Complexity of the Universe*, Springer, 2013, p. 257.

conforme descrito por Edwin Hubble[36], que *as galáxias estão se distanciando e o Universo está se expandindo.*

Ao se expandir, o Universo vai se tornando cada vez menos denso, já que a mesma quantidade de matéria vai ocupando um volume cada vez maior de espaço.

Se for assim, quanto mais velho, menos denso será e isto configura-se como uma característica típica dos *modelos cosmológicos evolucionários* (ou seja, em que o Universo deve ter tido *um início*) e não de *modelos constantemente estacionários.*

No entanto, no MEP, o Universo não poderia ter sua densidade média de matéria diminuindo, mas, por definição do modelo, *esta densidade deveria permanecer constante.*

Ainda conforme Gleiser *(1997)*, para evitar essa "diluição" da matéria, Hoyle, Bondi e Gold sugeriram que, à medida que a expansão do Universo vai provocando a diminuição da densidade da matéria, *mais matéria vai tendo de ser criada*, de modo a permitir manter constante a densidade média de matéria.

A grande questão é que esta *criação espontânea de matéria* viola uma das leis mais fundamentais da natureza, que é a *lei da conservação de energia*[37].

Contudo, o trio britânico propositor do *modelo do estado padrão*, indo naquela mesma linha de não aceitar explicações com possibilidades de conotações religiosas, argumentou: "será que a explicação por *criação espontânea de matéria* é tão pior do que a explicação da origem do Universo por *criação abrupta por uma divindade?*"

5. Universo rítmico

Dentro da cosmologia científica, alguns cientistas propugnam que seria possível pensar num **Universo eterno**, em que não teria existido um instante inicial.

Para estes, anteriormente à atual *fase de expansão* em que se encontra o Universo, teria havido uma *fase de contração cósmica* até um ponto de máxima densidade.

---

[36] *Lei de Hubble*. Disponível em: https://pt.wikipedia.org/wiki/Lei_de_Hubble. Acesso: 21 fevereiro 2022.

[37] *Lei da Conservação da Energia*: ou *Princípio da Conservação da Energia*, diz que "*a energia pode ser transformada ou transferida, mas nunca criada ou destruída*".

Então, o que muitos chamam de *"Big-Bang"* seria um evento de transição entre a fase de contração para a fase de expansão.

Devido às alternâncias de expansão e contração, estas ideias são denominadas *"cosmologias com ricochete"* ou ainda *"teorias de Universo rítmico ou cíclico"*, em que o Universo ficaria transitando continuamente entre *explosão => expansão => contração => explosão...*

Diante disso, podemos perguntar-nos: estas *cosmologias de Universo eterno* poderão vir a fazer mudar a forma de conceber o Universo, de modo a até transcender o ambiente científico?

A resposta a esta questão deve levar em conta que as teorias de *Universo cíclico* eram mais aceitas há algumas décadas, quando se acreditava que o Cosmos estava *em expansão desacelerada*.

Então, a quantidade de matéria existente seria suficiente para chegar a um momento de *zerar a velocidade de expansão* para depois começar a *contração*, na direção de um *"anti-Big-Bang"* (também designado como *"Big-Crunch"*) até chegar num ponto de tal contração que faria provocar *uma nova explosão*.

Contudo, hoje temos fortes evidências mostrando que o Universo não mais voltará a se contrair. Existe a *energia escura*[38], a qual promove que o Cosmos tenha de permanecer expandindo-se em velocidade acelerada.

Desta forma, as *teorias de Universo cíclico* perderam o apelo científico, uma vez que não existe indicação de que o *ricochete* tenha acontecido ou que possa vir a acontecer.

Pelo contrário, há indicações observacionais de que a grande explosão do *Big-Bang* deve ter realmente existido. Uma destas indicações é, por exemplo, a descoberta da *radiação cósmica de fundo*, em 1965, por Arno Penzias e por Robert Woodrow Wilson, como dito antes.

Se alguém perguntasse sobre como era *"antes do Big-Bang"*, a resposta teria de ser que o *Big-Bang* foi uma singularidade e na explosão todas as informações sobre *"o antes"* desta singularidade foram destruídas.

Então, não há como, cientificamente, obter informação sobre o que possa ter havido antes, *se é que houve um "antes"*.

---

[38] *Energia escura:* na Cosmologia, é uma forma hipotética de energia que estaria distribuída por todo espaço e tende a fazer acelerar a expansão do Universo. A natureza da *energia escura* é um dos maiores desafios atuais da física, da cosmologia e da filosofia.

Mas, há **outras hipóteses sobre a origem do Universo** além das cinco categorias anteriormente incluídas. Podemos citar ainda dois outros casos, considerados como *ideias não ortodoxas:*

a. **a hipótese da *"criação espontânea".*** Em seu livro *"The Grand Design"*[39], Stephen Hawking[40] afirma que:

> [...] por haver uma lei como a da gravidade, o Universo pode e irá criar a ele mesmo "do nada".
>
> Esta "criação espontânea" é a razão pela qual algo existe ao invés de não existir nada, é a razão pela qual o Universo existe, pela qual nós existimos.
>
> Acrescentou ainda este autor que "o *Big-Bang* foi simplesmente uma consequência da lei da gravidade".

Os grandes questionamentos que podem ser feitos quanto a esta inusitada hipótese de Hawking, entre muitos outros, são: *"como o Universo poderia ter <u>criado</u> a si próprio? O Universo, mesmo antes de existir, poderia ter um <u>poder criador?</u>"*

Pelas singularidade e excepcionalidade desta ideia, é oportuno incluir aqui esclarecimentos e, para isso, apresentamos a apreciação feita sobre tal concepção pelo renomado matemático, apologeta e filósofo da ciência, John Lennox *(nascido em 1943)*, da Universidade de Oxford[41]:

> De acordo com Hawking, as "leis da física", e não a "vontade de Deus", fornecem a explicação real sobre como a vida na Terra surgiu.
>
> O *Big-Bang*, argumenta Hawking, foi a inevitável consequência destas leis e "porque há uma lei como a da gravidade, o Universo pode e irá criar-se <u>do nada</u>".
>
> No entanto, embora este argumento esteja sendo saudado como controverso e ao mesmo tempo inovador, ele dificilmente é novo.
>
> Por anos, outros cientistas já haviam feito alegações semelhantes, sustentando que a criatividade impressionante e

---

[39] Hawking, S.; Mlodinow, L. *The Grand Design (O Grande Projeto)*. Bantam Books. New York. 2010. 180p.

[40] Stephen Hawking *(1942 - 2018)*: físico teórico e cosmólogo britânico, reconhecido internacionalmente por sua contribuição à ciência. É considerado um dos mais renomados cientistas dos últimos cem anos.

[41] *John Lennox responde a Stephen Hawking*. Disponível em: https://logosapologetica.com/john-lennox-responde-stephen-hawking/. Acesso: 22 fevereiro 2022.

sofisticada do Universo em que vivemos pode ser interpretada unicamente com base em "leis físicas", tais como a da gravidade.

É uma abordagem simplista, mas em nossa era secular é uma abordagem que parece ter ressonância junto ao público cético.

Mas, como cientista e cristão, eu diria que a afirmação de Hawking é equivocada.

Ele nos pede para escolher entre a "onipotência de Deus" e "as leis da física", como se estivessem necessariamente em conflito mútuo.

Mas ao contrário do que afirma Hawking, "as leis da física" nunca podem fornecer uma explicação completa da origem do Universo.

O que Hawking parece ter feito foi confundir "<u>lei</u>" com "<u>agente</u>".

"<u>Leis</u>" em si não criam nada, elas são apenas uma descrição do que acontece sob certas condições, dentro do Universo.

Em outro trecho deste mesmo material, Lennox corrobora:

As <u>leis da física</u> nunca poderiam ter realmente <u>criado</u> o Universo. Algum <u>agente</u> deve ter sido envolvido.

O argumento de Hawking parece-me ainda mais ilógico quando ele diz que "a existência da gravidade" implica em que a criação do Universo foi inevitável.

Mas como a gravidade existiu inicialmente <u>antes</u> mesmo que o Universo existisse? Quem a teria colocado lá? E qual foi a força criativa por trás de seu nascimento?

Além destas críticas de Lennox, muitas outras poderiam ser aqui incluídas, mas, por questões de espaço, optamos por não o fazer.

b. Múltiplos Universos

Nas últimas décadas surgiu o termo *"Multiverso"*, para discutir a possibilidade da existência de *um número infinito de universos paralelos*, incluindo o Universo em que vivemos[42].

---

[42] Lim, E. *The conversation. In: Scientists think they know how to test the parallel universes theory (A conversa. In: Os cientistas pensam que sabem testar a teoria dos universos paralelos)*. Disponível em: www.sciencealert.com. Acesso: 22 fevereiro 2022.

De acordo com esta ideia, juntos, esses universos compreenderiam tudo o que existe: a totalidade do espaço, do *tempo*, da *matéria*, da *energia* e das *leis e constantes físicas* que os descrevem.[43]

Esta suposição pode ser considerada como uma extrapolação possível de algumas teorias científicas, para descrever um grupo de universos que estão relacionados, que são denominados *"universos paralelos"*.

A ideia de que o universo que podemos observar *é apenas uma parte da realidade física* deu origem à definição do conceito de *"multiverso"*.

Os universos seriam, usando de uma analogia, semelhantes a bolhas de sabão flutuando num espaço maior, capaz de abrigá-las.

Alguns seriam até mesmo interconectados entre si por *"buracos negros"*[44] ou por *"buracos de minhoca"*[45].

A principal crítica que se faz à *hipótese dos múltiplos universos* é que este conceito implica uma contradição em relação à atual busca pela *Teoria do Campo Unificado* ou pela *Teoria do Tudo*, uma vez que *em cada universo* pode-se imaginar que haja *diferentes leis físicas*.

* * *

Afinal, <u>o que a ciência realmente sabe</u> sobre *a origem do Universo*?

Em muitos aspectos o nosso Universo é **extraordinário**, mas, sem dúvida, é **ainda um grande mistério** para nós, humanos.

Quando nos detemos a observar as estrelas distantes dentro da noite escura ou quando enviamos telescópios espaciais e sondas para estudar a vastidão do Universo observável, mostramos a nós mesmos o quanto queremos desvendar esta fronteira até agora intransponível para nós, mas que temos esperança de um dia conseguir romper.

A amplitude de nossa visão de Universo aumentou tremendamente desde o início do século vinte, mas, dentro de *um Universo de bilhões de anos-luz*, as ondas eletromagnéticas enviadas pela humanidade desde

---

[43] *Multiverso (ciência)*. Disponível em: https://pt.wikipedia.org/wiki/Multiverso_(ci%C3%AAncia)#:~:text-t=Multiverso%20%C3%A9%20um%20termo%20usado,constantes%20f%C3%ADsicas%20que%20os%20descrevem. Acesso: 22 fevereiro 2022.

[44] *Buraco negro:* é uma região do espaço-tempo em que o campo gravitacional é tão intenso de que nada - nenhuma partícula ou radiação eletromagnética como a luz - pode escapar.

[45] *Buracos de minhoca:* são como túneis formados por grandes distorções no espaço-tempo. Até hoje, nenhum buraco de minhoca foi observado e, portanto, não há como saber se existem de fato.

meados do século passado ainda não conseguiram nem sequer sair da nossa galáxia, que tem um tamanho aproximado de *cem mil anos-luz*.

Existe um exército de físicos e de cosmólogos buscando ultrapassar as barreiras do desconhecido acerca da *origem do Universo*. Contudo, é forçoso reconhecer, estamos muito distantes do dia em que talvez possamos vir a transpor todo tipo de nebulosidade científica sobre *a gênese universal*.

Tenho uma grande suspeita de que, se o homem pretender buscar estas respostas apenas e tão somente através da *ciência*, ele estará olhando apenas *dentro da natureza visível*.

Então surge uma questão: será que não deveríamos *sair destes limites extremamente restritos da ciência*?

Gleiser *(1997)*[46] expõe que:

> Muitos cosmólogos são ateus e não procuram (e não deveriam procurar mesmo!) Deus nem nenhuma conexão religiosa em suas equações e dados experimentais.
>
> Mesmo assim, eles são atraídos pelas "grandes questões", que podem abranger desde a origem do Universo e da matéria até a distribuição de galáxias no Universo...
>
> Quanto mais aprendemos, melhor dimensionamos nossa ignorância, melhor compreendemos nossas limitações perante o infinito poder criativo da Natureza.
>
> É comum dizer-se que "a ciência é um processo".
>
> Eu acrescentaria que a ciência é um processo sem fim, uma "procura" num território sem fronteiras...
>
> A Natureza jamais vai deixar de nos surpreender...
>
> *Teorias científicas* jamais serão a verdade final: elas irão sempre evoluir e mudar, tornando-se progressivamente mais corretas e eficientes, sem chegar nunca a um estado final de perfeição.
>
> Novos fenômenos estranhos, inesperados e imprevisíveis irão sempre desafiar nossa imaginação.
>
> Assim como nossos antepassados, estaremos sempre buscando "compreender o novo".
>
> E, a cada passo dessa busca sem fim, compreenderemos um pouco mais sobre nós mesmos e sobre o Universo à nossa volta...

---

[46] Gleiser, M. *A dança do universo*. 1997. pg. 396. Já citado anteriormente.

É a persistência do mistério que nos inspira a continuar nossa busca.

Creio que, neste trecho, Gleiser acaba expressando de alguma forma que, acima de quaisquer buscas humanamente limitadas às *finitas fronteiras das equações e experimentos científicos*, seria sábio buscar luz *fora e acima* das circunscrições contidas apenas dentro dos limitados quintais da natureza.

Afinal, o Universo, como um motor — que deve ter sido construído por *alguém* —, não tem capacidade de autocriar-se, de auto-organizar-se e de continuar subsistindo por si só.

Então,

Quem determinou que tudo viesse a existir?

Quem mantém tudo existindo?

Quem estabeleceu as leis que funcionam dentro do Universo?

Transcrevo aqui uma anotação que fiz às margens da página 398 do excelente livro de Gleiser *(1997)*, quando o li:

Acho que, nestas páginas, Gleiser toca, talvez sem perceber, num ponto importante:

> **Deus é o conhecimento infinito e "permite" que o homem científico vá crescendo e, "às apalpadelas", possa ir descobrindo novos conhecimentos.**
>
> *É por isso que eu digo que Deus detém exatamente o "conhecimento infinito" que nós (criaturas humanas finitas) vamos descortinando aos poucos.*
>
> *Penso que é neste território de intersecção[47] (infinito/finito) que* **fé e ciência** *vão se encontrando, sem que nem os* <u>cientistas</u> *e nem os* <u>teólogos</u> *consigam, muitas vezes, perceber.*
>
> *Portanto, não basta serem* **apenas cientistas** *e nem* **apenas teólogos**, *mas é necessário que sejam* **cientistas-teólogos** *para poderem compreender e adentrar com a necessária lucidez no ainda pouco explorado território do* **<u>binômio ciência x fé</u>**.

* * *

---

[47] *Intersecção:* na teoria matemática dos conjuntos, representa um subconjunto de elementos que pertencem simultaneamente a dois outros conjuntos. Por exemplo: se o conjunto A possui os elementos {10, 20, 30, 40, 50, 60} e o conjunto B possui os elementos {30, 60, 90}, o subconjunto *intersecção* de A e B será {30, 60}.

Considerações finais para este capítulo

Mariano Artigas Mayayo *(1938-2006)* foi um físico, filósofo, professor universitário e sacerdote católico.

Em suas reflexões e escritos, procurou ressaltar que o *conhecimento científico* e o *conhecimento próprio da fé* **nunca poderão contradizer-se** e que **guardam entre si uma harmonia fundamental**, proveniente do fato de que *ciência* e *fé* **tratam de assuntos interligados**.

O necessário diálogo entre estes campos flui melhor num contexto filosófico, em que o saber humano está focado na busca de respostas para as *"questões mais profundas e essenciais"* do homem.

Artigas dizia que a *ciência experimental* nunca poderá provar e nem refutar *a existência de Deus*, mas pode fornecer à reflexão filosófica dados que auxiliam na obtenção de conclusões racionais e coerentes com o que a *fé* propõe.

Em seus escritos, sustentou que a *moderna cosmovisão científica*, com base nos grandes avanços obtidos pelo homem ao longo do último século, aporta crescentemente pujantes suportes ao *teísmo*[48], tese que expôs com maestria no seu livro *La mente del universo*.

Em seu livro *Las fronteras del evolucionismo*[49], Artigas, quando trata sobre a *origem do Universo*, ressalta que a tese da explosão inicial (também conhecida como o *"Big-Bang"*), que é hoje de ampla aceitação científica, não deve ser tomada como argumento decisivo da existência da Criação, porque dificilmente poder-se-á provar que o estado inicial de que se parte nesta teoria não tenha sido precedido por algo.

Sem dúvida, entretanto, visto que hoje não se tem uma melhor alternativa com base em ciência experimental — se é que se possa exigir isso —, a *teoria do Big-Bang* sugere *um início*, uma origem temporal para o nosso Universo.

Este autor assevera ainda que o *"Princípio Antrópico"* (*ver sobre isso no próximo item*), segundo o qual toda a evolução cósmica seguiu caminhos

---

[48] *Teísmo:* conceito filosófico que defende a existência de entidades divinas superiores, que teriam sido as responsáveis pela Criação do Universo e de todas as coisas que nele existem. No cristianismo, significa crer na existência de um Deus único, Onipresente, Onisciente e Onipotente e que transcende todas as coisas existentes no Universo.

[49] Artigas, M. *La mente del Universo (A mente do Universo)*. EUNSA, Ediciones Universidad de Navarra, SA. 2000. 472p.

rigorosamente determinados, de tal forma que isto e só isto tornou possível a existência da *vida humana* e até mesmo da mais simples vida terrestre.

Isto estimula a ver um *desígnio teleológico*[50] em um *Autor Inteligente da natureza*, desígnio que não se pode atribuir a forças cósmicas materiais.

Pelo que foi exposto por meio dos vários desenvolvimentos apresentados no presente capítulo, ficou claro que, na altura destas primeiras décadas do século XXI, a despeito de todos os rápidos e extraordinários desenvolvimentos obtidos nos últimos cem anos:

Mesmo hoje a avançada *ciência* do século XXI ainda não tem *respostas conclusivas* para perguntas relacionadas à *origem do Universo*.

É necessário ter a coragem de assumir: é muito mais *o que não sabemos* do que *o que sabemos*.

Então, é muito provável que estejamos no momento de refletir com mente aberta: será que tais respostas estariam mesmo **apenas dentro do domínio da ciência?**

* * *

O *"Princípio Antrópico"*

"Antrópico" refere-se ao *"ser humano"* (do grego άν.θρω.πος, homem).

O *Princípio Antrópico* foi proposto pelo físico australiano Brandon Carter *(nascido em 1942)* e propõe que

---

"[...] as condições que regem o Universo sempre serão aquelas que permitam a vida inteligente. Se não fosse assim, não estaríamos aqui para observá-lo".

Além disso, assevera que:

"[...] a vida é a medida de todas as coisas".

---

[50] *Teleologia:* do grego *τέλος*, finalidade + *λόγος*, estudo. Refere-se ao estudo filosófico dos fins, do propósito, do objetivo ou da finalidade. Segundo esta concepção, deve existir uma causa fundamental que rege, através de metas, propósitos e objetivos, a humanidade, a natureza, seus seres e fenômenos.

Relaciona-se ao fato de que *a existência humana* dentro do Universo depende de *numerosas constantes e parâmetros cosmológicos*, cujos valores parecem estar *micrometricamente ajustados* e, se tivessem variado em escalas muitíssimo pequenas, **nós não poderíamos estar aqui.**

Vários cientistas e filósofos chegaram a propor que "*foi Deus* quem *providencialmente promoveu que o Universo fosse como é,* em função da extrema improbabilidade de que *tantas constantes pudessem alinhar-se tão ajustadamente a favor da nossa existência meramente por obra do __acaso__*".

Consideremos os *prótons* por exemplo:

Os prótons são as partículas subatômicas carregadas positivamente que (juntamente com os nêutrons) formam o núcleo de um átomo *(em torno do qual os elétrons carregados negativamente orbitam).*

Seja por providência ou por sorte fortuita - dependendo da perspectiva -, os prótons são 1.836 vezes maiores que os elétrons.

Se fossem um pouco maiores ou um pouco menores, não existiríamos *(porque os átomos não poderiam formar as moléculas de que precisamos).*

Então, como os prótons acabam sendo as necessárias e fundamentais **1.836 vezes maiores que os elétrons**?

Por que não 100 vezes maiores ou 100.000 vezes?

Por que não menores?

De todas as variáveis possíveis, como os prótons acabam sendo **do tamanho certo**?

Foi sorte ou artifício?

Ou, ainda, como é que os prótons carregam uma carga elétrica positiva igual à dos elétrons carregados negativamente?

Se os prótons não equilibrassem os elétrons e vice-versa, nós não existiríamos.

Eles não são comparáveis em tamanho, mas são **perfeitamente equilibrados**!

Será que **a natureza** (inanimada e sem inteligência) apenas tropeçou em tal relacionamento propício, ou **foi Deus quem ordenou isto por nossa causa**?[51]

---

[51] *Got Questions. O que é o Princípio Antrópico?* Disponível em: https://www.gotquestions.org/Portugues/principio-antropico.html. Acesso em: 04 março 2022.

Confira outros exemplos sobre como *as constantes do Princípio Antrópico* afetam diretamente a habitabilidade da *vida* e da *inteligência humana* em nosso planeta:

> As propriedades da água

> A atmosfera da Terra

> A refletividade da Terra

> O campo magnético da Terra

> O lugar da Terra no Sistema Solar

> O lugar do nosso Sistema Solar na Via Láctea

> A cor do nosso Sol

Ressalte-se que esta lista não é exaustiva, sendo apenas uma pequena amostra dos muitos fatores que estão *meticulosamente ajustados* para que *a vida* possa existir na Terra.

O que causa espécie é que, considerando *tantos parâmetros, com tantas possibilidades de valores diferentes*, como explicar que todos acabaram sendo ajustados *dentro de um extremamente estreito intervalo*, de modo a propiciar condições para *nossa existência?*

Diante disso, há aqueles que pretendem admitir que tudo teria ocorrido *por acaso*, por sorte fortuita, mesmo diante de probabilidades inimaginavelmente baixas.

Os defensores desta perspectiva, para justificar suas suposições, um levantam hipóteses de um cenário segundo o qual *o nosso Universo seria apenas um entre muitíssimos do chamado "multiverso"* e, assim, haveria chances de ter ocorrido o *"acerto"*.

Por outro lado, há aqueles que atribuem tais ocorrências como *design intencional* de um *Agente Inteligente*.

Para estes, denominados defensores do *Design Inteligente*, o *Princípio Antrópico* é mais uma prova em apoio à tese de que *a vida* foi projetada por um *Agente Superior Transcendente*.

Então, não só os sistemas biológicos carregam as marcas e sinais do *design (por exemplo, a extrema engenhosidade do DNA)*, mas também todo o Universo que sustenta e fornece um útero para *a existência da vida*.

Interessante anotar que existem algumas variações em termos de *definições do Princípio Antrópico*[52]:

> *Princípio Antrópico Forte:* o Universo deve ser de tal forma que possa conter observadores em algum estágio de evolução.
>
> *Princípio Antrópico Fraco:* o Universo comportou-se de tal forma que pôde vir a nos conter. Em outras palavras, as grandezas físicas e cosmológicas que observamos precisaram assumir valores compatíveis com o *surgimento de vida baseada em carbono.*
>
> *Princípio Antrópico Final:* o Universo tem como finalidade produzir *seres vivos,* ou *seres humanos.*
>
> *Princípio Antrópico Participativo: a existência de observadores* dá existência ao Universo.

* * *

---

[52] *Princípio Antrópico.* Disponível em: https://pt.wikipedia.org/wiki/Princ%C3%ADpio_antr%C3%B3pico#:~:text=Em%20f%C3%ADsica%20e%20cosmologia%2C%20o,universo%20que%20possui%20seres%20humanos. Acesso: 04 março 2022.

3

O *SURGIMENTO DA VIDA NO UNIVERSO* AINDA É UM MISTÉRIO INEXPLICADO

Sempre que possível, procuro fazer caminhadas num belo parque arborizado, onde há um circuito de pouco mais de um quilômetro, muito agradável, onde circulam galinhas d'angola, perus, garnisés, coelhos e com muitos pássaros alegremente gorjeantes.

Numa destas oportunidades, fui caminhando e refletindo sobre uma pergunta que sempre mexeu comigo: *"Por que existe o Universo?"*.

Após muitos passos, uma resposta veio ao meu pensamento e então peguei o meu celular e fiz questão de gravar em áudio, para não esquecer: *"O Universo existe para que nele possa existir a vida... e ainda mais, a vida inteligente, o ser humano"*.

Depois da gravação deste áudio, continuei refletindo sobre *o surgimento da vida no Universo*.

A *vida* teria surgido espontaneamente, por si só, ou por acaso, ou de alguma outra forma, dentro do Universo?

Diante destas perguntas, meu impulso inicial foi o de responder: *"Não! A vida não pode ter surgido por si só e nem por acaso dentro do Universo!"*.

Sem dúvida, uma coisa tão sublime, bela e complexa como *a vida* não pode ter uma explicação reducionista e desfundamentada.

Tem de haver alguma base mais apropriada para a compreensão quanto ao surgimento de algo tão grandioso como *a vida dentro do Universo*.

Tenho visto tendências de explicar *o surgimento da vida* por meio de algum mecanismo aleatório qualquer, a partir da junção de componentes químicos existentes lá nos primórdios da Terra.

Estes componentes teriam caído em lagos, formando ali uma espécie de *"sopa primordial"*.

Depois, nesta sopa de componentes, teria sido formado algo como uma bolha, culminando com o *'aparecimento' de um organismo unicelular "vivo"*...

Aqui meu pensamento questionou: "... *simplesmente 'apareceu'?!!!*... *como num passe de mágica?!!!...*"

Nããããooo!!!...

Acho que deve ter ocorrido a presença de *um agente* ou de uma força muito maior do que meramente *a ação cega e aleatória* de reles reações químicas, as quais teriam ocorrido naquelas condições da Terra primitiva!

Continuei caminhando e pensando... esta explicação da *bolha na sopa primordial* é uma *"explicação abiogenética"*, ou seja, *a vida* teria surgido como uma *evolução química* a partir de *reações entre componentes não vivos*.

Considerada por si só, esta tentativa de explicação é, no meu modo de ver, simplista demais, falha e tem dificuldades sérias de ser fundamentadamente sustentada.

Considerando todos os entes que compõem o Universo, *apenas os seres vivos não são matéria inanimada*.

Inanimada quer dizer *"sem alma"* (do latim: *in* = não + *anima* = alma).

No nosso Universo, as *coisas* (objetos *sem alma*) são inferiores a *seres* (indivíduos *vivos, com alma*)... mesmo que estes *seres vivos* fossem apenas minúsculos individuozinhos unicelulares.

Destaquemos então que *"sem alma"* são *coisas* e *"com alma"* são *seres vivos*.

A lei natural é que *"coisas"* (*sem alma, sem vida*) não têm a capacidade de dar origem a *"seres"* (*entes animados, com alma, vivos*).

Nunca existiu e jamais existirá no Universo mecanismo algum capaz disso.

A pedra, a água, as nuvens e o vento, podemos dizer que são *coisas*... um planeta, uma estrela, um asteroide, um cometa, também são *coisas*... não têm *alma*, não têm *vida*. Portanto, não podem, *por si só*, dar origem a *seres vivos*.

Uma árvore, uma laranjeira, um gato, um cachorro ou um pássaro, por outro lado, são *seres vivos*... têm *alma*. *Alma vegetativa* no caso dos vegetais e *alma sensitiva* no caso dos animais.

Importante salientar que o ser humano é o único ser vivo dentro do Universo que tem *alma intelectiva*, portanto, o único que tem *inteligência superior*.

A *alma intelectiva* é incomensuravelmente superior e mais complexa do que a *alma vegetativa* e do que a *alma sensitiva*.

A *alma intelectiva* tem a capacidade do *intelecto*, ou seja, ela é capaz de *pensar* sobre as coisas da existência e, muito mais, ela tem *consciência* da sua própria existência.

* * *

Enquanto eu caminhava naquele parque, meus pensamentos passeavam alvoroçados por todas estas reflexões.

A *alma intelectiva* (*a alma humana*) é do domínio do sobrenatural e não está sujeita às regras da natureza física ou química das coisas. Além disso, ela é *imortal*.

Um abacateiro tem *alma vegetativa* e só pode dar abacates. Um macaco é um animal, tem *alma sensitiva* e não tem *intelecto superior* (por mais que possam até aprender alguns truques que possamos tentar ensinar-lhe).

Na semente do abacate há toda uma potência para que, após ter sido plantada, ela germine em um novo abacateiro, o qual terá a capacidade de ter raízes, seiva, tronco, galhos, frutos e folhas de abacateiro e nada mais do que pode ter um abacateiro.

Consideremos agora *um embrião humano*.

Ainda que este *embrião* tenha sido concebido há apenas alguns milionésimos de segundo, *nele já há uma alma intelectiva*, desde o seu primeiro instante de existência.

O *embrião humano* começa a ter *alma intelectiva* a partir do primeiro momento em que o espermatozoide uniu-se com o óvulo, na fecundação.

Neste augusto momento passam a existir todas as potências para aí vir a se desenvolver *um ser humano* adulto e completo.

No Universo em que vivemos existem regras fundamentais *(leis)* de funcionamento e São Tomás de Aquino enuncia duas delas[53]:

1. não há *efeito* sem *causa*;

2. o *efeito* não pode ser mais perfeito do que a *causa*.

(no caso, efeito = vida; causa = agente criador)

* * *

---

[53] São Tomás de Aquino. *Suma Teológica: Teologia - Deus - Trindade*. São Paulo: Loyola, 2001. (Vol. I, Questões 1-43). 704p.

Aquela caminhada deveria estar servindo para eu tomar um pouco de sol e para exercitar-me, mas, meus pensamentos explodiam.

Parei um pouco na cantina do parque, comprei um coco gelado, sentei-me num banco que tinha ali e, entre um gole e outro daquela deliciosa água, vi-me completamente envolvido por estas reflexões:

> Uma *coisa* jamais poderia dar origem a um *ser vivo*, por minúsculo e unicelular que este possa ser imaginado.

> Se isso pudesse ocorrer, *coisa* estaria na posição de *causa* e *ser vivo* na de *efeito*; portanto, é inexequível a ideia de que *vida* *(efeito)* tenha vindo de um aleatório encontro de elementos químicos (*coisas* atuando como *causas*).

O Universo tem suas *leis de funcionamento*.

Por exemplo, a lei da gravidade. Nunca alguém viu uma maçã "caindo para cima"... e, em condições naturais, jamais verá!

Da mesma forma, o Universo nunca presenciou *(e jamais poderá presenciar)* uma *coisa* dando origem a um *ser vivo*.

* * *

Como *a ciência de hoje* tenta explicar *a origem da vida no Universo?*

A resposta para a pergunta *"como surgiu pela primeira vez <u>a vida</u> dentro do Universo?"* vem sendo buscada por milênios.

Aristóteles (384-322 a.C.), filósofo grego durante o período clássico da Grécia antiga, formulou uma ideia que era chamada de *"geração espontânea"* e era considerada como a primeira teoria científica sobre *a origem da vida*.

Esta teoria propunha que existiriam dois princípios: um passivo *(matéria)* e o outro ativo *(pneuma, sopro vital)*.

Sob condições apropriadas, estes dois princípios poderiam combinar-se, originando então a *"vida"*.

Conforme Damineli e Damineli *(2007)*[54], Aristóteles acreditava que, entre os animais superiores, o sopro vital passaria para os descendentes por meio da reprodução, entretanto, para ele alguns seres *(insetos, enguias,*

---

[54] Damineli, A. & Damineli, S.C. *Origens da Vida*. Rev. *Estudos Avançados*. 2007, vol.21, n.59, p. 263-284. São Paulo (S.P.).

ostras) podiam aparecer de forma espontânea, sem serem frutos de *"sementes"* de outros seres vivos.

Esta concepção, conhecida como *"geração espontânea"*, parece ter advindo dos filósofos pré-socráticos, como Empédocles de Agrigento *(492-430 a.C.)*, que supunham que a vida, assim como toda a diversidade do mundo, havia sido formada por quatro elementos básicos: terra, fogo, água e ar.

A concepção da *"geração espontânea"* também ocorreu em escritos antigos da China, da Índia, da Babilônia e do Egito.

Esta ideia era, portanto, *abiogenética*, uma vez que afirmava que *seres vivos* poderiam surgir a partir de *não vida (a+bio+gênese* = sem+vida+origem, ou seja, *origem sem a contribuição de seres vivos)*.

A teoria da *origem abiogenética da vida*, também chamada de *"geração espontânea"*, foi a primeira corrente de pensamento surgida e foi defendida por personagens históricos como Aristóteles[55] *(384-322 a.C.)* e por outros filósofos gregos clássicos.

Vigorou como uma explicação para *a origem da vida no planeta Terra* por mais de 20 séculos (!!!) e esteve presente nos escritos de muitos autores e pensadores ocidentais como Bacon *(1561-1626)*, Descartes *(1596-1650)*, Issac Newton *(1643-1727)*, Buffon *(1707-1788)* e Lamarck *(1744-1829)*.

Mas é necessário considerar que, nas épocas em que estes pensadores viveram, *a ciência inexistia ou era ainda muito incipiente.*

Esta *pouca ciência* propiciava que hipóteses equivocadas como a *origem da vida por geração espontânea* fossem possíveis.

As ideias da *geração espontânea* estavam, até os séculos XVI e XVII, tão entranhadas, que o médico belga Von Helmont *(1580-1644)* chegou a escrever um livro contendo *receitas para a geração abiogenética de vida.*

A *receita* que se tornou mais conhecida foi uma cujos passos ensinavam que, para gerar ratos, bastava separar roupas sujas, colocando-as num canto escuro, úmido e pouco ventilado de um porão, dispondo por cima sementes de trigo. Cerca de 21 dias após, 'surgiriam' (seriam gerados) ali ratos adultos.

Isto perdurou até que o italiano Francesco Redi *(1626-1697)* provou que *animais grandes* não poderiam surgir por *geração espontânea.*

---

[55] Martins, L.A.C.P. *Aristóteles e a geração espontânea. Cadernos de História da Ciência e Filosofia da Ciência* (série 2), 2(2):213-237. 1990.

Ele montou um experimento com frascos contendo carne, deixando um deles aberto e mantendo o outro fechado com uma gaze. Ele observou que, no frasco aberto, as moscas conseguiam pousar na carne ali exposta.

Passados alguns dias, verificou o surgimento de larvas apenas no frasco sem cobertura e concluiu que estas larvas deveriam ter surgido a partir de ovos das moscas que ali haviam pousado e não da carne em estado de putrefação, que, conforme se supunha, seria dotada de *princípio vital capaz de gerar vida.*

A partir dos resultados deste experimento tão simples, Redi passou a defender que *vida não surge espontaneamente* e sim que *vida só pode ser originada a partir de outro ser vivo.*

Porém, a crença geral da época era a de que realmente *a vida surgia de forma espontânea a partir de matéria inanimada.* Esta crença estava então tão arraigada, que as conclusões de Redi foram deixadas de lado.

* * *

John Needham *(1713-1781)* era um naturalista inglês que defendia com muito vigor *a abiogênese, a teoria da geração espontânea,* como explicação para a *origem da vida* e queria provar que a vida teria surgido *a partir da matéria inanimada.*

Needham ficou conhecido por suas experiências usando frascos de vidro com "caldos nutritivos".

Alguns destes frascos foram deixados abertos e outros fechados com rolhas; alguns foram pouco aquecidos e outros não foram aquecidos.

Como houve desenvolvimento de microrganismos em todos os casos, Needham concluiu que os microrganismos só poderiam ter surgido por *"geração espontânea".*

Ele achava que, como os caldos nutritivos tinham sido aquecidos no início do experimento, as possíveis formas vivas preliminarmente existentes teriam sido eliminadas, mas mesmo assim ali *surgia vida.*

Contudo, as pessoas daquela época não percebiam que os experimentos de Needham tinham falhas de isolamento e de controle dos caldos nutritivos e era por isso que surgiam os microrganismos.

Assim, suas conclusões fizeram com que Redi—citado anteriormente—ficasse ainda mais enfraquecido e, por outro lado, *a teoria abiogenética voltasse a se fortalecer.*

De fato, para a comunidade da época era difícil desfazer-se de uma teoria que tinha durado por tantos séculos, desde Aristóteles *(portanto, desde o século IV a.C.)*, e a voz dominante ainda insistia: *macro-organismos* não podem surgir por geração espontânea, mas *microrganismos* podem.

Resultado: *a teoria da geração espontânea (abiogenética)* continuava dominante.

Nesta época, Anton Van Leeuwenhoek *(1632-1723)*, um lojista de roupas holandês, considerado por alguns como o inventor do microscópio, identificou pela primeira vez a minúscula levedura como um *ser vivo*, coisa que era impossível antes de suas invenções de aparelhos dotados de lentes.

Foi com suas lentes que ele conseguiu descrever os procariontes[56] e espermatozoides de cães e de humanos, fibras musculares, glóbulos vermelhos, capilares sanguíneos e protozoários[57].

Contudo, as descobertas de Leeuwenhoek ficaram desconhecidas para o mundo, pois ele não as revelou durante sua vida e só após a sua morte tornaram-se conhecidas.

Assim, o cientista experimental Robert Hooke *(1635-1703)* e o médico e botânico Nehemiah Grew *(1641-1712)*, ambos britânicos, receberam a missão de construir um microscópio que pudesse confirmar *(ou desmentir)* os achados de Leeuwenhoek, tendo concluído que o holandês estava correto.

Com suas observações e estudos, Leeuwenhoek tinha conseguido provar a existência de *seres simples e minúsculos*, chamados na época de *"animáculos"*, que posteriormente passaram a ser nominados de *"microrganismos"*.

É oportuno ressaltar aqui como o conhecimento humano cresce à medida que surgem engenhos e tecnologias que permitam passos à frente.

No caso aqui ilustrado, a teoria da geração espontânea tinha persistido por mais de vinte séculos enquanto não se conhecia a existência dos *microrganismos*.

Após esta descoberta, a comunidade achava que os *animais grandes*, ou macro-organismos, não podiam surgir abiogeneticamente, mas os *"animáculos" (microrganismos)* poderiam.

---

[56] *Procariontes:* organismos cujas células não possuem material genético delimitado por um envoltório nuclear, ou seja, seu material genético está disperso no citoplasma, como ocorre com bactérias e cianobactérias.//

[57] *Protozoários:* são microorganismos eucarióticos, unicelulares e heterotróficos *(não possuem a capacidade de produzir seu próprio alimento e por isso alimentam-se de seres vivos)*. Têm tamanho entre 30 e 300 micrômeros *(1 micrômero = 10^{-6} metro)*.

Pouco tempo depois, um biólogo italiano chamado Lazzaro Spallanzani *(1729 - 1799)*, que não acreditava na *teoria abiogenética*, focou seus estudos em pesquisas voltadas a este tema, que era uma das grandes polêmicas na época.

Spallanzani repetiu os mesmos experimentos de Needham, porém, fechou adequadamente os frascos e fê-los ferver por uma hora, o que realmente matou os microrganismos presentes nos caldos nutritivos.

Depois de semanas e até meses, Spallanzani verificou que os vidros estavam estéreis, demonstrando que *não existe abiogênese*.

Ao invés de aceitar as conclusões de Spallanzani, Needham defendeu-se reiterando que, em seus experimentos, não fervera demais os caldos para não destruir *"o princípio ativo"* ali existente e que Spallanzani os fervera excessivamente, destruindo a *"força vital"* dos caldos, o que invalidava os seus resultados.

Assim, mesmo diante das conclusões de Spallanzani, os defensores da *abiogênese* não deixaram de defendê-la, com a teoria até ganhando, à época, ainda mais força.

Foi só com o brilhante cientista francês Louis Pasteur *(1822-1895)*, que deu grandes contribuições também nas áreas da medicina, da microbiologia e da química, que *a abiogênese foi definitivamente refutada*.

Pasteur fez um experimento que ficou famoso, usando os chamados "frascos curvos do tipo pescoço-de-cisne".

As curvas dos frascos impediam que os microrganismos do ar pudessem entrar no caldo nutritivo esterilizado que ali havia e, de fato, mesmo após um bom tempo, *nenhuma vida aparecia*.

Para provar que *a vida* que pudesse ali surgir deveria ter sido proveniente do ar externo, Pasteur quebrou a parte curva dos frascos para permitir a entrada dos microrganismos do ar externo.

Alguns dias depois, naquele caldo nutritivo dos frascos quebrados surgiu uma grande quantidade de microrganismos.

A partir das conclusões de Pasteur, não havia mais como acreditar na *geração espontânea* e Pasteur havia comprovado brilhantemente a *"biogênese"*, ou seja, que:

A vida só pode surgir de vida.

Mas neste ponto surge então outra questão relevante:

*Se seres vivos só podem nascer a partir de outros seres vivos preexistentes, pela biogênese, <u>como então teria surgido **o primeiro ser vivo do Universo**</u>?*

* * *

Foi só por volta da segunda metade do século XIX d.C. que *a ciência* veio somar-se ao esforço de tentar responder a esta pergunta fundamental, procurando inserir *o método científico* neste objetivo.

Diante desta intrigante questão, vários grupos de cientistas, *agora com a ciência* robustecendo-se cada vez mais, em diferentes partes do mundo, passaram a procurar com grande ênfase hipóteses minimamente plausíveis para a referida pergunta.

A vida teria provindo *de fora do nosso planeta*?

Na segunda metade do século XIX, uma vertente de ideias começou a aflorar defendendo que *a primeira vida* poderia ter tido origem *de fora do nosso Planeta*.

Nesta linha, em 1871, o britânico Lord Kelvin *(William Thomson) (1824-1907)* publicou um trabalho[58] no qual levantava a hipótese de a vida ter sido proveniente do espaço, trazida por meteoros.

Na década de 1890, os cientistas alemães Hermann Richter *(1808-1876)* e Hermann von Helmholtz *(1821-1894)* também propuseram a hipótese de a vida ter aparecido em nosso Planeta a partir de esporos resistentes transportados por meteoritos provenientes de outras partes do Universo.

Um argumento usado a favor desta hipótese era a constatação da presença de matéria orgânica em meteoritos descobertos em diferentes localidades da Terra.

Porém, logo surgiu o questionamento interpondo a dúvida de que é alta a possibilidade de contaminação por matéria orgânica terrestre ocorrida após a chegada do meteorito.

---

[58] Lord Kelvin (William Thomson). *Excerpt. From the Presidential Address to the British Association for the Advancement of Science (Excerto. Do Discurso Presidencial à Associação Britânica para o Avanço da Ciência)*. Held at Edinburgh in August, 1871. Reprinted in Kelvin's Popular Lectures and Addresses, p. 132-205. Disponível em: https://zapatopi.net/kelvin/papers/on_the_origin_of_life.html. Consultado em 21/03/2021.

Panspermia ou Teoria Cosmozóica

Panspermia (a origem do termo vem do grego antigo πᾶν (pan) = "todos" + σπέρμα (sperma) = "semente") significa algo como *"sementes em todos os lugares".* Este termo foi cunhado por Anaxágoras, no século V a.C., na Grécia.

Esta teoria afirma existir um número imenso de *"espermatas" (sementes)* espalhados pelo Universo em poeira espacial, meteoritos, asteroides, cometas e planetoides.

A hipótese é que estas sementes poderiam dar origem a formas de vida ao chegarem à Terra.

Em 1908 o físico sueco Svante Arrhenius *(1859-1927)*[59] sugeriu ideia similar, pela qual a vida teria se originado na Terra a partir de *esporos provenientes do espaço,* os quais teriam trazido os compostos orgânicos necessários.

É necessário destacar que naquele início de século XX o conhecimento sobre o Universo era ainda muito pouco desenvolvido.

Esta ideia está, atualmente, em descrédito e as críticas contra ela focam nas condições completamente adversas *(temperaturas, radiações)* a que os germes teriam de resistir durante o percurso para atravessar a atmosfera, as quais impediriam sua chegada com viabilidade de vida ao nosso planeta.

Além disso, a questão mais importante — *como teria surgido o primeiro ser vivo fora da Terra?* — continua sem resposta, uma vez que, ao defender esta hipótese, se está apenas transferindo o problema da origem para outro ponto do Universo.

Além disso, é criticada também porque não pode ser testada experimentalmente, conforme demanda o método científico.

A teoria da panspermia dirigida

Esta teoria sugere a ideia de que poderia ter havido *o transporte intencional de microorganismos desde o espaço,* por uma civilização extremamente avançada, com o objetivo de introduzir vida em corpos astronômicos sem vida, mas habitáveis.

---

[59] Arrhenius, S. *Worlds in the Making. The evolution of the Universe (Mundos em construção. A evolução do Universo).* Harper and Brothers, New York. 1908.

Foi proposta em 1973 pelo biólogo, Prêmio Nobel Francis Harry Compton Crick *(1916-2004)* e pelo químico Leslie Eleazer Orgel *(1927-2007)*, ambos ingleses.[60] [61]

Como sabemos, Crick tornou-se conhecido por ter descoberto a estrutura da molécula de DNA, em 1953, juntamente com o norte-americano James Watson *(nascido em 1928)*.

Crick e Orgel chegaram até a propor um contexto descrevendo de forma detalhada sobre sua hipótese, sugerindo que a vida na Terra teria sido cultivada por *alienígenas* em algum ponto do Universo e depois trazida para o nosso Planeta.

Estes autores chegaram até mesmo a propor um projeto para a nave espacial usada pelos alienígenas para semear a vida aqui!

A formação da Terra e os primeiros ensaios de *seres vivos*

A ideia de que *a vida* poderia ter sido trazida do espaço para o nosso planeta, como exposto anteriormente, não conseguiu convencer pela sua improbabilidade e, então, chegou-se à conclusão de que é mais conveniente procurar a explicação aqui na Terra mesmo.

A ciência estima que o planeta Terra foi formado há aproximadamente 4,6 bilhões de anos e, nos cenários prevalentes naqueles inícios, não havia condições para a *vida*, pois predominava um magma quente de rocha derretida, grande instabilidade e muitos vulcões ativos.

Supõe-se que a atmosfera da *Terra primitiva* era composta por vapor de água, hidrogênio, metano e amônia. Ocorriam tempestades fortes e com muitos raios.

Não havia ainda a camada de ozônio que filtra as radiações solares ultravioletas incidentes no planeta, e, assim, as condições reinantes eram totalmente inóspitas para a *vida*.

Ao longo de milhões de anos depois da formação do nosso planeta foi ocorrendo um processo de resfriamento progressivo, originando uma camada de rocha em toda a Terra.

Em seguida, contínuas precipitações, que devem ter durado muito tempo, teriam ocasionado a formação dos oceanos primitivos.

---

[60]   Crick, F.H.C.; Orgel, L.E. *Directed panspermia. Icarus*, 19 (3): 341–348. *Bibcode:1973Icar...19..341C. doi:10.1016/0019-1035(73)90110-3.*

[61]   *Panspermia*. Disponível em: https://en.wikipedia.org/wiki/Panspermia. Acesso: 23 fevereiro 2022.

Com o resfriamento da crosta terrestre, que, supõe-se, tenha ocorrido mais ou menos a cerca de 3,5 bilhões de anos, a ciência conjectura que puderam começar a ocorrer *os primeiros ensaios de vida.*

Este era o cenário terrestre suposto como básico para *as hipóteses de surgimento da vida no planeta Terra* propostas na década de 1920, conforme exposto a seguir.

Teoria de Oparin-Haldane e *"evolução química"*

Aleksandr Ivanovich Oparin *(1894 - 1980)* foi um biólogo e bioquímico russo, considerado um dos precursores dos estudos sobre a *origem abiótica da vida.*

É interessante contextualizar que os desenvolvimentos realizados por Oparin ocorreram nas proximidades da década de 1920, quando o *comunismo ateu* estava em expansão na Rússia.

Sua carreira foi marcada por íntima colaboração com a *ideologia comunista* e com o estado soviético e suas ideias coadunavam-se com o *materialismo dialético*[62], sendo promovidas no seu país e no exterior, enquanto Oparin era mitificado como *"Darwin do século XX".*[63]

John Burdon Sanderson Haldane *(1892-1964)* foi um pensador marxista, geneticista e biólogo britânico, que também propôs uma *teoria abiogenética* sobre *a origem da vida.*

Oparin propôs sua teoria em 1924, mas seu trabalho não chegou ao Ocidente até os anos 1930. Haldane, propôs, de forma independente, uma teoria semelhante, em 1929.[64] [65]

A base da teoria de Oparin-Haldane é que, nas condições reinantes na Terra primitiva, *compostos inorgânicos* teriam formado *os primeiros compostos orgânicos simples*, os quais teriam depois, de alguma forma, se agrupado, para virem a formar *os primeiros seres vivos.*

---

[62]   *Materialismo dialético:* concepção filosófica e método científico que defendem *a matéria* em oposição ao *sobrenatural*, considerando-se libertos de "amarras" que consideram "dogmáticas e anticientíficas" da concepção teológica do mundo, estando em conformidade com a teoria darwinista de origem do homem.

[63]   Jukes T.H. *Oparin and Lysenko. Journal Mol. Evol.* Oct. 45(4):339-40. 1997.

[64]   Haldane, J.B.S. *The origin of life (A origem da vida). New Biology*, 16: 12. 1954.

[65]   *Hipótese de Oparin-Haldane.* Disponível em: https://pt.wikipedia.org/wiki/Hip%C3%B3tese_de_Oparin_e_Haldane. Acesso: 23 fevereiro 2022.

Importante destacar que esta teoria, também conhecida como *"evolução química"*, tenta explicar *a formação de compostos orgânicos* a partir de *compostos inorgânicos.*

A partir destes *compostos orgânicos* esta teoria supõe que deve ter havido uma evolução que teria vindo a culminar com *o surgimento do primeiro ser vivo.*

Então, é preciso ressaltar que as hipóteses de Oparin e Haldane *não chegam efetivamente até o primeiro ser vivo*, mas *apenas até a formação de compostos orgânicos*, que, segundo supõem eles, poderiam, *depois*, vir a dar *origem à vida.*

Segundo Oparin e Haldane, há cerca de 4,2 bilhões de anos, o nosso planeta estava sendo atingido por uma quantidade enorme de meteoros.

A camada mais externa do planeta era fina e, abaixo desta camada, havia o manto[66] formado por lavas incandescentes.

Então, a temperatura da crosta deveria ser muito alta. Havia uma atividade vulcânica muito intensa, existindo então um número muito grande de vulcões, espalhados por toda parte, os quais entravam em frequentes erupções.

Há hipóteses afirmando que, naqueles primórdios, quase toda a água da Terra teria vindo para cá junto com meteoros.

Então, somando o fator da alta temperatura da superfície terrestre e mais o fator dos impactos dos meteoros, ocorria que a água evaporava para a atmosfera, formando nuvens muito densas, que, por sua vez, provocavam chuvas intensas e frequentes e que devem ter durado milhões de anos.

Este era o ciclo da água, que não conseguia acumular-se na superfície muito quente da crosta, que, por sua vez, provocava a evaporação, com a consequente formação de nuvens e a produção de chuvas.

Num certo tempo, supõe-se que diminuíram as quedas de meteoros e a quantidade de água já era muito grande, de forma que o planeta começou a se resfriar.

---

[66] *Manto terrestre*: representa a camada intermediária do nosso planeta, posicionando-se acima do núcleo mais interno e abaixo da crosta terrestre, com profundidades que vão de 30 km abaixo da crosta até a 2.900km e temperaturas que chegam a 2.000°C nas regiões mais profundas. O manto é a maior das camadas terrestres, com 83% do volume do planeta e 67% de sua massa.

Num período estimado entre 4,2 bilhões de anos até aproximadamente 3,8 bilhões de anos atrás, foram então sendo formados grandes corpos de água em várias partes da Terra, com o surgimento de rios, lagos e também dos oceanos.

A partir de todos estes fenômenos, segundo Oparin e Haldane, a atmosfera ficou constituída predominantemente de H_2, CH_4 *(metano)*, NH_3 *(amônia)*, CO_2 e vapor d'água.

Estes gases, associados a condições de altas temperaturas, de grande quantidade de descargas elétricas causadas pelas tempestades frequentes e mais a radiação ultravioleta *(lembrar que naquela época ainda não havia a camada de ozônio, que blinda o planeta desta radiação)* teriam proporcionado a formação dos primeiros *compostos orgânicos simples.*

Importante: nesta atmosfera acima descrita ainda não existia oxigênio (O_2). Somente a partir do momento em que houve condições para a *fotossíntese*[67] foi possível o surgimento do oxigênio.

Consequentemente, o ozônio (O_3) *(com sua ação de contenção da passagem da radiação ultravioleta pela atmosfera)* só foi aparecer depois do aparecimento do *oxigênio.*

Então, as condições que predominavam nesta atmosfera primitiva eram: tempestades + grande quantidade de descargas elétricas + ausência de O_2 *(e, consequentemente, ausência de O_3 e ausência de barreira à passagem da radiação ultravioleta)* + composição atmosférica *(H_2 + CH_4 + NH_3 + vapor d'água)* + ambiente redutor => consequência: possibilidade de *formação de aminoácidos* (que são "compostos orgânicos").

Estes seriam os *aminoácidos* que, na hipótese dos defensores da "evolução química", iriam ajuntar-se em lagos naquilo que é chamado de "sopa primordial" e depois iriam agrupar-se em *proteínas.*

Posteriormente, estas proteínas teriam se aglomerado e, depois, ao longo do tempo, estas aglomerações teriam sido envoltas por películas de água, como se fossem membranas, formando os *"coacervados".*[68] [69]

---

[67] *Fotossíntese:* processo realizado por folhas verdes de vegetais, pelo qual ocorre a conversão da *energia solar* em *energia química* para realização da síntese de compostos orgânicos. Um dos produtos finais desse processo é o *oxigênio,* que é liberado no ambiente.

[68] Dick SJ. 1996. *The Biological Universe (O Universo Biológico).* Cambridge: Cambridge Univ. Press. 578 pp.

[69] *Coacervados:* amontoados de *moléculas proteicas,* medindo entre 1 e 100 micrômetros, com propriedades osmóticas, e que, segundo teorias de *evolução química* sobre *origem da vida,* teriam sido formados em *"sopas primordiais"* ou *"sopas orgânicas"* (compostas de moléculas orgânicas formadas a partir de componentes inorgânicos pela ação de raios atmosféricos) nos oceanos da Terra primitiva. Disponível em: https://pt.wikipedia.

Neste ponto, ainda não teria sido atingido um grau de organização comparável ao de uma *célula viva* e, portanto, este *coacervado* não pode ser considerado um *organismo vivo*.

Se por *"vivo"* entendemos um organismo capaz de sobreviver e de reproduzir-se, este *coacervado* não o é.

Existe uma distância considerável entre *o mundo inanimado* e *os seres vivos*.

O *coacervado* seria ainda apenas uma coleção de moléculas orgânicas, mais ou menos complexas, com um determinado grau de organização maior do que a que está presente entre as moléculas dispersas no oceano circundante.

O que se questiona aqui é que, para manter e enriquecer o grau de tal estágio de organização, seria necessária *energia*.

A energia então disponível era abundante e era diversificada, na forma de raios ultravioleta, relâmpagos e calor.

Contudo, estas formas de energia não teriam sido úteis ao aumento do grau de organização dos coacervados porque *não podiam ser controladas* e, assim, fariam provocar as possíveis ligações existentes, vindo a destruir a ordem alcançada, em vez de formar novas ligações visando aumentar *a organização*.

É importante, neste ponto, destacar:

> os coacervados *não foram as primeiras formas de vida*. Seriam *os primeiros aglomerados proteicos*, semelhantes às proteínas atuais e seriam envoltos por películas de água; e

> a teoria de Oparin-Haldane chegava *até aqui*, na hipótese de *formação dos coacervados*.

Estes autores acreditavam que *teria sido a partir dos coacervados* que posteriormente iriam "surgir" *as primeiras estruturas unicelulares*, ou seja, *a primeira vida*.

Em seguida, segundo suas suposições, surgiriam os organismos multicelulares da *árvore filogenética darwiniana*[70].

---

org/wiki/Coacervado#:~:text=Coacervado%20%C3%A9%20um%20aglomerado%20de,formas%20de%20 vida%20na%20Terra. Acesso: 24 fevereiro 2022.

[70] *Árvore filogenética*: no *evolucionismo darwiniano*, é uma representação gráfica em forma de árvore com seu tronco e seus ramos, apresentando relações evolutivas entre várias *espécies*, visto que a base do tronco seria um *ancestral comum* a todas as demais espécies vindas posteriormente a ele.

Visando dar uma perspectiva mais científica, a pergunta que se fazia na época era *se haveria como simular e testar cientificamente as hipóteses de Oparin-Haldane*.

Foi quando, em 1953, um cientista da Universidade de Chicago, nos EUA, Stanley Lloyd Miller *(1933-2007)*, convenceu seu orientador, o químico Harold Clayton Urey *(1893-1981)*, no sentido de simular dentro do laboratório as condições que eles supunham serem as da *atmosfera primitiva*, ou seja, quando a Terra estava em seu início de formação, há mais de quatro bilhões de anos.

O objetivo deste experimento era o de avaliar se conseguiriam chegar aos *coacervados* naquelas supostas condições da Terra primitiva.

Miller, então, construiu um dispositivo formado por dois balões de vidro conectados por tubos, que, ao final do circuito, permitiam a coleta dos compostos formados durante este processo que simulava as hipotéticas condições atmosféricas da Terra primitiva.

O primeiro balão tinha água, que era aquecida por uma resistência: simulava as condições da atmosfera úmida e quente daquela época.

Pelo tubo de vidro que saía deste balão subia o vapor d'água, que juntava-se aos gases H_2, CH_4 e NH_3, que eram insuflados por uma abertura neste tubo.

Vapor d'água + H_2 + CH_4 + NH_3 seriam os gases que, conforme supunha Miller, predominavam na *atmosfera primitiva*, como dito anteriormente.

Estes gases eram conduzidos pelos tubos até o segundo balão do dispositivo de vidro.

Ali havia eletrodos, que soltavam descargas elétricas *(estas descargas simulavam os raios da atmosfera primitiva, na qual havia tempestades contínuas)*.

Ao final do experimento, Miller notou que de fato foram formados componentes que caminhavam pelos tubos de vidro e posteriormente eram coletados num recipiente.

Este último recipiente simulava os mares e lagos primitivos indicados na teoria de Oparin-Haldane, onde iriam acumular-se os componentes formados, naquilo que chamaram de *"sopa primordial"*.

Estes componentes assim formados foram *aminoácidos* como a *alanina* e a *glicina*.

Destaques importantes neste ponto:

> Miller chegou até a *aminoácidos*, mas não conseguiu chegar até os *coacervados*;

> até aqui este experimento não permitiu mencionar o surgimento da *primeira vida*.

Alguns cientistas acreditam que se Miller tivesse permitido um processo prolongado, repetindo este experimento por vários anos, ao final provavelmente teria conseguido a conjugação destes *aminoácidos*, para a formação de *estruturas proteicas* e, talvez, depois poderiam chegar aos *coacervados*.

Segundo estas teorias, os *coacervados* teriam desempenhado papel chave no *surgimento da vida*, ao "terem evoluído" para *células vivas (vida)*.

Oparin deu o nome de *"protobiontes"* aos *coacervados* porque achava que estes poderiam ter sido os *progenitores diretos das células vivas*.

Entretanto até o momento não houve confirmação científica da pretendida transição *coacervado => célula viva*.

A pergunta que cabe, neste ponto, registrar é: se até aqui a teoria de Oparin-Haldane e os experimentos de Miller-Urey, bem como vários outros experimentos semelhantes, ainda não conseguiram chegar até *o surgimento da primeira vida*, então:

Como poderia ter sido "o salto" dos coacervados (hipoteticamente surgidos por meio de evolução química) para a primeira célula viva?

Conclusões importantes:

> A *ciência* não tem ainda conseguido explicar *como*, por *evolução química*, teria acontecido, efetivamente, a *passagem da não-vida (materiais inorgânicos) para a vida*.

> Portanto, todo *ensino*, nos livros e nos materiais didáticos, nas escolas e nas universidades, *necessita ser muito cauteloso*, não se podendo afirmar categoricamente *(como se fosse um fato comprovado [que não o é!])* que a vida teria surgido *por evolução química*.

> É importante reafirmar: *evolução química é uma hipótese em estudo* e não um *fato comprovado cientificamente (como algumas correntes têm, inadequadamente, propalado)*.

Mundo RNA

Como afirmado antes, na teoria da *evolução química*, não se tem como explicar, efetivamente, *a passagem da não vida para a vida*.

No entanto, *a ciência* não se dá por vencida e continua buscando incessantemente novas formas e caminhos ainda não trilhados para tentar encontrar resposta para a difícil pergunta sobre *como surgiu a vida no Universo*.

Assim, em 1986, Walter Gilbert *(nascido em 1932)*, físico e bioquímico norte-americano da Universidade de Harvard, Nobel em 1980, levantou a hipótese de que *a primeira vida teria surgido* no que ele chamou de "Mundo RNA".

Esta *hipótese* propõe que o próprio RNA *(RiboNucleic Acid, em inglês)* ou ARN *(Ácido Ribonucleico, em português)* teria sido *a primeira forma de vida* no nosso Planeta[71].

Posteriormente, uma *membrana celular* "teria se desenvolvido", envolvendo o RNA, o que teria possibilitado o surgimento da *primeira célula procariota*[72].

O que é necessário ressaltar aqui é que esta teoria necessita, para seu encadeamento de raciocínios, de uma *membrana celular* => supõe que, repentinamente, "esta membrana *surgiu*" => então, a partir da suposição da existência desta membrana => conjectura que o RNA *(molécula extremamente complexa; a teoria não explica convincentemente "como surgiu")* migra para dentro de uma suposta unidade circundada por uma membrana => isto posto, presume que esta unidade composta por *membrana + RNA* passe a ser uma *primeira célula viva*.

De fato, estes passos citados no parágrafo anterior podem ser considerados como *saltos epistemológicos*[73] extremamente grandes.

A *"fagulha da vida"* não surge apenas porque foram juntadas algumas partes constituintes de um *ser vivo*.

---

[71] Gilbert, W. *Origin of Life - the RNA World (Origem da Vida – o Mundo RNA)*. Nature, 319, 618–618. 1986.

[72] *Células Procariontes (ou procariotas):* aquelas células que não possuem material genético *(DNA e RNA)* confinado dentro de um núcleo celular, mas sim disperso no citoplasma.

[73] *Salto epistemológico:* no método científico de produção de conhecimento, diz-se que ocorre um *"salto epistemológico"* quando, por exemplo, uma teoria supõe a passagem de uma *condição A* para uma *condição B*, porém, não consegue comprovar que tal passagem seja viável conforme as leis da natureza.

De fato, se tomarmos como exemplo um *gato morto*, veremos que ele possui exatamente as mesmas partes de um *gato vivo*, porém, no primeiro não há o que é o mais importante, a *"fagulha da vida"*.

É preciso que se diga que o processo de *síntese de proteínas* nas células dos organismos atuais é baseado num sistema tremendamente *complexo*.

Assim, é também muito desafiador tentar imaginar como isto teria se desenvolvido no *Mundo RNA*.

A hipótese do *"mundo RNA"* e o *surgimento da vida*

O *"mundo do RNA"*[74] é uma hipótese na *teoria evolutiva do surgimento da vida na Terra* em que se supõe que moléculas de *RNA autorreplicantes* proliferaram <u>antes</u> da evolução do DNA e das *proteínas*.

Destaque-se que o termo *"mundo RNA"* também se refere à hipótese que postula a existência desse *estágio evolutivo*.

Alexander Rich *(1924-2015)*, biólogo e biofísico norte-americano, propôs pela primeira vez o conceito do *"mundo do RNA"* em 1962[75] e Walter Gilbert *(nascido em 1932)*, bioquímico e físico norte-americano, cunhou o termo em 1986[76].

Caminhos químicos alternativos para a *vida* foram propostos e a *vida baseada em RNA* pode não ter sido a primeira *vida* a existir[77].

Mesmo assim, a hipótese de um *mundo RNA* tem sido prestigiada, de modo a ganhar ampla divulgação.

Independentemente de sua plausibilidade em um cenário probiótico, o *mundo do RNA* vem sendo usado como um modelo para estudar *a origem da vida*[78].

* * *

---

[74] *RNA World*. Disponível em: https://en.wikipedia.org/wiki/RNA_world. Acesso: 26 fevereiro 2022.

[75] Neveu, M.; Kim, H.J.; Benner, S.A. *The "strong" RNA world hypothesis: fifty years old (A "forte" hipótese do mundo do RNA: cinquenta anos)*. Astrobiology, 13 (4): 391–403 (Apr 2013).

[76] Cech, T.R. *The RNA worlds in context (Os mundos RNA em contexto)*. Cold Spring Harbor Perspectives in Biology, 4 (7) (Jul 2012).

[77] Robertson, M.P.; Joyce G.F. *The origins of the RNA world (A origem do mundo RNA)*. Cold Spring Harbor Perspectives in Biology, 4 (5) (May 2012).

[78] Pressman, A.; Blanco, C; Chen, I.A. *The RNA World as a Model System to Study the Origin of Life (O Mundo RNA como um Sistema Modelo para estudar a Origem da Vida)*. Current Biology, 25 (19). 2015.

Aqui é fundamental ressaltar que todo o funcionamento de uma célula é condicionado à existência de *proteínas*.

Mas, para a formação das *proteínas* são necessárias informações presentes no DNA *(ou ADN, Ácido Desoxirribonucleico, o material genético)*.

Sobre o DNA, falaremos com maiores detalhes mais à frente, no presente capítulo.

É a partir das informações presentes no DNA que são fabricadas as *proteínas*.

Então, aqui as coisas ficaram complicadas: para produzir *proteínas* é necessário haver material genético *(DNA)*, porém, *até aqui ainda não havia este material*.

Por outro lado, como dito anteriormente, para a célula funcionar são necessárias as *proteínas*.

Porém, não havia *proteínas* porque não havia DNA.

Afinal, o que teria vindo antes?

O *DNA* ou as *proteínas*?

Ou seja, *não há vida sem DNA* e *não há funcionamento das células vivas sem proteínas*.

Então, como a *ciência* está tentando resolver estes grandes enigmas?

Para o desenvolvimento do presente item, tomamos por base alguns trabalhos científicos como o de Gilbert *(1986)*[79], Pellizari e Bendia *(2021)*[80] e Pressman *et al. (2015)*[81].

Estudos recentes supõem que a composição da *atmosfera da Terra primitiva* não deveria ter sido exatamente como a suposta pela teoria de Oparin e Haldane *(citados anteriormente, aqui)*.

Mas foi esta a composição testada nos experimentos de química pré-biótica realizados por Miller e Urey *(também já citados antes)*.

Isso fragiliza significativamente as conclusões destes experimentos, embora muitos continuem baseando-se nas conclusões de Miller e

[79] Gilbert, W. *Origin of Life - the RNA World (Origem da Vida – o Mundo RNA)*. *Nature*, 319, 618–618. 1986.

[80] Pellizari, V.H. & Bendia, A.G. *Origem da Vida na Terra*. Instituto Oceanográfico. Universidade de São Paulo 2021. Disponível em: https://www.io.usp.br/index.php/ocean-coast-res/29-portugues/publica.C.oes/series-divulga.C.ao/vida-e-biodiversidade/807-origem-da-vida-na-terra.html.

[81] Pressman, A.; Blanco, C.; Chen, I.A. *The RNA World as a Model System to Study the Origin of Life (O mundo RNA como um sistema modelo para estudar a Origem da Vida)*. *Current Biology* 25, R953-963, October 5, 2015.

Urey para fundamentar suas hipóteses de *"origem química da vida" no nosso Planeta*.

Feita esta ressalva, há hipóteses que se baseiam na *"sopa orgânica primordial"* já referida antes aqui. Nesta *sopa*, haveria a presença de *aminoácidos, monossacarídeos* e *nucleotídeos* formados a partir de *materiais inorgânicos* durante a suposta *"evolução química"* de Oparin-Haldane.

Supõem-se ainda que o seguinte grande passo para o surgimento das *primeiras células vivas* teria sido a polimerização[82] destes pequenos blocos estruturais chamados *"biomonômeros" (aminoácidos, monossacarídeos e nucleotídeos)*.

Mas, como os *aminoácidos* teriam se agrupado e estruturado para formar as *proteínas*, os *monossacarídeos* para formar os *polissacarídeos* ou os *nucleotídeos* para depois formar *a estrutura complexa do DNA[83] e do RNA[84]*?

É importante que se diga aqui que:

> *Infelizmente, ainda não temos todas as respostas para estas perguntas e mesmo as hipóteses que vêm sendo desenvolvidas são difíceis de serem reproduzidas em estudos experimentais.*

Quando falamos de *origem da vida a partir de materiais não vivos, como propõe a "evolução química" de Oparin-Haldane*, um ponto-chave ainda não respondido é aquele que se refere à pergunta:

> *Como os biomonômeros ter-se-iam agrupado para formar a "primeira célula viva", capaz de carregar informação genética e também capaz de se reproduzir?*

Estes estão entre os maiores desafios do entendimento científico atual e, assim, muitos pesquisadores estão, em várias partes do mundo, em busca de novas ideias e hipóteses, visando tentar explicar como poderia ter ocorrido o suposto *colossal salto da matéria não viva* (ou seja, de *um*

---

[82] *Polimerização:* reação química que propicia a combinação de um grande número de moléculas de monômeros para formar uma molécula maior.

[83] *DNA* (Ácido Desoxirribonucleico) é uma molécula que se localiza no núcleo das células de todos os seres vivos. Sua função é armazenar toda a informação genética de um organismo. Composto por nucleotídeos, é formado por uma fita dupla em hélice.

[84] *RNA* (RiboNucleic Acid, em inglês) ou ARN (Ácido Ribonucleico, em português) é uma molécula necessária para a *síntese de proteínas* nos organismos vivos, expressando as informações existentes no DNA. Importante: o RNA é formado a partir do DNA (processo chamado de *transcrição*) e, portanto, é necessário que haja o DNA *antes*, para que, *depois*, possa haver o RNA.

mundo essencialmente químico) para a vida (ou seja, para *um mundo bioló-gico)*, conforme hipotetiza a teoria da *evolução química.*

Um dos primeiros passos deste imenso salto seria o de conseguir entender como *uma molécula de ácido nucleico* teria desempenhado o papel essencial de guardar uma informação capaz de ser transmitida para as gerações seguintes à do *primeiro organismo vivo.*

É aqui que entra uma das hipóteses mais propaladas atualmente, relacionada com a origem da informação genética: a *Teoria do Mundo RNA (anteriormente exposta)*, a qual, como explanado resumidamente, sugere que *o RNA teria surgido antes que a molécula do DNA.*

Em uma comparação figurativa, isto seria análogo a dizer que "o *ovo* teria vindo antes que a *galinha".*

Aqui há então um impasse significativo:

> *Em todos os organismos vivos atuais* o fluxo de informação genética *inicia-se no DNA.* Por quê, então, as primeiras células, as *"protocélulas da vida inicial",* teriam o RNA como a principal fonte de informação genética?

Conforme asseveram Pellizari e Bendia *(2021)*, o DNA nas células atuais necessita de uma *maquinaria complexa de proteínas* para ser replicado.

Estas *proteínas,* por sua vez, necessitam do *DNA,* que carrega todas as informações essenciais, para a sua posterior tradução em *proteínas.*

Assim, a dicotomia *"quem surgiu primeiro? DNA ou proteína?"* torna esta questão praticamente insolúvel.

Alguns cientistas sugerem que o RNA teria sido a primeira molécula informacional a surgir, pois ele apresenta duas propriedades necessárias para o funcionamento de uma protocélula: uma atividade de ribozima, que o tornaria capaz de catalisar a sua própria replicação, e uma atividade catalítica capaz de sintetizar algumas proteínas.

Então, como vemos, *tudo ainda está no campo das suposições* e, de alguma forma que até o momento não há como entender, supõe-se que *mutações na molécula de RNA* teriam dado origem ao *DNA* e este último teria sido selecionado posteriormente como principal fonte de informação genética da célula por oferecer uma maior estabilidade estrutural.

Conclusões importantes:

> No que se refere à *hipótese da origem química da vida*, praticamente tudo ainda está no campo de *suposições* baseadas em outras *suposições*.

> *A hipótese do Mundo RNA* também é *suposição em estudo* e os conhecimentos atuais não permitem conclusões definitivas.

A incrível fita do DNA

A descoberta do DNA *(DeoxyriboNucleic Acid, em inglês)* ou ADN *(Ácido Desoxirribonucleico, em português)* foi um dos grandes saltos da ciência ocorrido na década de 1950.

É uma macromolécula em forma de sequências genéticas, conhecidas como *"genes"*, que contém todas as características de um ser vivo; portanto, carrega todas as informações necessárias para que o funcionamento deste ser vivo seja adequado para a sua sobrevivência.

Todas as células de cada ser vivo, em seus respectivos núcleos, possuem a mesma sequência de DNA.

Todo o conjunto de genes de um indivíduo vivo constitui-se no seu *"genoma"*.

A sequência completa do DNA de cada genoma é específica de cada indivíduo, sendo única e funcionando como uma espécie de "carteira de identidade" biológica de cada ser vivo.

Com o desenvolvimento de novas tecnologias ocorrido nas últimas décadas, tornou-se possível sequenciar e identificar sequências específicas de DNA.

Em 1990 iniciou-se um projeto ousado, denominado "Projeto Genoma Humano", liderado por Francis S. Collins[85], visando mapear todas as sequências dos genes do DNA humano, bem como o que representava cada sequência no organismo do homem.

O DNA é considerado como o *código da vida* porque carrega toda a hereditariedade da vida. Contém três bilhões de letras, num texto escrito por sistemas de quatro letras.

---

[85] Francis Sellers Collins *(nascido em 1970)*: geneticista norte-americano, foi diretor do Projeto Genoma Humano e um dos responsáveis por um feito extraordinário da ciência moderna, o mapeamento do DNA humano, o código da vida, concluído em 2001.

Segundo Collins *(2007)*[86]:

> [...] a complexidade das informações contidas <u>em cada célula do corpo humano</u> é tamanha e tão impressionante que, se conseguíssemos ler uma letra por segundo desse código, levaríamos trinta e um anos, dia e noite, ininterruptamente, para lê-lo inteiro.
>
> Se imprimíssemos essas letras num tamanho de fonte regular, em etiquetas normais, e as uníssemos, teríamos como resultado uma torre do tamanho aproximado de um prédio de cincoenta e três andares.

Sobre a magistralidade e a complexidade incrível do DNA, Ravalico *(1977)*[87] tece as considerações incluídas a seguir:

> Existe uma única fita DNA para todos os seres vivos e a gravação é efetuada da mesma maneira para todos, quer se trate de um líquen ou de um carvalho, de um vermículo ou de uma baleia azul.
>
> Atualmente, a quantidade de seres vivos já classificados abrange cerca de um milhão de espécies animais e trezentos e cincoenta mil espécies vegetais[88]. Existe um projeto e uma programação para cada uma das espécies.
>
> Varia a programação, mas a gravação é a mesma para todos, protistas[89], plantas, animais e homens.
>
> A fita DNA é incrivelmente fina. Não é visível ao microscópio. Foi possível vê-la indiretamente, mediante uma técnica nova, extremamente sofisticada, que permite ver as sombras dos átomos mediante a difração dos Raios-X.
>
> Sua espessura é de apenas dois milionésimos de milímetro, igual a de dez átomos. Somos incapazes de imaginar.
>
> É também imensamente comprida, caso contrário não poderia conter a enorme quantidade de gravações necessárias para fornecer todas as indicações técnicas e as informações indispensáveis para construir um ser vivo complicado como é cada ser vivo.

---

[86] Collins, F.S. *A linguagem de Deus*. Editora Gente, São Paulo, S.P., 2007. 279p..

[87] Ravalico, D.E. *A Criação não é um mito*. Edições Paulinas, São Paulo, S.P. 1977. 234pp.

[88] *Número estimado de espécies vivas* existentes no Planeta Terra, conforme estudo de Mora *et al. (2011)*, citado no capítulo 7 deste livro, é de aproximadamente 8,7 milhões, e, deste total, cerca de 2,2 milhões são espécies marinhas.

[89] *Reino Protista*: agrupamento taxonômico de organismos vivos, basicamente unicelulares, eucariontes e heterotróficos, podendo incluir também organismos autotróficos, como as algas e organismos multicelulares.

A fita de um micróbio é, em média, mil vezes mais comprida do que o próprio micróbio. Pode caber no micróbio, espiralada e enrolada, unicamente por ser imensamente fina.

A ciência descobriu que na fita DNA acha-se gravada a programação completa de todo ser vivo. Contém todas as indicações técnicas para que o ser vivo possa ser construído e depois possa "funcionar", ou seja, "viver".

De quem derivaria esse projeto, essa programação, essa gravação em fita biogenética?

Evidentemente, apenas de Alguém que está acima da matéria e da energia, acima da própria vida e da natureza, além do tempo e do espaço.

Somente de Deus Criador.

[...]

O DNA é, realmente, uma das coisas mais magníficas e impressionantes da Biologia, uma vez que armazena informações do código genético, o qual tem a função de instruir o desenvolvimento, o funcionamento e a reprodução de todos os organismos vivos. Quanto mede a fita DNA que se acha no centro diretor de cada uma de nossas células vivas?

Mas, para estender ainda mais nosso deslumbramento, aqui vale a pena continuar dando voz a Ravalico (1977), já citado antes. Segue magistralmente este autor.

A fita DNA é subdividida em quarenta e seis segmentos, como se disséssemos em quarenta e seis "bobinas".

O comprimento total é de um metro e setenta centímetros de DNA para cada célula.

[...]

Como sabemos, cada pessoa tem aproximadamente sessenta trilhões de células em seu corpo.

Ora, em cada uma delas, uma por uma, sem exclusão de uma sequer, existe aquele metro e setenta centímetros de fita DNA.

Sem ele, o homem não poderia existir.

Com um cálculo simples constataremos outro fato desconcertante: o comprimento da fita DNA dentro de uma pessoa humana, aquele que podemos imaginar formado por todas as fitas DNA unidas linearmente, resulta em 1,70m x 60 trilhões *(número estimado de células numa pessoa adulta).*

Resultado:

102 trilhões de metros!

ou:

102 bilhões de quilômetros!

Se considerarmos o comprimento da órbita da Lua em torno da Terra, não podemos deixar de sorrir, pois é de "apenas" 2 milhões e 400 mil quilômetros!

[...]

Entre o Sol e a Terra só haveria lugar para distender um curtíssimo segmento de nosso DNA, um pedacinho de apenas 150 milhões de quilômetros!

[...]

A órbita do pequeno e geladíssimo Plutão assinala os confins do Sistema Solar. Está a pouco menos de 6 bilhões de quilômetros do Sol.

Pois bem, nosso DNA poderia ser estendido sobre a sua órbita, intensamente elíptica, deixando ainda pendente um imenso resto de segmento.

Poderia também desdenhar aquela órbita-limite, ir muito mais longe: poderia circunscrever o Sistema Solar, cujo tamanho é um círculo de 16,2 bilhões de quilômetros de raio.

É o círculo-órbita de nossa vida.

Nosso organismo vivo, com seus 60 trilhões de células, ocupa o lugar do Sol.

Naquele círculo-órbita acha-se transcrito com toda exatidão como nosso corpo se autoconstruiu, como funciona, como vive.

A fita DNA está em atividade plena e constante em todo aquele comprimento cósmico: não há um metro sequer que não funcione sem parar!

Transmite ordens por todos os lados, distribui tarefas operacionais, dissemina projetos de construção, comunica informações técnicas, solicita fiscalizações, determina atividades cibernéticas.

> Em todo o seu comprimento estão a postos os robôs-RNA.
>
> É energizada com o conteúdo dos reservatório ATP, carregados com a energia eletrônica presente nas moléculas de glicosídeo, energizadas por sua vez pelas potências dos raios luminosos provenientes do Sol *(nos alimentos que fazem fotossíntese)*.
>
> Não obstante suas dimensões cósmicas, se a procurarmos no corpo humano, não a encontraremos a olho nu...
>
> É sua "alma" material.

Merece destaque o que nos diz Peter Alexander, professor de Biologia em Londres:

> Cada milímetro de fita DNA é constituído de 300 milhões de átomos, os de cinco elementos somente: hidrogênio, oxigênio, carbono, nitrogênio e fósforo. Não obstante a quantidade, cada qual encontra-se rigorosamente no seu lugar, numa arquitetura perfeita, naquele milímetro de DNA.[90]

* * *

O trecho citado é riquíssimo de analogias, muito ilustrativo e enfatiza as perfeições e extraordinariedades do DNA.

O objetivo da inserção deste excerto foi o de ilustrar a inverossímil engenhosidade e a formidável complexidade da "molécula da vida".

Sem DNA não há vida!

Mas, é necessário incluir ainda mais um trecho deste mesmo autor *(Alexander, 1969, já citado)*:

> De onde veio o DNA?
>
> "A criação é um mito", sustentam os materialistas ateus. Dizem estes:
>
> "Plantas, animais e homens não foram criados, formaram-se por si.
>
> A vida na Terra teve início da única célula viva, tendo-se formado "por geração espontânea", de maneira prodigiosa, não porém miraculosa.

---

[90] Alexander, P. *La matiere vivente. In: Il mondo vivente (A matéria viva. In: O mundo vivo)*. Ed. Mondadori, Milão, 1969.

Os restos fósseis de seres vivos pré-históricos demonstram a verdade científica da evolução biológica".

Durante a segunda metade do século XIX, essa hipótese parecia verdadeira.

[...]

Mas, tão fabulosamente complexa, organizada de maneira a aturdir os engenheiros e os cientistas da automação, a célula viva não podia, de forma alguma, formar-se sozinha.

De onde veio toda essa incrível organização?

Não sabemos como surgiram as primeiras células vivas.

Hoje sabemos que a célula de um ser vivo existente na face da Terra se autoconstrói usando os próprios projetos de construção, as próprias informações técnicas e a própria programação, como estão gravados nas fitas DNA.

De onde vieram esses "projetos", essas informações, esse programa sumamente complexo?

[...]

De onde veio esse código?

Milhares de RNA especializados trabalham na célula, executando fielmente as ordens que recebem das fitas DNA.

Honestamente, seria possível afirmar que tudo derivou da simples e aleatória aproximação de moléculas com quatro ou cinco átomos cada uma, sob a ação energética de raios ultravioletas solares?

Honestamente, seria possível demonstrar que essa obra de inteligência sobre-humana é devida à "não-inteligência", à idiotia do acaso cego?

Honestamente, seria possível afirmá-lo, mesmo contra toda evidência, somente para quem for completamente obcecado pelo fanatismo do *"materialismo marxista ateu"*, e para quem assume, por razões de comodidade, *"uma atitude decididamente anticientífica"*.

Depois dessas colocações incluídas até aqui, creio que não é preciso dizer mais nada!

* * *

Conforme Damineli e Damineli *(2007)*, já citados anteriormente, ao longo do século XX o assunto *origem da vida* começou a ser abordado *cientificamente*, utilizando experimentos de laboratório e estudos de processos teóricos.

Tornou-se um *tema eminentemente interdisciplinar*, envolvendo áreas como a cosmologia, a astrofísica, a planetologia, a geologia, a química orgânica, a biologia molecular, a matemática e a teoria de sistemas complexos.

De fato, nesta direção, Pressman *et al. (2015)*, já citados, asseveram que a pergunta *"como pode surgir vida a partir de uma sopa química?"* é uma das questões científicas ainda irresolvidas e certamente uma das mais fundamentais da ciência, exigindo, portanto, a contribuição de praticamente todas as disciplinas científicas para o seu estudo.

Em relação ao *código genético*, considerando a biomolécula de DNA, que, como sabemos, é dotada da magnífica capacidade de carregar uma colossal quantidade de informações, sendo capaz de realizar funções completamente insubstituíveis nos *seres vivos*, a pergunta inadiável é:

"Como esta biomolécula poderia ter sido construída "por evolução química"?"

O fato é que, no que se refere à *evolução química*, há muito mais perguntas do que respostas.

Inúmeras hipóteses vêm sendo propostas, porém ainda é praticamente impossível verificar se elas poderiam ser aceitáveis, uma vez que, na maioria das vezes, não há como realizar experimentos que possam comprová-las ou refutá-las.

Nos *organismos vivos atuais* ocorre que, geralmente, é obedecido o dogma central da biologia, segundo o qual o *DNA codifica informações genéticas* que são *copiadas em RNA complementar*, que depois são traduzidas em *sequências proteicas*, de acordo com o código genético.

* * *

Outras teorias de *origem da vida*

Além das hipóteses de *origem da vida* incluídas anteriormente, convém citar *mais duas outras*, que podem ser encontradas em fontes bibliográficas relacionadas com este assunto:

a. *Comunidade de argila*: esta hipótese foi proposta pelo químico orgânico e biólogo molecular Alexander Graham Cairns-Smith *(1931-2016)*, da Universidade de Glasgow.

Incluída no livro *"Clay Minerals and the Origin of Life"*[91], postula que uma etapa intermediária entre *matéria inanimada* e a *vida orgânica* teria passado pela replicação de cristais de materiais argilosos em solução.

b. *Fontes hidrotermais:* de acordo com uma hipótese postulada por pesquisadores da Universidade da Califórnia *(Los Angeles)* e da University College London *(UCL)*[92], fontes hidrotermais do fundo do mar provavelmente teriam propiciado condições para o surgimento da vida em nosso planeta.

Partículas minerais provenientes do interior destas fissuras encontradas nas fontes hidrotermais possuem propriedades similares às das *enzimas*, que são moléculas biológicas que governam reações químicas em organismos vivos.

É necessário destacar aqui que *estas duas teorias anteriormente* incluídas foram consideradas aqui a título de inteireza na lista das hipóteses mais conhecidas atualmente.

Contudo, como as demais *teorias de origem da vida* abordadas aqui, estas também encontram-se em estudos e não se tem indicação de que uma seja mais potencial do que a outra.

* * *

Uma pergunta que também pode ser colocada aqui: *será que a vida surgiu "uma única vez" no planeta Terra* ou poderiam ser consideradas ocorrências de *múltiplas origens para a vida*?

Existem dois grupos opostos de pensamentos sobre isso: o da *contingência* e o do *determinismo*.

A corrente da *contingência* supõe que, devido à elevadíssima raridade das condições específicas necessárias para que moléculas químicas

---

[91] Cairns-Smith, A.G.; Hartman, H. *Clay Minerals and the Origin of Life (Minerais de argila e origem da vida)*. Cambridge University Press. 1987. 208p.

[92] Junqueira, F. *Vida pode ter origem em fontes hidrotermais no fundo do mar*. Disponível em: https://canaltech. com.br/ciencia/vida-pode-ter-origem-em-fontes-hidrotermais-no-fundo-do-mar-conclui-estudo-154407/. Acesso: 26 março 2022.

pudessem, eventualmente, evoluir até a formação de um *ser vivo*, a vida na Terra teria surgido uma única vez.

Por seu lado, os *deterministas* sugerem que estas condições não seriam necessariamente tão raras e, como leis químicas e físicas provavelmente tenham governado a emergência da vida, seu surgimento, em havendo as condições iniciais necessárias, seria inevitável.

O *determinismo* sugere que *a origem da vida* possa ter sido um evento plural: pode ter ocorrido diversas vezes em nosso planeta e, talvez, também em outros corpos celestes do sistema solar ou de outros sistemas planetários do Universo.

Pellizari e Bendia *(2021)* sugerem ainda que, considerando que o homem já detectou a existência de bilhões de estrelas em inúmeras galáxias, parece razoável imaginar que em algum lugar do Universo possam ter ocorrido as condições necessárias e, assim, "ali também possa ter surgido a vida".

Estamos avançando cada vez mais em relação aos mistérios da origem da vida, mas é sempre conveniente nos perguntarmos se um dia vamos desvendá-los totalmente.

É difícil responder a esta pergunta, uma vez que é muito improvável que iremos conseguir reproduzir em laboratório todas as exatas condições que estavam presentes há bilhões de anos.

Venha a ser este mistério desvendado ou não, nós como humanidade inteligente permaneceremos sempre atônitos se tentarmos imaginar a possibilidade de que átomos produzidos após o *Big-Bang* possam ter-se arranjado ao longo de bilhões de anos, sem nenhuma intervenção sobrenatural, somente guiados por forças randômicas, vindo a originar *vida* e *inteligência* e, ainda mais, capaz de questionar a sua própria existência.

* * *

Ainda um longo caminho a percorrer?

A questão da *origem da vida* continua sendo um dos grandes mistérios para a ciência, apesar do elevado nível de avanço científico e tecnológico por nós conquistado até o momento.

A despeito da enorme quantidade de pesquisadores científicos trabalhando na busca de avanços nesta área, avalio que este continuará a ser, por muito tempo ainda *(ou para sempre?)*, um ponto obscuro para a humanidade.

> **Conclusão importante:**
> Efetivamente, ainda não sabemos como a vida foi originada em nosso Planeta e *nem sequer ao menos conseguimos definir com clareza "o que seja vida".*

Há alguns anos perguntaram ao pesquisador suíço Werner Arber *(nascido em 1929)*[93], ganhador do Prêmio Nobel em Fisiologia e Medicina de 1978, sobre *"o que é vida?"*.

Referindo-se à hipótese da *origem química da vida*, sua resposta foi a seguinte:

> Infelizmente não posso responder a esta pergunta. Não posso entender como as moléculas da chamada "sopa primordial" tenham podido juntar-se para formar organismos unicelulares ou multicelulares iniciais.
>
> Simplesmente não há como compreender.
>
> Como cientista devo ser honesto e assim devo confessar que estou muito longe de entender *"o que é vida"*.

Certa vez, perguntaram ao bioquímico belga Christian de Duve *(1917-2013)*[94], Prêmio Nobel de Medicina de 1974, sobre "o ponto em que estava a ciência quanto à *compreensão sobre a origem da vida*", ao que o eminente cientista respondeu: "Não estamos em ponto algum, <u>na verdade nada sabemos</u>!".

Perguntado sobre o que achava quanto à solução referente à intrigante questão da *origem da vida*, o norte-americano John Horgan *(nascido em 1953)*[95], jornalista da ciência, respondeu:

> "Parece-me que estamos muito longe desta resposta.
>
> Para se ter uma ideia, mesmo a bactéria mais simples que possamos considerar é tão excessivamente complicada, sob o ponto de vista bioquímico, que é praticamente impossível conseguirmos imaginar como teria surgido".

---

[93] Werner Arber *(nascido em 1929)*, microbiólogo e geneticista suíço, recebeu o Prêmio Nobel da Fisiologia e da Medicina, em 1978, juntamente com dois outros microbiólogos norte-americanos, por trabalho em genética molecular, tendo descoberto enzimas que partem as moléculas de DNA.

[94] Christian de Duve foi agraciado com o Nobel da Fisiologia e da Medicina de 1974, por ter descoberto a função dos lisossomos, que são organelas citoplasmáticas membranosas presentes em praticamente todas as células eucariontes.

[95] John Horgan, divulgador científico, tornou-se conhecido por seu livro de 1996, *The End of Science (O fim da ciência)*.

Até o presente momento, apesar das incontáveis buscas já realizadas e em realização, segundo Braden *(2006)* é consenso afirmar que **não existe uma teoria viável contemplando** *a origem química da vida no Universo*.[96]

A criação de vida *a partir de matéria não-viva* nunca foi cientificamente documentada em condições de laboratório.

Conforme Braden *(2006)*, na verdade os cientistas reconhecem que *a probabilidade de a vida ter surgido por acaso é <u>muito menos que mínima</u>*.

Nos tempos de Darwin *(1809-1882,)* <u>não se conhecia praticamente nada sobre a descomunal complexidade estrutural e de funcionamento interno da célula viva</u>.

Então, *naquela época* era possível que os adeptos do *evolucionismo* pudessem imaginar que *a primeira célula viva (a vida)* poderia ter surgido devido *"a coincidências aleatórias das condições naturais"*.

Thorpe *(1902-1986)*, importante zoólogo britânico da Universidade de Cambridge, certa vez escreveu que "o tipo mais elementar de célula constitui um "mecanismo" inimaginavelmente mais complexo do que qualquer máquina jamais construída, ou sequer concebida, pelo homem".[97]

Denton *(nascido em 1943)*, bioquímico britânico-australiano, autor do livro *Evolution: A Theory in Crisis*[98], ao falar da colossal complexidade e da incrível elegância de engenharia da célula, declara:

> Para compreender a realidade da vida <u>como revelada atualmente pela biologia molecular</u>, devemos ampliar uma célula um bilhão de vezes até ela atingir vinte quilômetros de diâmetro, passando a assemelhar-se com uma gigantesca aeronave, suficientemente grande para cobrir uma cidade do porte de Londres ou de Nova York.
>
> O que veríamos, então, seria um objeto de complexidade e projeto adaptativo inigualável.
>
> Na superfície da célula veríamos milhões de aberturas, semelhantes a escotilhas de uma enorme nave espacial, abrindo e fechando para permitir a entrada e a saída de um contínuo fluxo de materiais.

---

[96] Braden, G. *O código de Deus: O segredo do nosso passado, a promessa do nosso futuro*. Editora Cultrix. 2006. 256p.

[97] Bird, W.R. *The Origin of Species Revisited: the Theories of Evolution and of Abrupt Appearance (A origem das espécies revisitada: as Teorias da Evolução e do Aparecimento Abrupto)*. Thomas Nelson Inc., Nashville. 1991. pp. 298-299.

[98] Denton, M. *Evolution: a Theory in Crisis (Evolução: uma Teoria em crise)*. Adler & Adler. 1986. 368p.

> Se entrássemos por uma dessas aberturas, encontrar-nos-íamos diante de um mundo de indescritível tecnologia e de espantosa complexidade... além de nossa própria capacidade criativa, uma realidade que é a própria antítese do acaso, que excede em todos os sentidos tudo o que já foi produzido pela inteligência do homem.

No entanto, *o evolucionismo do século XXI* ainda insiste em defender que esse sistema celular supercomplexo teria surgido como *"obra do acaso"* sob as condições da Terra primordial, há cerca de 3,5 bilhões de anos!

Este sistema, o homem, a despeito de todo o conhecimento e tecnologia atualmente à sua disposição, até hoje não consegue reproduzir, mesmo em seus mais avançados laboratórios.

Neste ponto, imaginemos uma gráfica da década de 1950, onde cada letra a ser impressa era cunhada num cubinho de chumbo e, para formar uma página de um livro, era necessário colocar os cubinhos devidamente alinhados dentro de uma caixa, de modo que, depois do paciente trabalho de alinhamento das palavras e parágrafos, uma prensa fazia imprimir aquele arranjo numa folha.

Depois de impressas desta forma todas as folhas, o livro podia ser encadernado.

Pois bem, muito conhecida é a figura ilustrativa sobre a probabilidade de que a primeira célula viva possa ter sido formada *por acaso*: isto é *"tão plausível"* quanto a probabilidade de que um livro de Shakespeare pudesse ter sido impresso por si só, sem nenhuma mão humana, após a explosão em uma oficina gráfica da década de 1950, como a descrita anteriormente.

Outra comparação semelhante foi fornecida pelo matemático e astrônomo britânico Sir Fred Hoyle *(1915-2001)*, conforme entrevista publicada na revista *Nature* de 12 de dezembro de 1981[99].

Mesmo sendo adepto do *evolucionismo*, Hoyle declarou naquela oportunidade que: "a probabilidade de que formas de vida superiores tivessem surgido por obra do acaso é a mesma que existiria para que um tornado, atingindo um depósito de ferro velho, pudesse produzir um avião Boeing 747, a partir das peças ali existentes".

Em outras palavras, pode-se subentender que *a célula viva* não poderia ter vindo à existência *por meras coincidências do acaso* e que, portanto, deve ter sido *"criada"*.

---

[99] "Hoyle on Evolution" ("Hoyle sobre a evolução"). In: *Nature*, vol. 294. November 12, 1981, p. 105.

Sobre isso, Yahya *(nascido em 1956)*, autor turco na área de evolucionismo, declara o seguinte:

> O ponto crucial é que a ausência, a adição, ou a substituição de um único aminoácido na estrutura de uma proteína faz com que ela se torne uma molécula inútil.
>
> Cada aminoácido tem de estar no local correto e na ordem certa.
>
> A Teoria da Evolução, que afirma que a vida surgiu "como resultado do acaso", desespera-se em face dessa ordem tão maravilhosa para ser explicada simplesmente por meras coincidências.
>
> Além do mais, a teoria não é capaz nem mesmo de explicar a alegação de "formação por coincidência" dos aminoácidos, que será discutida em seguida.
>
> O fato de que <u>a estrutura funcional das proteínas não pode de maneira alguma surgir por acaso</u> pode ser facilmente observado até por simples cálculos de probabilidades que qualquer pessoa pode compreender.
>
> Uma molécula de proteína de tamanho médio compõe-se de 288 aminoácidos, dos quais existem doze tipos distintos, que podem ser dispostos em 10^{300} tipos de arranjos distintos.
>
> Esse é um número astronomicamente elevado, que pode ser escrito pelo número 1 seguido de 300 zeros.
>
> Dentre todas essas possíveis seqüências, "somente uma" pode formar a molécula de proteína desejada.
>
> O restante delas são cadeias de aminoácidos que são ou totalmente inúteis, ou potencialmente deletérias para os seres vivos.
>
> Em outras palavras, a probabilidade de formação de "somente uma molécula de proteína" é de **1 em 10^{300}**!!!
>
> A probabilidade de ocorrer aquele evento "1" é praticamente uma impossibilidade, pois em estatística, <u>probabilidades menores do que **1 em 10^{50}**</u> são aceitas como **"probabilidade de ocorrência zero"**.
>
> Além disso, uma molécula de proteína com 288 aminoácidos é algo muito modesto em comparação com algumas moléculas de proteínas gigantes que consistem de <u>milhares de aminoácidos</u>.

Ao aplicarmos a estas moléculas gigantes cálculos de probabilidade semelhantes, veremos que até mesmo a palavra "impossível" torna-se inadequada.

Dando um passo a mais no esquema do desenvolvimento da vida, observamos que uma proteína só, por si mesma, nada significa.

Uma das menores bactérias descobertas até hoje, o *Mycoplasma hominis* H39, contém 600 "tipos" de proteínas.

Nesse caso, teríamos de repetir os cálculos de probabilidades que fizemos para "uma proteína única", para cada um dos 600 tipos diferentes de proteínas.

O resultado ultrapassa até mesmo o conceito de impossibilidade.[100]

Numa outra parte do mesmo livro, Yahya respalda isso, ainda mais, da seguinte forma:

Alguns dos que até agora têm aceito a Teoria da Evolução como explicação científica, poderão desconfiar que as improbabilidades que apresentei estariam exageradas e, portanto, não refletiriam os fatos.

Mas isso não é verdade: os números são fatos definidos e concretos.

Nenhum evolucionista consegue fazer objeção a esses números.

Eles aceitam que a probabilidade de formação de uma única proteína por coincidência (ao acaso) é "tão improvável quanto a possibilidade de um símio escrever a história da humanidade em uma máquina de datilografia sem cometer qualquer erro".[101]

Entretanto, em vez de aceitar a explicação alternativa, que é a da criação, eles continuam a defender essa impossibilidade.

O mesmo fato é confessado por muitos evolucionistas.

Por exemplo, Harold F. Blum (1899 - 1988), famoso cientista evolucionista, afirma que "a formação espontânea de um

---

[100] Yahya, H. *O engano do evolucionismo. O colapso científico do darwinismo e sua fundamentação ideológica*. ISBN 975-8415-00-x. Disponível em: harunyahya.org. Acesso: 12 agosto 2021.

[101] Demirsoy, A. *Kalitim ve Evrim. Inheritance and Evolution. (Herança e Evolução)*. Ankara: Meteksan Publishing Co. 1984, p. 64.

polipeptídeo do porte das menores proteínas conhecidas parece situar-se abaixo de qualquer probabilidade".[102]

Francis Crick *(1916-2004)*, biólogo molecular e neurocientista britânico, um dos descobridores da estrutura da molécula de DNA, ganhador do Prêmio Nobel de Fisiologia em 1962, explana sobre as muitas, variadas e complexas condições que teriam de acontecer para permitir o primeiro bruxuleio de vida: "Um homem honesto, armado com todo o conhecimento de que dispomos neste momento, poderia afirmar apenas que, em certo sentido, a origem da vida parece ser quase um milagre, tantas são as condições a serem satisfeitas para iniciá-la, ou seja, a improbabilidade da ação do acaso é gigantesca!".

O astrônomo inglês Sir Fred Hoyle *(1915 - 2001)* e o astrônomo e matemático cingalês Chandra Wickramasinghe *(nascido em 1939)* dão uma ideia do tamanho desta improbabilidade.

Eles estimam que *a probabilidade de ocorrer por acaso uma combinação de moléculas com capacidade de produzir a mais simples forma de vida é* de 1 em $10^{40.000}$ *(ou seja, uma possibilidade em 10 seguido de 40.000 zeros)*!!!

Muitos outros cientistas também estimaram a probabilidade de a vida ter surgido *por evolução química* e *por acaso* no Universo, tendo chegado a números infimamente semelhantes.

Não entrarei em mais aprofundadas considerações sobre este assunto, mas avalio oportuno indicar, aos que quiserem aprofundar-se mais, uma revisão sobre as controvérsias relacionadas com as ideias sobre *a origem da vida no Universo*, no trabalho de Zaia e Zaia *(2008)*[103].

Origem da vida: poderia mesmo ter sido por *"evolução química"*?

Como temos dito, a questão da origem da vida no nosso Planeta ainda não foi desvendada e pode acontecer que o avanço científico nesta área não venha a ser tão rápido quanto se deseje.

Compreender como a vida surgiu é um problema fundamental da biologia e grandes questões permanecem sem solução, como a explicação quanto à *origem de um código genético*.

---

[102] Bird, W.R. *The Origin of Species Revisited: the Theories of Evolution and of Abrupt Appearance (A origem das espécies revisitada: as Teorias da Evolução e do Aparecimento Abrupto)*. Thomas Nelson Inc., Nashville. 1991. p. 304.

[103] Zaia, D.A.M.; Zaia, C.T.B.V. *Algumas controvérsias sobre a origem da vida*. Química Nova, Vol. 31, n.6, 1599-1602. 2008.

Muitos cientistas ressaltam que a atenção a este campo é particularmente oportuna, dada a descoberta e caracterização acelerada de "exoplanetas"[104], que vem ocorrendo recentemente em várias partes do Universo.

A seguir, é apresentada *uma parábola*[105], baseada num "suposto crime" *provavelmente ocorrido <u>há muito tempo</u>* num vilarejo distante no interior da Amazônia.

Tem o objetivo de ilustrar como nem sempre os *métodos investigativos* - científicos ou não - são suficientes para possibilitar desvendar com o necessário grau de certeza *um evento do qual no tempo presente já não se tem mais suficientes evidências* sobre as quais os investigadores possam basear-se para chegar às almejadas conclusões.

O caso *(do suposto crime citado)* "conforme contado pelas pessoas" é o seguinte:

> *Num vilarejozinho localizado num lugar muito remoto da Amazônia, corre um comentário de que um crime foi cometido ali há mais de cem anos.*
>
> *Não se conseguiu desvendá-lo na época em que ocorreu e não houve testemunhas.*
>
> *As pessoas dos dias atuais não sabem "onde", precisamente, o crime teria acontecido, nem "o nome da pessoa assassinada" e nem "se foi usada arma de fogo ou algum outro tipo de arma".*
>
> *Tudo o que existe é o relato de que ali, há muito tempo, teria ocorrido um suposto crime.*
>
> *Evidentemente, em função de ter já ocorrido tanto tempo, as possíveis marcas e vestígios do crime não mais existem.*
>
> *Se o crime de fato ocorreu, não se sabe hoje "em que parte do vilarejo" possa ter ocorrido.*
>
> *Não se encontrou a arma do suposto crime, já não há como acessar o corpo da suposta pessoa assassinada para tentar encontrar alguma evidência.*
>
> *Não houve boletim de ocorrência e inexiste qualquer registro escrito.*
>
> *Mas, nos dias de hoje, por algum motivo não muito bem esclarecido, um bom número de investigadores policiais decidem começar as buscas por respostas.*

---

[104] *Exoplanetas:* planetas que se encontram "fora do nosso Sistema Solar", nas órbita de outras estrelas,

[105] *Parábola:* narrativa alegórica que transmite uma mensagem de forma indireta, por meio de comparação ou analogia.

Diante do caso exposto, pergunta-se:

"Quais seriam as efetivas chances de estes investigadores virem um dia a obter sucesso?"

Tudo o que os referidos investigadores conseguem fazer *nos dias de hoje* (para tentar esclarecer um crime ocorrido há muito tempo atrás) é levantar *hipóteses* e *teorias*, que podem ser concordantes entre si, algumas, e discordantes, outras.

Qual será a *hipótese* mais coerente com a *"verdade"*?

Mas, diante de tantas dúvidas, qual poderia ser <u>a real</u> *"verdade"*?

Será que houve mesmo o citado crime?

Na realidade dos *dias de hoje*, ninguém sabe se este crime de fato aconteceu!

E, *se aconteceu*, não há como provar que aconteceu.

Mas, se, por outro lado, *não aconteceu*, os investigadores estão buscando *o quê*?

No entanto, mesmo que tais investigadores não tenham certeza de nada, *eles têm como meta irrevogável que devem continuar buscando!!!...*

Então, podemos perguntar: *num contexto, como o citado, com tantas e tão invencíveis dúvidas, esta busca deveria mesmo ser continuada? Se alguns decidirem continuar, esta busca persistirá até quando?!!!...*

* * *

O que podem as *"forças naturais"*?

Como temos podido verificar, algumas teorias tendem a atribuir suas hipóteses às aleatórias e imprevisíveis *"forças da natureza"*.

Mas, afinal, quais seriam estas *"forças"*?

Não pretendendo ser exaustivos, podemos citar: a força da gravidade, o eletromagnetismo, as forças tectônicas, os ventos, os tornados, os furacões, as chuvas, o intemperismo, as ondas do mar, os raios etc.

Quando observamos, por exemplo, "os ventos atuando sobre superfícies arenosas", em alguns casos veremos a formação de *dunas*. Para ilustrar isso, podemos sobrevoar os famosos Lençóis Maranhenses, com suas dunas e lagoas.

Estas montanhas de areia têm formatos curvos e aleatórios.

Existem as grandes, as médias e as pequenas.

Outro exemplo da atuação de *forças da natureza* são as "formações montanhosas".

Moro em São José dos Campos *(S.P.)* e, desde a sacada do meu apartamento, posso ver ao longe a magnífica Serra da Mantiqueira, com sua imponência, altitude e suas graciosas curvas.

Quando eu era criança, lá em Piracicaba, no interior do estado de São Paulo, nas aulas de Geografia, eu sempre ouvia falar da grande Serra da Mantiqueira. Eu tinha uma grande vontade de conhecê-la.

Naquela época eu não imaginava que um dia eu iria morar num lugar em que poderia fascinar-me com esta tão esplêndida formação natural!

Muitas vezes já me surpreendi extasiado olhando aquelas formas sinuosas das altas montanhas e, grato por tanta beleza, fiquei imaginando as *forças tectônicas* fazendo levantarem-se aqueles maciços rochosos.

Depois veio a ação do tempo, talvez milhões de anos, suavizando aquelas belas formas, com o *intemperismo*, na alternância das temperaturas quentes dos dias com as temperaturas mais frias das noites atuando sobre as rochas do interior das montanhas e promovendo a formação dos solos, que, como uma fina capa, foram recobrindo-as.

No decorrer deste processo, as *chuvas* foram levando água para dentro dos solos assim formados.

Estes solos, como uma grande esponja, seguraram em seu interior as águas das chuvas, gerando condições propícias de umidade e de nutrientes para as sementes trazidas pelos pássaros e pelos ventos poderem germinar, formando-se então as florestas, que recobrem de verde as montanhas da serra.

Mas, agora alguém pode perguntar: o que tem a ver a ação das *forças naturais* em relação ao *surgimento da vida*, por exemplo, que é um dos tópicos deste livro?

Nas páginas anteriores, nós vimos como algumas correntes de pensamento têm procurado explicar o surgimento da *vida* através de *"forças naturais aleatórias ao longo do tempo"*, mais especificamente, *"o surgimento das primeiras células vivas"*.

Então, ao ter descrito aqui alguns processos de atuação das *forças naturais*, nossa expectativa é a de que possamos ter uma ideia de como atuam *as forças cegas da natureza* e, assim, tenhamos melhores condições de refletir se *a incrível engenhosidade de uma célula*, como vimos atrás, poderia mesmo ter sido arquitetada unicamente por *forças naturais*.

* * *

Antes deste ponto, apresentamos uma *"parábola"* relacionada com *um suposto crime ocorrido há muitos anos num remoto vilarejo da Amazônia.*

A seguir apresentamos ainda *uma segunda parábola* que, talvez, possa ilustrar um pouco mais em relação à busca por *"explicações baseadas nas forças cegas da natureza"* atuando na suposta *evolução química da vida.* Não conheço a autoria desta *"parábola".*

"Leve o lixo para fora"

Mamãe

Johnny, com 16 anos de idade, desceu de seu quarto e correu para a cozinha atrás de uma tigela de seu cereal favorito: *Alpha Bits,* aqueles flocos de cereal com os formatos de letras do alfabeto.

Quando chegou à mesa, foi surpreendido por ver que a caixa do cereal estava aberta, o conteúdo fora derramado e as letras formavam, sobre a mesa, a mensagem:

"LEVE O LIXO PARA FORA —

MAMÃE"

Lembrando-se de uma recente *aula de biologia* do ensino médio, Johnny não atribuiu a mensagem à sua mãe.

Além do mais, ele tinha aprendido que *a vida* em si seria meramente *"um produto do acaso",* das *"leis naturais".*

Se as coisas funcionam desta forma, pensou Johnny, por que não seria possível que uma simples mensagem como *"Leve o lixo para fora — Mamãe"* não tivesse sido, também, produto do *acaso* e das *leis naturais?*

"Talvez o gato tivesse derrubado a caixa ou um terremoto tivesse chacoalhado a casa.", pensou Johnny .

Mas, naquele momento, não fazia sentido tentar chegar a qualquer conclusão. Johnny não queria levar o lixo para fora de jeito nenhum.

Ele não tinha tempo para as tarefas da casa.

Estava em suas férias de verão e o que mais queria era ir para a praia. Afinal, Mary estaria lá!

Mary era a garota de quem Scott também gostava e, assim, Johnny queria chegar à praia mais cedo para surpreender Scott.

Mas, quando Johnny chegou, viu Mary e Scott caminhando de mãos dadas pela praia.

Enquanto os seguia à distância, olhou para baixo e viu um coração desenhado na areia com as palavras *"Mary ama Scott"* rabiscadas no meio.

Por um momento, Johnny sentiu seu coração afundar. Mas, as lembranças de sua aula de biologia o resgataram do desespero profundo:

> — *"Talvez este seja um outro caso das leis naturais em funcionamento".*
>
> *[...]*
>
> — *"Pode ter acontecido de os caranguejos ou um padrão incomum de ondas simplesmente terem produzido esta nota amorosa de forma natural".*

Não havia sentido em aceitar uma conclusão da qual ele não gostava!

Porém, Johnny teria de ignorar "a comprovação inequívoca das mãos unidas".

Confortado pelo fato de que *os princípios aprendidos na aula de biologia* poderiam ajudá-lo a evitar as conclusões das quais não gostava, Johnny decidiu deitar-se por alguns instantes e pegar um pouco de sol.

Ao colocar a cabeça sobre a toalha, viu uma mensagem nas nuvens: *"Beba Coca-Cola"*, diziam letras brancas e fofas em contraste com o fundo azul do céu.

> *"Seria uma formação incomum das nuvens?"*, pensou Johnny.
>
> *"Turbulência dos ventos, talvez?"*

Não, Johnny não poderia mais continuar jogando "o jogo da negação".

> *"Beba Coca-Cola"* era uma coisa real!

Uma mensagem como essa era *um sinal seguro de inteligência.*

Não poderia ser o resultado de *forças naturais* porque jamais se observou forças naturais criando mensagens.

Embora não tenha visto o avião soltar aqueles balões com formatos de letras, Johnny sabia que recentemente havia passado por ali *"alguém com capacidade de escrever"*, de alguma forma, aquelas letras no céu.

Além do mais, queria acreditar nessa mensagem: o sol quente o havia deixado com sede, e ele queria tomar o refrigerante.

* * *

Certa vez, tive um encontro com um monge que, por longo tempo de sua vida, havia sido cientista e tinha dado relevantes contribuições em seu campo de investigação.

Após seus 70 anos, aposentado, sua vida toda já bem resolvida, decidira tornar-se monge.

Então, dedicava-se à meditação, ao trabalho e à oração, numa vida de muita paz, santidade e serenidade, num mosteiro localizado no sopé da Serra da Mantiqueira, no sul de Minas Gerais. Seu nome era Dom Clemente.

Conversando um dia com este monge amigo sobre as relações entre *ciência* e *fé* e principalmente sobre minhas inquietantes buscas em relação à questão das *origens (Universo, vida, diversidade das espécies vivas, homem, inteligência)*, num determinado momento, o monge fixou os olhos no horizonte e disse circunspecto:

> *Meu filho, eu entendo a sua busca pela verdade e pelos fundamentos últimos da realidade. Aprecio e incentivo o seu esforço.*
>
> *Continue suas buscas. Tem muita gente neste mundo que precisa conhecer mais sobre estes importantes assuntos.*
>
> *A verdade é como um mel que se deixa degustar por aqueles que a procuram.*
>
> *Quanto mais alguém procura por este mel, mais dele encontra e mais com ele se delicia.*
>
> *Mas, devo dizer-lhe que, ao longo de minha vida, pude constatar uma coisa: infelizmente, a ciência não tem conseguido considerar Deus dentro de seus métodos de investigação.*
>
> *Creio que muitas das respostas que o homem busca há séculos estão no domínio do binômio "ciência e fé".*
>
> *Nem só na ciência e nem só na fé, mas no conjunto harmonioso "ciência e fé".*

Uma parte da verdade pode ser obtida pela "ciência", mas a outra parte só pode ser encontrada na "fé".

Assim, se Deus é a origem de tudo (e Ele o é!) e se Deus é Aquele que mantém tudo existindo (e Ele assim o faz!), <u>a ciência sozinha</u> não terá como explicar sobre as verdadeiras origens de tudo e nem sobre a manutenção de tudo existindo, enquanto não souber aliar-se à <u>fé</u>.

Isto ocorreu há mais de dez anos, mas confesso que nunca esqueci.

* * *

Considerações finais para este capítulo

Origem da vida no Universo: um tema amplo e inevitavelmente polêmico, ainda muito longe de uma *resposta científica* conclusiva, mesmo contando com todos os avanços da *ciência moderna*.

Hipótese da *evolução química*: conforme Artigas *(1985)*[106], as dificuldades sob o ponto de vista científico *são ainda intransponíveis*, de modo que, <u>para o estado atual da ciência</u>, *evolução química* aparece como fenômeno sumamente improvável.

Ainda segundo Artigas, de todos os modos, porém, nem a filosofia e nem mesmo a religião encontrariam nesta hipótese um inconveniente impossível de salvar, pois de qualquer maneira o Universo em seu conjunto remete-se à *suprema causalidade criadora de Deus*, dando assim satisfação ao *princípio da causalidade*[107].

Se a *vida* não surgiu por *processos puramente químicos* — como propõe a hipótese da *evolução química* —, *a fortiori* é necessário admitir a intervenção de uma *causa superior*.

Indiscutivelmente *a ordem extraordinária que o fenômeno da vida põe de manifesto* — isto é importante de se considerar! — conduz, de um modo ou de outro, à necessidade de considerar uma "*Inteligência Superior e Transcendente*", como o sustentou até mesmo *Hoyle* — já citado aqui —, que sempre havia se declarado com posições ateias.

---

[106] Artigas, M. *Las fronteras del evolucionismo*. Livro já citado anteriormente.

[107] *Princípio da causalidade*: faz parte das clássicas provas da existência de Deus (São Tomás de Aquino) e propõe que todo *efeito* tem uma *causa*, visto que *causa* é um princípio real do qual outro ser depende. Em termos de *Universo*, este é o *efeito* e Deus é a *causa* que o fez e faz continuar existindo.

Assevera Artigas que "Não se trata de se pretender que a ciência experimental possa demonstrar a existência de Deus, coisa que excede sua abrangência e seus métodos. Porém, é marcante que a reflexão filosófica sobre a ciência leva a Deus. Quanto mais avança a ciência, mais ordem é descoberta".[108]

* * *

---

[108] Sanguinetti, J.J. *Reseñas. 1985. Las fronteras del evolucionismo*. Disponível em: https://dadun.unav.edu/bitstream/10171/20535/1/Rese%C3%B1as%201985-1.pdf. Acesso: 05 março 2022.

4

COMO SURGIRAM *AS DIVERSAS ESPÉCIES VIVAS: CRIACIONISMO OU EVOLUCIONISMO?*

Nos capítulos dois e três deste livro abordamos sobre as *origens do Universo e da vida*, respectivamente.

Fizemos desta forma porque o *Universo* é o grande palco onde estão a nossa *galáxia*, o nosso *Sistema Solar* e o nosso maravilhoso *Planeta*, onde existimos, vivemos, somos e realizamos.

Não seria possível *a existência,* nem *a permanência no existir,* de tudo isso sem esta colossal casa que é o *Universo.*

Depois de tratar sobre o Universo, o assunto inevitável a seguir teve de ser sobre *a vida*, esta indefinível fagulha que ainda é um grande mistério para a humanidade.

Podemos dizer que, até o momento, não sabemos praticamente nada sobre como a *vida* surgiu dentro do Universo.

Agora, no presente capítulo, o próximo ponto a ser tratado é sobre como surgiram *as inúmeras espécies de seres vivos existentes* em nosso Planeta — a maravilhosa *biodiversidade* que enriquece e embeleza a nossa natureza.

Cientificamente falando, pudemos ver, nos capítulos anteriores, que:

> *Até o momento, não temos certezas sobre os assuntos "origem do Universo" e "origem da vida".*

Mas será que *a ciência do século XXI (que atingiu conhecimentos nunca antes imaginados!)* conseguirá ter alguma certeza sobre este assunto tão polêmico que tem sido a *"origem da imensa biodiversidade das espécies vivas terrestres"*?

O candente debate *"criacionismo x evolucionismo"*

É oportuno destacar que, entre os principais objetivos do presente livro, está o de dar o justo destaque ao assunto *"dignidade incomensurável do ser humano"*.

Assim, uma apropriada mundivisão torna-se necessária, principalmente no que se refere às *origens (Universo, vida, biodiversidade, homem)*, e é por este motivo que o assunto *criacionismo/evolucionismo* está sendo tratado aqui.

O *criacionismo* foi, até meados do século XIX, a concepção predominante no que se refere às posições relacionadas às origens do *Universo*, da *Vida, da biodiversidade* e do *Homem*.

Em resumo, a ideia defendida pelo *criacionismo* é a de que Deus, Eterno e Onipotente, foi o Criador de tudo o que existe, conforme está relatado no início do primeiro livro bíblico, o Livro do Gênesis.

Evidentemente, esta narrativa bíblica da criação não pretende ser científica *(e nem se deve esperar isso dela!)*, mas tem o objetivo principal de assinalar *'quem' foi o Criador de tudo.*

Por seu lado, o *evolucionismo*, proposto pelo naturalista inglês Charles Darwin *(1809-1882)* em 1859, com o lançamento do livro *A origem das espécies*, propõe que *as diferentes espécies de seres vivos* existentes em nosso Planeta devem ter provindo de um *ancestral comum*, e todas teriam, ao longo de um largo período de tempo, *evoluído* umas das outras por *seleção natural*.

Desde a proposição darwiniana, muitos debates passaram a ocorrer, e ainda hoje ocorrem acirradas polêmicas entre os defensores do *criacionismo*, de um lado, e os apoiadores do *evolucionismo*, do outro.

Se, por sua vez, a *ciência* apresenta objeções em relação ao *criacionismo*, da mesma forma grande parte dos *criacionistas* tem sérias dificuldades em relação ao *evolucionismo*.

Um ponto essencial: quando tomamos em mãos o livro do Gênesis, vemos ali sobre *quem* foi o Autor de tudo e não sobre *como* foi feita a Criação.

A Bíblia não é um livro científico e, portanto, não pode ser usada como tal.

A *ciência* tem encontrado dificuldade para conviver com a ideia de que tudo o que existe *tenha sido realmente criado por Deus*.

Preocupada com que tudo de que ela trata e estuda seja *científico (mensurável, comprovável)*, a ciência considera que é inconcebível, *cientificamente falando*, que se possa aceitar *uma explicação não racional* para *a origem de tudo*.

Desta forma, é indispensável entender o essencial da *teoria darwinista do evolucionismo*, para que só então possamos dar-lhe *uma equânime e adequada valorização* — não proeminente demais, como pode ter acontecido ao longo de décadas passadas, mas também não combatida demais, como pode ter acontecido há um bom tempo.

Desde os tempos do império romano, o grande poeta da Roma Antiga Horácio *(65 a.C.-8 a.C.)* dizia: *"virtus in medio"*[109]. Com isso, queria dizer, com muita sabedoria, que a cada coisa devemos dar o seu devido lugar e o seu merecido valor. Nem mais nem menos.

Mas o que efetivamente aconteceu após o surgimento da *teoria evolucionista,* em 1859?

Como exposto no material *La ciencia niega a Dios?*[110], sobre o qual basearemos boa parte de nossas reflexões a seguir, antes de Darwin, a *origem da vida* era claramente atribuída à ação de um Ser Supremo e Inteligente.

Aceitava-se que toda a criação era *obra de um Criador,* em todas as culturas e em todas as épocas anteriores.

Tanto os teólogos quanto os cientistas concordavam que o Universo e os organismos vivos manifestavam, inequivocamente, *a existência de um Criador.*

De certa forma, estava até então implícito o entendimento de que em tudo o que existe há um *projeto* e onde há *projeto* tem de haver *um projetista.*

* * *

Afinal, o *evolucionismo* explica *a vida*, mesmo?

Como dito, antes do *evolucionismo* tudo estava bem explicado como *ação de um Criador.*

Mas, como e quando este panorama começou a mudar?

Primeiramente com Lamarck[111], por volta de 1809, e sobretudo com Charles Darwin, 50 anos depois, com a publicação de sua obra mais famosa (o livro *"A origem das espécies"*), podemos dizer que se iniciou uma fase

---

[109] Horácio. *Epístolas*, livro 1, 18: *"Virtus est medium vitiorum et utrimque reductum"* (*"A virtude é o meio termo entre dois vícios, equidistante de ambos"*).

[110] Documentário LCND. *La Ciencia Niega a Dios? Parte 3 - La Teoria Darwinista está demostrada? (A Ciência nega a Deus? Parte 3 – A Teoria Darwinista está demonstrada?).* Disponível em: https://www.youtube.com/watch?v=pw-Jyf6pMvs. Acesso: 17 janeiro 2022.

[111] Lamarck: Jean-Baptiste-Pierre-Antoine de Monet *(1744 - 1829)* foi um naturalista francês que desenvolveu a teoria do *"lamarckismo"*, considerada uma ideia inicial da teoria da evolução, porém, atualmente está desacreditada. Atribui-se a ele a introdução do termo *"biologia"*.

durante a qual a evidência da existência de *um projeto no Universo* passou a ser considerada apenas como *uma simples "aparência"*.

No entanto, podemos levantar as seguintes questões:

> A existência da *vida* no Universo não seria, por si só, uma *"evidência"* de um *projeto*?
>
> Ou se poderia simplesmente considerar que algo tão misterioso como esta fagulha que só os *seres vivos* possuem, *a vida*, é uma mera *"aparência"*?

Darwin tentou demonstrar que os seres vivos teriam surgido e se diversificado por meio de um *processo natural, aleatório*, sem a necessidade de uma *ação prévia realizada por um Agente Externo*.[112]

Porém, como é questionado no documento LCND[113]: *"Darwin e seus seguidores conseguiram demonstrar isso?"*.

Este mesmo documento procura responder:

> A *teoria darwinista* propõe que a diversidade de formas de vida que existe na Terra veio de "um processo evolutivo não-guiado", que teria durado milhões de anos.
>
> Afirma também que os seres vivos, tanto animais, como vegetais, teriam surgido de "átomos e moléculas sem vida".
>
> Porém, uma importante pergunta deve ser colocada: de onde surgiram os primeiros átomos?
>
> A *teoria de Darwin* ignora por completo a resposta.
>
> Apesar disso, afirma que, através de milhões e milhões de anos, "<u>átomos</u> e <u>moléculas inorgânicas</u> passaram a ser <u>células vivas</u>".
>
> Mas, ninguém, absolutamente ninguém, sabe dizer "<u>como</u>" isso poderia ter acontecido.

Instigantemente, o mesmo documento conclui com as seguintes ponderações:

Provavelmente alguns de nós tampouco saibamos qual é, exatamente, a diferença entre um <u>átomo</u> <u>inorgânico</u>, de um lado, e, do outro lado, uma <u>célula viva</u>!

---

[112] Ruiz, R.G. & Ayala, F.J. *De Darwin al DNA y el origen de la humanidade: la evolución y sus polémicas (De Darwin ao DNA e a origem da humanidade: a evolução e suas polêmicas)*. Editorial Fondo de Cultura Económica (FCE), UNAM. Scientific University Editions. México. 2007. 296p.

[113] Documentário LCND (*La ciencia niega a Dios? #3 La Teoria Darwinista está demostrada?*). Já citado antes.

Talvez seja por isso existam aqueles que não veem maiores problemas em aceitar, sem nenhum questionamento, este primeiro passo essencial da teoria darwinista: a evolução química (ou seja, o surgimento de vida a partir de não-vida) para o advento da primeira vida.

No passado, também nós críamos nesta explicação porque nossos professores, a quem respeitávamos, ensinaram-nos a "evolução química" como "uma verdade".

Além disso, quando nos ensinaram nós ainda não tínhamos discernimento suficiente para questionar.

No entanto, se pensarmos um pouco, podemos entender a *proposta darwinista* da seguinte forma:

1. Algo sem vida (átomo inorgânico)

⇩

2. Produziu vida ("primeira célula viva")

Existe algum processo químico que possa viabilizar que átomos inorgânicos sejam transformados em células vivas?

A resposta a esta pergunta é simples e direta: "Não existe! Absolutamente nenhum!".

Continua o mesmo documento:

A única forma possível de criar uma célula viva neste planeta é através de "outra célula viva".

Uma "célula viva", duplicando-se, forma outra "célula viva"[114, 115, 116].

Não existe outra maneira!

Só a "vida" é capaz de criar "vida"!!!

Pasteur (1822 - 1895) fez sua demonstração derrubando a hipótese abiogenética da origem da vida **em 1864**, visto que a publicação do livro *"A origem das espécies"*, de Darwin, ocorreu **em 1859**. Ou seja, cinco anos antes que Pasteur rechaçasse definitivamente a *"teoria da geração espontânea"*.

---

[114] Debre, P. y Forster E. *Louis Pasteur.* Johns Hopkins University Press. Baltimore, Maryland. 2000.

[115] Moureau, M. & Brace, G. *Dictionnaire des sciences de la Terre.* Édition Technip. p.56. 2000.

[116] Eberlin, M.N. *Fomos planejados: a maior descoberta científica de todos os tempos.* Editora Mackenzie. 2ª.Ed. 464p. 2019.

Em 1859, **ainda estava vigente** a *"teoria da geração espontânea"* e acreditava-se que os microrganismos poderiam ser formados de forma espontânea, no interior de um caldo nutritivo[117].

Mas, o que se deve dizer é que só vida pode criar vida

De fato, quando Darwin propôs sua teoria evolucionista, a *ciência* ainda estava muito pouco desenvolvida e, assim, o entendimento que se tinha naquela época sobre uma *célula viva* era imensamente escasso.

Praticamente nada se conhecia sobre *a fantástica complexidade existente dentro de uma célula viva.*

Os microscópios de então eram por demais rudimentares e conseguiam fornecer aumentos de *não mais de quatrocentas vezes*, o que é insignificante quando consideramos o ínfimo tamanho das células, que varia entre 10 e 50 micrômetros *(algo em torno de 10 e 50 x 10⁻⁶m).*

Deve ter sido por isso que Darwin e outros naturalistas de seu tempo não tiveram problemas para aceitar, "naquela época" *(segunda metade do século XIX)*, a *"evolução química"*, pois, nas condições de conhecimentos científicos então vigentes, pensava-se que a *célula — a unidade básica da vida —* era nada mais do que uma substância única, *"um protoplasma"*, algo parecido com uma gelatina[118], como ilustrado na Figura 4.1.

---

[117] Spallanzani, L. y Needham, J.T. *Nouvelles Recherches, Part 1-2: Sur les decouvertes microscopiques et la generation des corps organises (Novas Pesquisas, Partes 1-2: Sobre as descobertas microscópicas e a geração de corpos organizados).* 1769. Reimpresión Kessinger Publishing. 2009. Disponível em: https://www.biodiversitylibrary.org/bibliography/51339. Consulta em 24 janeiro 2022.

[118] Haeckel, E. *Historia de la creación de los seres vivos según las leyes naturales (História da criação dos seres vivos segundo as leis naturais).* Prometeo. Sociedad Editorial Valencia. p. 180. Disponível em: https://www.uv.es/orilife/textos/EHaeckel.pdf. Consulta: 28 janeiro 2022.

Figura 4.1 - A ideia que se tinha sobre como deveria ser uma *"célula viva" "no tempo de Darwin"*: algo como *"um protoplasma gelatinoso simples"*

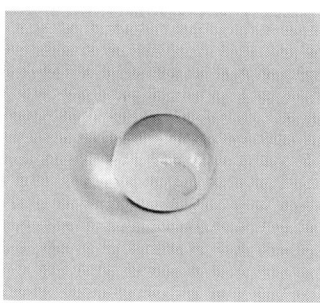

Fonte: Documentário LNCD (2022).[119]

Então, se fosse *um gel tão simples*, qual seria a dificuldade em crer que a *célula* poderia ter vindo de "matéria inanimada"?

Porém, como sabemos *"hoje" (dados os extraordinários avanços obtidos pela ciência e pela tecnologia durante o século XX), a célula viva* é incomensuravelmente mais complexa do que aquele *antigo conceito* poderia supor.

Outro ponto essencial: na época do lançamento do livro e da teoria evolucionista de Darwin, em 1859, "ainda não se tinha a mínima ideia sobre o DNA", que está dentro da *célula viva*, e sobre as maravilhas do seu funcionamento e de sua complexidade.

Portanto, não era muito difícil de, *naquela época*, aceitar que "as primeiras células", *simples géis gelatinosos (conceito então vigente)*, poderiam ter advindo de matéria mineral inanimada.

Como sabemos, o DNA, sua estrutura e incrível e inimitável engenharia só vieram a ser descobertas em meados do século vinte, com Crick *(1916-2004)* e Watson *(nascido em 1928)*.

Ainda mais: depois que Gregor Mendel *(1822-1884)* descobriu *a genética* e, considerando a engenhosidade do DNA, tornou-se ainda mais dificultosa a questão de explicar o surgimento das primeiras células por *evolução química*, ou seja, *material inorgânico* proporcionando *vida*.

Alguns são mais radicais e sustentam que, se o *evolucionismo* não consegue nem ao menos explicar *o surgimento da vida*, o que teria de ser o fundamento básico desta teoria, não tem também condições de sustentar todo o resto do edifício de suas proposições *evolucionistas*.

---

[119] Documentário LCND *(La ciencia niega a Dios? #3 La Teoria Darwinista está demostrada?)*. Já citado antes.

Isto tem razoabilidade pois, uma das ideias básicas desta proposição é a de que todos os seres vivos teriam derivado de *um ancestral comum (um minúsculo ser supostamente surgido após a evolução química)* e, "a partir deste ser", teriam derivado outras espécies crescentemente complexas, ao longo de um enorme período de tempo.

Para não enfrentar a necessidade de ter de explicar esta questão, os evolucionistas argumentam que *"o evolucionismo não tem o compromisso de explicar a origem da vida"*.

Porém, esta lacuna torna-se insustentável para o evolucionismo, uma vez que propõe que toda *a árvore filogenética* tem como origem *o primeiro ser vivo* e que todas as demais ramificações teriam derivado posteriormente por evolução.

Colocando de outra forma: como uma proposição teórica poderia pretender sustentar que "todas as espécies de seres vivos teriam derivado deste *primeiro ser ancestral"*, que ela não consegue demonstrar que realmente tenha existido?

O naturalista alemão Haeckel *(1834-1919)*, seguidor de Darwin, bem como muitos de sua época, considerava, como expusemos antes, que a célula mais simples era *"pura e simplesmente um plasma sem estrutura, tão frugal como um protoplasma"*[120].

Porém, a tecnologia avançou enormemente no último século e hoje dispomos de microscópios eletrônicos, em que sobre a amostra não é projetada *luz*, mas *elétrons*.

Isso permite que a amostra seja iluminada com energia de comprimentos de onda 100.000 vezes menores do que no caso do *microscópio de luz*, proporcionando ampliações que podem chegar a 10 milhões de vezes[121]!

Por outro lado, a moderna *biologia molecular* conseguiu enxergar muitos dos mais ínfimos detalhes interiores da *menor estrutura unitária da vida* e demonstrou que *a célula*, mesmo a mais simples, requer *um projeto bioquímico extremamente complexo*, que pode ser comparável ao de uma indústria de altíssima tecnologia[122],[123].

---

[120] Haeckel, E. *Historia de la creación de los seres vivos según las leyes naturales*. Já citado anteriormente.

[121] *Aumento del microscopio electrónico (Aumento do microscópio eletrônico)*. Disponível em: https://www.mundomicroscopio.com/aumento-del-microscopio/. Consulta em 24 janeiro 2022.

[122] Shapiro, R. *Origins: A skeptic's guide to the Creation of Life on Earth (Origens: guia de um cético para a Criação de Vida na Terra)*. pp. 32, 49, 128. Disponível em: https://www.krusch.com/books/evolution/Origins.pdf. Acesso: 27 janeiro 2022.

[123] Denton, M. *Evolution: a theory in crisis. New development in science are challenging orthodox darwinism (Evolução: uma teoria em crise. Novos desenvolvimentos da ciência estão desafiando o darwinismo ortodoxo)*. Adler & Adler, 3ª edição.1986. Disponível em: https://alta3b.files.wordpress.com/2016/09/crisis1.pdf. Acesso: 27 janeiro 2022.

Portanto, *é necessário reforçar*, "a complexidade interior da célula", que conseguimos conhecer *hoje,* devido aos extraordinários avanços tecnológicos obtidos ao longo do século vinte, é incomensuravelmente maior do que *a simplicidade que era imaginada nos tempos de Darwin (como mostra a Figura 4.1, ideia de quando a ciência era ainda muito incipiente)* e até mesmo em tempos posteriores, por décadas.

O que quero dizer com ênfase é que simplificações desmesuradas, como a de pretender aceitar que *a primeira célula viva* poderia ter advindo de um *caldo nutritivo* a partir de *átomos inorgânicos, "só eram passíveis de aceitação nos tempos de Darwin".*

Porém, *nos dias de hoje,* quando contamos com todos os conhecimentos novos, repito, que foram acumulados ao longo dos últimos cem anos, *aquelas simplificações praticamente não são mais possíveis.*

Não é mais possível tentar continuar sustentando aquelas ideias de mais de um século e meio atrás, a não ser com uma incalculável estoicidade.

A *Figura 4.2* ilustra a *árvore filogenética* defendida por Darwin. O esboço da referida *árvore*, que é atribuído, em várias bibliografias, a Charles Darwin, é, na verdade, de autoria de Erasmus Darwin, seu avô.

Este desenho e a frase *"I think"* (encontrada na parte superior do esboço manual da *árvore*) ficaram mundialmente famosos.

Conforme destacado na *Figura 4.3*, é importante notar que a *árvore filogenética* proposta pelo *evolucionismo* tem como *ponto de partida,* em sua base, um ser muito simples (o *"protista"*), o qual teria surgido depois da *evolução química.*

Este *"ponto de partida"* é considerado como o *"ancestral comum"* e teria sido a partir dele que, segundo *a teoria evolucionista,* teriam derivado, posteriormente, *todas as espécies vivas existentes.*

Sabemos, nos dias atuais, que *qualquer ser vivo* não pode existir *(nem mesmo o "ancestral comum protista"!)* se não for dotado de estruturas mínimas para a *vida,* como o RNA e o DNA.

Figura 4.2. A *árvore da vida* proposta por Darwin, num esboço manual como primeiro rascunho da *árvore filogenética*. Merece destaque a frase *"I think"* ("*Penso que seja assim!*"), na parte superior deste rascunho

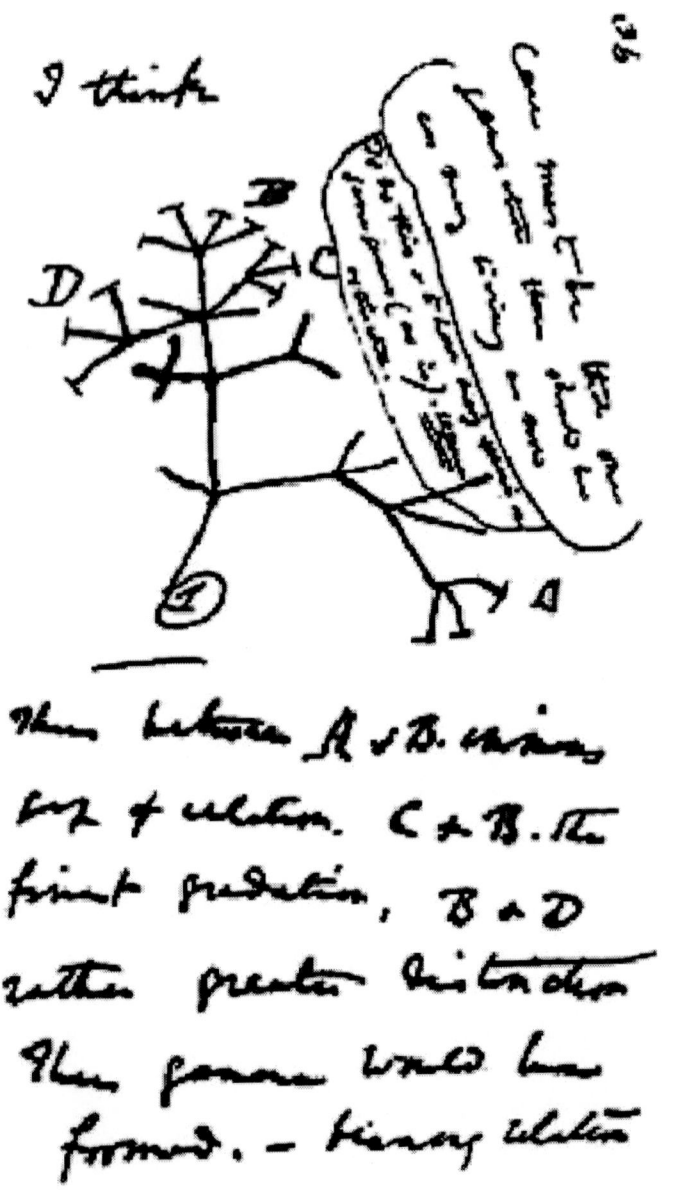

Figura 4.3. Árvore filogenética mostrando as várias derivações *(ramos)*. Destaque para *"o início de tudo"*, na *proposição evolucionista darwiniana:* um ser *"protista"*[124] teria sido a *"base e ancestral comum"* de *"todas as diversas espécies de seres vivos"*. No topo estaria *o* **homem** *(destacado por uma elipse tracejada e por uma seta)*

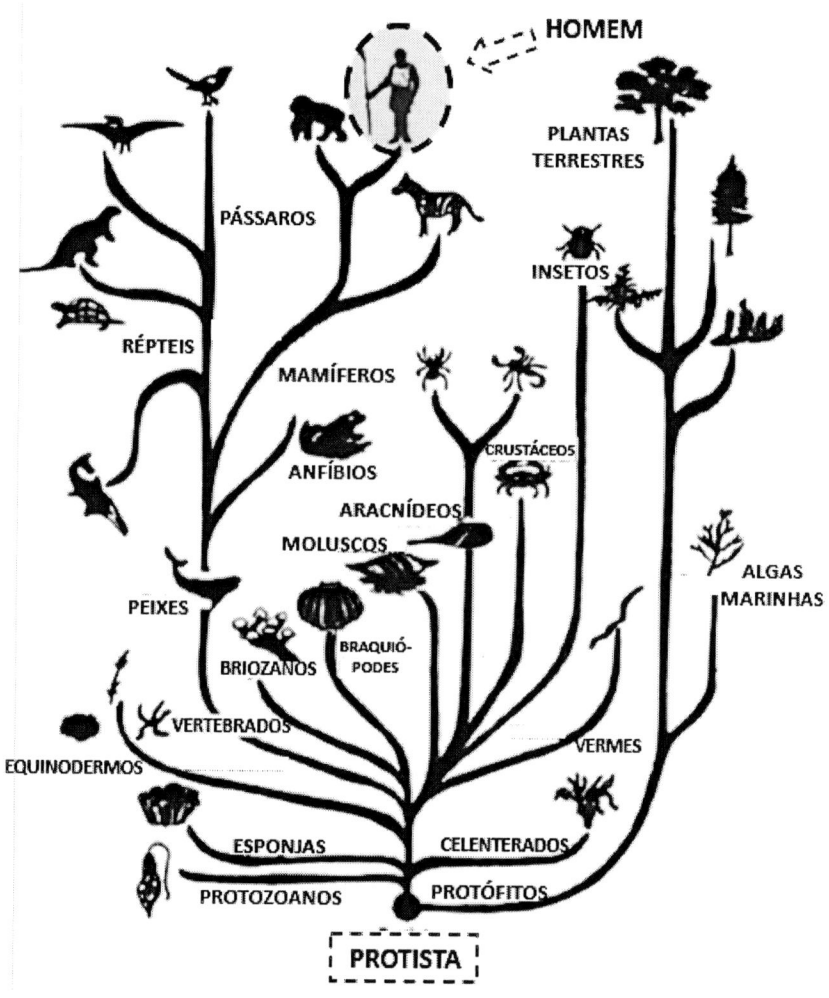

Fonte: *https://pt.wikipedia.org/wiki/Filogenia*

---

[124] *Protista:* grupo *(reino)* formado por seres vivos eucariontes *(células com núcleo)* e unicelulares. É um reino que inclui todos os eucariontes que não podem ser classificados como partes dos reinos *Animalia, Plantae* ou *Fungi.* Integram esse *reino*: algas, protozoários e mixomicetos, que são seres vivos semelhantes aos fungos.

RNA e DNA são sistemas tremendamente complexos e, efetivamente, *não eram conhecidos na época de Darwin.*

Ou seja, ocorreu aqui da mesma forma que na *questão do surgimento da vida,* em que, na época de Darwin pensava-se que a *primeira célula viva* era *um simples gel protoplasmático,* como expusemos antes *(vide Figura 4.1)*!

Em sendo *tão simples,* era possível admitir, *"naquela época" (século XIX),* que *a primeira célula viva* pudesse ter surgido por *evolução química.*

De modo semelhante ocorreu também na questão do RNA e do DNA.

A engenhosidade e a complexidade destas estruturas eram completamente desconhecidos para Darwin e para seus coetâneos *(na segunda metade do século dezenove).*

Assim, puderam eles admitir que um *primeiro ancestral comum* pudesse ter surgido de maneira simples, *conforme o insuficiente conhecimento de que então dispunham.*

Não é demais repetir que, nos dias de hoje, tem-se um conhecimento muito detalhado sobre o DNA, sobre o RNA, sobre a *transmissão dos caracteres via código genético* — assunto que também era completamente desconhecido no tempo de Darwin. Assim, *a teoria evolucionista* está diante de grandes gargalos e dificuldades, como ressaltado por Denton *(1986),* já citado antes.

* * *

Como explanado, o *ancestral comum* é um dos principais pontos sem explicação no *evolucionismo.*

Uma pergunta que deve então ser reforçada aqui é:

> *"se o evolucionismo* não consegue nem ao menos ter certeza de que um ser vivo inicial (o *pretendido "ancestral comum"*) possa ter realmente existido, como pode pretender colocar todo o arcabouço teórico de sua *árvore filogenética* e de suas *proposições hipotéticas* sobre um alicerce tão controverso e inseguro como este"?

A célula, até mesmo a mais simples, funciona internamente por meio de *linguagens mais complexas do que os códigos digitais usados em nossos computadores* — linguagens sofisticadas que requerem sistemas aprimorados de decodificação.[125]

Estas células têm bancos centrais de memória, de armazenamento e de localização de quantidades descomunais de informação, estruturas tridimensionais específicas, como as enzimas implicadas no metabolismo celular, além de inúmeras outras complexidades.[126]

Uma "simples" *membrana celular*, por exemplo, é de uma sofisticação incrível[127].

Quando adentramos numa célula, uma estrutura surpreendente é a *mitocôndria*, uma organela celular encarregada de fornecer a maior parte da energia necessária para a atividade celular.

Dentro de cada *mitocôndria* há diversas enzimas chamadas *ATP sintase*, e cada uma delas pode ser comparada com uma colossal central nuclear de produção de energia.

Quantas centrais como esta temos em nosso corpo?

É difícil de especular, pois a taxa de síntese é muito grande, mas, sabemos que o organismo humano em repouso pode fabricar algo como 10^{21} moléculas de ATP *(trifosfato de adenosina)* por segundo![128]

É um número fabuloso, mas, cada uma destes multi trilhões de moléculas de ATP realiza sincronizadamente o processo de transporte de elétrons necessário ao funcionamento da célula![129]

O *evolucionismo* propõe que tudo isso surgiu *"por acaso"*?!!!

Então, neste ponto é forçoso perguntar: qual *"mecanismo aleatório e sem propósito"* seria capaz de, *num processo de "evolução química"*, a partir de materiais inorgânicos, dar origem a uma estrutura tão magnífica como a da *célula viva*?!!!...

---

[125] Meyer, S.C. *Signature in the cell: DNA and the evidence of Intelligent Design (Assinatura na célula: DNA e a evidência do Design Inteligente)*. Harper Collins ebooks. 2009. 519p. Disponível em: https://www.difa3iat.com/wp-content/uploads/2014/08/Meyer-Signature-in-the-Cell-DNA-Evidence-for-Intelligent-Design-2009.pdf. Consulta em 25 janeiro 2022.

[126] Oxford University. *Oxford Dictionary of Biochemestry and Molecular Biology*. Oxford University Press. 1997.

[127] Documento LCND. Já citado aqui anteriormente.

[128] *Bioquímica, Fundamento para Medicina y Ciencias de la Vida* (1ª. edición). Editorial Reverbé. p. 518. Mencionado no documento LCND, já citado aqui.

[129] Voet, D. & Voet J.G. *Fundamentals of Biochemistry (Fundamentos de Bioquímica)*. Charlotte W. Pratt. 2. Ed. John Wiley and Sons, Inc. pp. 547-556 (2006). Disponível em: https://docero.com.br/doc/11xxse. Acesso em 28 janeiro 2022.

... mesmo que admitamos para isso *um período longo de tempo*, de bilhões de anos?...

De fato, não há como não nos deslumbrarmos perante algo tão minúsculo e ao mesmo tempo tão engenhosamente criativo!

Que mente e que artista teria sido capaz de, há bilhões de anos, ter arquitetado, criado e colocado em funcionamento estruturas tão minúsculas, mas, simultaneamente, tão fantásticas?

Existe a possibilidade de que algo tão engenhoso não tenha tido um *"projetista"*?

Porém, voltemos às proposições da *teoria evolucionista*.

Segundo esta teoria, durante milhões de anos, as primeiras células rudimentares surgidas na *"sopa primordial"* da suposta *"evolução química"* teriam originado o *primeiro ser vivo*, a quem foi dado o nome de *"LUCA"*, da sigla em inglês *"Last Universal Common Ancestor"* (o *"Mais Velho Ancestral Comum Universal"*), cujo surgimento é suposto ter ocorrido há aproximadamente 3,5 bilhões de anos[130].

A *Figura 4.4* ilustra *o ancestral LUCA* como base da *árvore filogenética*.

Mas, como teria surgido *o LUCA*?

Ninguém tem resposta para esta questão. Ignora-se isto por completo.

Outra pergunta inevitável: existiria alguma *força natural* que pudesse conseguir transformar *uma célula* (supostamente originada por *evolução química*) em *um organismo (o LUCA)* mais complexo do que esta própria célula?

É preciso que se diga claramente: *mesmo com todos os conhecimentos da ciência hoje disponível* não é possível dizer que exista!

Na verdade, *a ciência de hoje (início do século XXI)* não consegue nem mesmo confirmar um passo anterior ao organismo LUCA da teoria darwinista: *a evolução química.*[131],[132]

Quanto a isso, o biólogo molecular e de bioinformática Nathaniel Jeanson *(nascido em 1975)*, da Universidade de Wisconsin-Parkside, afirma:

---

[130] Woese, C.R. *The universal ancestor (O ancestral universal)*. Department of Microbiology, University of Illinois at Urbana-Champaign, B103. Chemical and Life Sciences Laboratory, MC-110, 601 1998. Disponível em: https://www.pnas.org/content/95/12/6854. Acesso em: 28 janeiro 2022.

[131] *Divergência científica del Darwinismo*. Manifesto de cerca de 1.000 cientistas, PhDs de todo o mundo (2018). Disponível em: https://dissentfromdarwin.org/. Acesso em: 03 fevereiro 2022.

[132] Eberlin, M.N. *Fomos planejados: a maior descoberta científica de todos os tempos.* Já citado anteriormente, aqui.

Não se tem conseguido recapitular, em laboratório, nenhum dos principais passos da evolução, como seria de esperar da ciência.

Se estivermos falando da passagem da não vida para a vida, ou da primeira molécula inorgânica para a primeira célula viva, ou de uma célula de bactéria para uma célula de animal, ou de uma única célula para uma criatura multicelular, ou da água viva para algo como a espinha dorsal, do peixe para a terra, qualquer uma que seja, nenhuma dessas grandes transições evolucionistas nunca foram recapituladas no laboratório.

O próprio Darwin indicou "um teste para o *evolucionismo*" quando disse:

"[...] se pudermos demonstrar de qualquer órgão complexo existente, que não poderia ter sido construído por um sucessivo número de modificações graduais, a minha teoria estará absolutamente demolida".

Ora, o complexo funcionamento dentro de uma célula, por exemplo, com seus inúmeros passos, possui mecanismos altamente interdependentes e se apenas um dos seus componentes não estiver presente, todo o sistema entra em colapso.

É preciso que se diga: não é possível "evoluir" a célula.

A célula é a unidade fundamental da vida no planeta.

Então, pelas próprias palavras de Darwin, pode-se dizer que a evolução deveria ser rejeitada.[133]

Afinal, como teria sido o *ancestral comum ("LUCA")*?

É forçoso que se diga que a ciência é imprecisa e insegura quando tenta descrever o suposto *primeiro ancestral, o LUCA*, do qual consegue apenas conjecturar que deve ter-se tratado de um ser muito rudimentar: "É impossível saber como ou quando, porém de alguma forma estas substâncias químicas (*provenientes da conjecturada evolução química*) devem ter-se unido para formar a vida".[134]

---

[133] Jeanson, N. *A auto-refutação de Darwin. O próprio Darwin facilitou o teste que invalidaria sua teoria no futuro.* Disponível em: scienceleadstogod.org/pt/el-propio-darwin-facilito-la-prueba-que-invalidaria-su-teoria-en-el--futuro/. Acesso em: 03 fevereiro de 2022.

[134] National Geographic. *Origem de la Tierra.* Disponível em: www.youtube.com/watch?v=_Loq6OnPWWU. Acesso em 29 janeiro 2022.

Mas, com os avanços das últimas décadas em química e em biologia, percebeu-se que, se existiu, *LUCA* deveria ter tido, pelo menos, *três características indispensáveis*:

1. teria de ser capaz de reproduzir-se;
2. teria de ser capaz de armazenar e de processar energia;
3. teria de ser capaz de armazenar e de processar informação.[135]

Figura 4.4 - Árvore da vida segundo Ernst Haeckel[136], onde LUCA é a base. As raízes teriam sido a "evolução química"[137]

Fonte: *https://pt.wikipedia.org/wiki/Ernst_Haeckel*

---

[135] Meyer, S.C. *Signature in the cell: DNA and the evidence for intelligent design.* Já citado anteriormente aqui.

[136] Ernst Haeckel *(1834 - 1919)* foi biólogo, naturalista, filósofo, médico, professor e artista alemão, o qual ajudou a popularizar a teoria de Charles Darwin.

[137] Adaptação encontrada em LCND *(já citado anteriormente aqui)*, feita com base em: Haeckel, E. *Generelle Morphologie der Organismen: aligemeine Grundzüge der organischen Formen-Wissenschaft (Morfologia geral dos organismos: princípios gerais da ciência das formas orgânicas).* 1866. Berlin.

Este *LUCA* (o suposto mais remoto *"antepassado"*), supõe-se pela teoria darwinista que foi evoluindo, pouco a pouco, impulsionado por *processos naturais lentos, graduais e sucessivos, <u>sem guia e nem propósito</u>*, ao longo de milhões de anos, para *o surgimento das espécies.*[138], [139]

Neste ponto, podemos então perguntar:

> Poderia mesmo ter existido *algum processo natural* conhecido, por meio do qual, a partir de organismos simples *(como o suposto LUCA)*, teria sido possível obter, por desenvolvimentos naturais, ao longo do tempo *(milhões de anos)*, *"organismos cada vez mais complexos"?*[140], [141]

Está muito claro que a resposta mais óbvia e lógica é dada pelo posicionamento firme do astrônomo e físico planetário norte-americano da NASA, Robert Jastrow *(1925-2008)*:

> "Não! Não se conhece que exista tal processo! Mesmo que esperemos milhões de anos, tal coisa não é, cientificamente, possível! A menos que creiamos em *"algum inusitado milagre..."*, mas, se houvesse este tipo de crença, este processo não seria Ciência".[142]

* * *

Afinal, o *evolucionismo* é *"teoria"* ou *"fato"*?

O *evolucionismo*, como já temos citado, foi publicado em 1859, com a divulgação do livro *"A origem das espécies"*, de Charles Darwin.

Portanto, <u>há mais de cento e sessenta anos</u>.

No entanto, apesar de ter-se passado tanto tempo, tal proposição é, mesmo hoje em dia, *uma <u>**suposição hipotética**</u> ainda em estudo.*[143]

---

[138] Theobald, D.L. *A formal test of the theory of universal common ancestry (Um teste formal da teoria da ancestralidade comum universal)*. *Nature*, 465 (7295): 219-222. 2010.

[139] Doolittle, W.F. *Uprooting the tree of life (Arrancando a árvore da vida)*. *Scientific American*, 282(2): 90-95. 2000.

[140] Kerkut, G.A. *The implications of Evolution (Implicações da Evolução)*. Pergamon Press, Oxford, United Kingdon. 1960. Disponível em: https://www.biodiversitylibrary.org/item/23401#page/9/mode/1up. Acesso em 30 janeiro 2022.

[141] Kerkut, G.A. *Implications of Evolution*. American Scientist, 49 (2), 240-244. 1961.

[142] Jastrow, R. *God and astronomers (Deus e os astrônomos)*. W W Norton & Co Inc 1992. 154p. Disponível em: https://alta3b.com/wp-content/uploads/2019/06/God-and-the-Astronomers-Robert-Jastrow.pdf. Acesso em 30 janeiro 2022.

[143] *A scientific dissent from darwinism*. Já citado anteriormente.

Por quê?

Por muitas e muitas razões!

Mas, vamos incluir aqui apenas algumas destas razões *(Debre y Forster, 2000)*[144]:

> uma das razões pelas quais esta proposição **é ainda uma "suposição teórica"** reside no importante questão de que ela é indemonstrável;
>
> nunca alguém viu alguma espécie evoluindo para outra espécie;
>
> o que vem sendo denominado como "macroevolução"[145] não foi provado até agora e não se tem perspectiva de que um dia poderá vir a ser provado cientificamente.

Asseveram ainda Debre e Forster (já citados anteriormente): "Ninguém esteve lá testemunhando a origem. Quando nos contaram pela primeira vez, pareceu-nos algo incomum — temos de reconhecer —, porém acabamos aceitando aquilo porque confiávamos em quem estava contando-nos".

Em seu livro *Darwin on trial*[146], Phillip E. Johnson *(1940-2019)*, ex-professor na Universidade da Califórnia *(Berkeley)*, argumenta que há quem não aceite esta *"teoria"* porque força a admitir, de pronto, apenas e tão somente duas opções: *aceitá-la* ou *rejeitá-la*.

Assim, uns aceitam-na e outros rejeitam-na.

BOX 4.1 – O "cientificismo positivista"

Na legenda da *Figura 4.4* foi citado o naturalista, filósofo, médico e artista alemão Ernst Philipp Haeckel *(1834-1919)*, que desempenhou um papel significativo na divulgação da teoria darwiniana.

Haeckel foi considerado como um dos grandes expoentes do *cientificismo positivista*, que era uma tendência de pensamento de grande repercussão naquela época.

O *cientificismo* era uma concepção filosófica que afirmava a superioridade da *ciência* sobre todas as outras formas de compreensão humana da realidade.

---

[144] Debre, P. y Forster E. *Louis Pasteur*. Já citado anteriormente.

[145] Macroevolução: têm como foco as mudanças que ocorrem *em nível de espécie ou acima (uma espécie podendo dar origem a outras espécies)*. Em contraste, a *microevolução* explica mudanças evolutivas em menor escala, que ocorrem *dentro de uma espécie*.

[146] Johnson, P.E. *Darwin no banco dos réus* (tradução portuguesa do livro *"Darwin on trial"*). Editora Cultura Cristã. 224p. 2008.

Os adeptos desta tendência entendiam que a ciência seria a única capaz de apresentar benefícios práticos e de alcançar rigor cognitivo, entendendo que não há *lei sobrenatural.*

Somando-se ao *cientificismo, o positivismo* foi uma corrente filosófica que surgiu na França no começo do século dezenove.

Os principais idealizadores do *positivismo* foram o filósofo francês Augusto Comte *(1798-1857)* e o filósofo e economista britânico John Stuart Mill *(1806-1873)*. Esta escola filosófica ganhou força na Europa na segunda metade do século XIX e no começo do século XX.

É preciso sublinhar que foi num período em que as tendências *cientificistas positivistas* estavam em plena vigência e fervilhamento, em meados do século dezenove, que Darwin propôs a teoria evolucionista com seu livro *A origem das espécies*, publicado em 1859.

As influências destas correntes filosóficas foram significativas tanto no período em que *as ideias evolucionistas* foram publicadas, como também posteriormente, no sentido de *principalmente a ciência* procurar buscar explicações para *as origens (Universo, vida, diversidade das espécies, homem)* tendendo a *excluir Deus*.

Neste livro, Johnson trabalha sobre duas perguntas principais:

a. a evolução seria *"fato"* ou *"fantasia"*?

b. a *seleção natural (sobre a qual baseia-se o evolucionismo)* seria *um mecanismo confirmado de mudança evolutiva* ou *uma suposição sem suporte?*

Segundo este mesmo autor, os fatos e a lógica dos argumentos que pretendem estabelecer uma *teoria da evolução* baseada em princípios darwinianos *continuam a extrair sua força da "fé"* — uma *"fé"* fixada no *naturalismo filosófico*.

Sustenta ele, ainda, que os cientistas darwinianos *"colocaram a carroça na frente dos bois"*, no sentido de que consideraram como *fato científico* o que realmente deveria, conforme o método científico, ter sido considerado, <u>antes</u>, como uma *hipótese ainda não comprovada*, sobre a qual os cientistas evolucionistas devem trabalhar para validar.

Corroborando, o documento LCND, já citado anteriormente, assevera Johnson: "Muitas vezes o evolucionismo tem sido tratado até mesmo como uma questão de *"fé científica"*. Não de *"ciência""*.

Sobre esta *"fé evolucionista"*, o bioquímico norte-americano da Universidade de Harvard, George Wald *(1906-1997)*, Prêmio Nobel de Fisiologia e Medicina, darwinista, afirmou em 1967:

Quando estamos falando sobre o tema da <u>origem da vida</u>, existem somente duas possibilidades:

1. Uma é que a vida teria começado por *"geração espontânea"*, conduzindo depois em direção à evolução.

2. A outra possibilidade é que o poder criador sobrenatural é de Deus.

Não existe uma terceira possibilidade.

A *"geração espontânea"* foi refutada há cerca de cem anos por Louis Pasteur, Lazzaro Spallanzani, Francisco Redi e por outros.

Isto nos levaria a uma só conclusão: que <u>a vida começou como um ato criativo sobrenatural de Deus</u>.

Filosoficamente, não quero aceitar isso.

Portanto, <u>eu escolho crer em algo que sei não ser possível cientificamente</u>:

> a *"geração espontânea"*, que depois conduz em direção à *evolução*[147].

Neste caso temos um Prêmio Nobel, darwinista, reconhecendo que <u>*a teoria da evolução não é possível cientificamente*</u>... porém, a despeito de tudo, *escolhe <u>crer nela</u>!!!*

Johnson, autor do livro *"Darwin on trial"*, já citado neste capítulo, é também o autor do livro *Programming of life*, aqui já citado, considerado como uma das melhores abordagens cobrindo a relação genoma x arquiteturas de computador.

Neste livro, destaca *aspectos informativos da vida* que geralmente são negligenciados ou ignorados em abordagens feitas pelos *cenários evolutivos*, tanto químicos como biológicos.

Ressalta ele que *<u>cada célula de um organismo vivo</u>* tem, em seu interior, <u>*milhões de computadores*</u> que interagem, lendo e processando informações digitais, usando programas e códigos digitais para comunicar e traduzir informações durante os processos bioquímicos necessários à *manutenção da vida*.

Conforme lembra o autor, nisso tudo é importante considerar ainda que *um humano adulto pode ter <u>até 100 trilhões de células</u>*!!!

---

[147] Johnson, D.E. *Programming of life (Programação da vida)*. Big Mac. Publishers. 2011. 136p. Disponível em: https://pdfroom.com/books/pdf-is-for-personalresearch-use-only/KRd6oXo8gZp. Acesso em 30 janeiro 2022.

Johnson pondera que *a vida* pode ser considerada como uma interseção da *ciência física* com a *ciência da informação*.

Ambos os domínios são críticos para a existência de qualquer *vida*, e cada um deve ser investigado usando os conhecimentos do respectivo campo de conhecimento.

No entanto, segundo ele, a maioria dos cientistas tem procurado usar a *ciência física* para explicar o domínio da *informação da vida*, não sendo esta uma prática com justificativa científica.

Johnson reforça seus posicionamentos, corroborando que, embora reconheça que *a ciência* continua a ganhar novos *"insights" (como deveria ser o caso)*, a afirmação de que *"ainda não temos uma explicação natural, mas teremos algum dia"* não é uma afirmação científica válida.

Para ele, isso equivale a um dogma do *"naturalismo das lacunas"*.

Quando esse dogma viola a *ciência* conhecida, particularmente a *ciência da informação*, talvez seja hora de reavaliar posturas que pretendem ser *ciência*, mas são, na verdade, *especulações pseudocientíficas*.

* * *

Num posicionamento diverso ao de George Wald, citado anteriormente aqui, é interessante considerar o instigante caso de David Gelernter *(nascido em 1965)*, professor de prestígio da Universidade de Yale, que, depois de longo tempo trabalhando com evolucionismo, *veio a abandoná-lo*.

Na primavera de 2019, Gelernter escreveu um artigo intitulado "Desistir de Darwin"[148], em que expõe toda a longa trajetória percorrida por ele dentro do darwinismo, bem como os motivos que fizeram-no, num determinado momento de sua vida, decidir-se por esta radical mudança:

A *evolução darwiniana* é uma teoria científica brilhante e bela.

Uma vez foi um palpite ousado.

Hoje consideram-na básica para o credo que define a moderna visão de mundo.

Aceitar a teoria "como verdade estabelecida — não mais sujeita a debate", tanto quanto o fato de que a Terra é redonda ou que o céu é azul — certifica que você é devotamente ortodoxo em suas visões científicas.

---

[148] Gelernter, D. *Giving up Darwin, a fond farewell to a brilliant and beautiful theory (Desistir de Darwin, uma despedida afetuosa de uma teoria brilhante e bela)*. Disponível em: https://claremontreviewofbooks.com/giving-up-darwin/. Consulta feita em 26 janeiro 2022.

Ser científico é, por sua vez, um primeiro passo essencial para ser levado a sério em qualquer parte da vida intelectual moderna.

Mas, e se Darwin estiver errado?

Como tantos outros, cresci com a *teoria de Darwin* e sempre acreditei que era verdade.

Eu tinha ouvido dúvidas ao longo dos anos, vindas de pessoas bem informadas, às vezes brilhantes, mas, eu estava ocupado cultivando meu jardim e era mais fácil deixar a biologia cuidar de si mesma.

Mas, nos últimos anos, a leitura e a discussão fecharam esse caminho para sempre.

Isso é triste!

Não é nenhuma vitória de qualquer tipo para a religião.

É uma derrota para a engenhosidade humana.

Significa menos uma ideia bonita em nosso mundo e mais um problema imensamente difícil e importante de volta à lista de tarefas da humanidade.

Mas cada um de nós precisa fazer as pazes com os fatos e não tentar tornar a vida na Terra mais simples do que realmente é.

Charles Darwin tentou explicar uma questão monumental fazendo uma suposição básica — *"todas as formas de vida descendem de um ancestral comum"* — e acrescentou dois processos simples que qualquer um pode entender: a *"variação aleatória hereditária"* e a *"seleção natural"*.

A partir desses ingredientes simples, concebidos para operar cegamente por centenas de milhões de anos, ele conjurou mudanças que parecem o desdobramento deliberado de um grande plano, projetado e executado com gênio sobre-humano.

Mas, há uma pergunta inevitável: *será que a natureza poderia, realmente, ter tirado de seu chapéu <u>a invenção da vida,</u> ou <u>o surgimento de formas de vida cada vez mais sofisticadas,</u> ou ainda, em última análise, <u>o aparecimento da mente humana</u> (até onde sabemos, "única no cosmos",) – <u>sem nenhuma estratégia além de tentativa e erro?</u>*

Simplesmente através da acumulação cega e irracional de pequenas mudanças?!!!

É uma ideia deveras improvável!

No entanto, *a teoria de Darwin* baseia-se nisso para explicar como tudo poderia ter acontecido!!!

Sua beleza é importante.

A beleza é muitas vezes um sinal revelador da verdade.

A beleza é o nosso guia para o universo intelectual — caminhando ao nosso lado através do deserto inexplorado, apontando-nos a direção certa, mantendo-nos no caminho certo — na maior parte do tempo.

Não há razão para duvidar de que Darwin explicou com sucesso os pequenos ajustes pelos quais um organismo se adapta às circunstâncias locais: mudanças na densidade do pelo, no estilo das asas ou no formato do bico. **Mas, isto é *"microevolução"*!**

No entanto, há muitas razões para duvidar se ele pode responder às perguntas difíceis e explicar o quadro geral — não o ajuste fino das espécies existentes *(isso é "microevolução", como dito anteriormente)* —, mas o surgimento de **novas espécies** *(ou seja, a "macroevolução")*.

A *"origem das espécies"* **(macroevolução)** é exatamente o que Darwin não consegue explicar!!!

O pensativo e meticuloso livro *"Darwin"s Doubt"* (2013)[149], de Stephen Meyer, convenceu-me de que ***"Darwin falhou"*!**

Darwin não pode responder à grande pergunta.

Dois outros livros também foram essenciais: *"The Deniable Darwin"* (2009)[150], de David Berlinski, e *"Debating Darwin"s Doubt: A Scientific Controversy that Can No Longer Be Denied"* (2015)[151], antologia editada por David Klinghoffer, que reúne alguns dos argumentos suscitados pelo livro de Meyer.

Esses três livros formam um grupo de batalha fatídico, que a maioria dos evolucionistas prefere ignorar.

Trazendo o trabalho de muitas dezenas de cientistas ao longo de muitas décadas, Meyer, que depois de um período como geofísico em Dallas obteve um PhD em História e Filosofia da Ciência em Cambridge

---

[149] Meyer, S.C. *Darwin's Doubt: The Explosive Origin of Animal Life and the Case for Intelligent Design (A dúvida de Darwin: a explosiva origem de vida animal e o caso do Design Inteligente)*. HarperCollins Publishers. 498p. 2013.

[150] Berlinski, D. *The Deniable Darwin (O contestável Darwin)*. ☐ Discovery Institute Press. 560p. 2009.

[151] *Debating Darwin's Doubt: A Scientific Controversy that Can No Longer Be Denied (Debatendo a dúvida de Darwin: uma controvérsia científica que não pode mais ser negada)*. Discovery Institute Press. 350p. 2015.

e agora dirige o Centro de Ciência e Cultura do Discovery Institute[152], desmonta a *teoria da evolução* peça por peça.

A *"Dúvida de Darwin"* é um dos livros mais importantes de uma geração.

Poucas pessoas de mente aberta terminarão de lê-lo com sua "fé em Darwin" intacta.

Gelernter continua expondo seus argumentos com elegância e decisão, mas não temos espaço aqui para apresentar tudo.

Posteriormente, Gelernter lamentou, a partir desta sua própria experiência de mudança científica, as pressões por ele sofridas na Academia de Ciências dos Estados Unidos, onde, segundo ele, "nada há que se assemelhe à "liberdade de expressão", quando o assunto é darwinismo"[153].

Nesta oportunidade, Gelernter asseverou ainda que:

> *"Os pontos de vista diferentes"* poderiam ser muito enriquecedores "se pudessem ser expressos na Academia", livremente, sem ideias preconcebidas ou limitados a dogmas previamente estabelecidos.
>
> Se, como resultado dessas conversas, houvesse material disponível para aqueles de nós que queremos aprender e que queremos conhecer *"a verdadeira Ciência"*.
>
> Mas, infelizmente, até hoje tal coisa ainda é proibida em *campi* universitários nos Estados Unidos e em boa parte dos países ditos *"desenvolvidos"*.

* * *

Em relação aos *questionamentos ao evolucionismo,* que vêm crescendo significativamente, um episódio de grande repercussão, iniciado em 2001, foi o movimento *"A scientific dissent from Darwinism"* (*"Uma Dissidência Científica ao Darwinismo"*).[154]

---

[152] Discovery Institute *indust:* é um *"think tank"* (*"think tanks"* são instituições que se dedicam a produzir conhecimento sobre distintos temas) norte-americano baseado em Seattle, Washington. Mais conhecido pela sua defesa do *"design inteligente"* e de sua campanha *"Ensine a controvérsia"*, que propõe a discussão daquilo que entende serem as deficiências da Teoria da Evolução nas aulas de ciências do sistema público de ensino dos Estados Unidos da América.

[153] Science Leads to God. *David Gelernter, prestigioso profesor de la Universidad de Yale, abandona el darwinismo (David Gelernter, prestigioso professor da Universidade de Yale, abandona o darwinismo).* Disponível em: https://scienceleadstogod.org/es/la-d-evolucion-da-teoria-de-darwin-abandonando-el-darwinismo/. Acesso: 26 janeiro 2022.

[154] *A Scientific Dissent from Darwinism (Uma Dissidência Científica do Darwinismo).* Disponível em: dissentfromdarwin.org. Acesso: 31 janeiro 2022.

Neste movimento, em 2001 cerca de mil cientistas de vários países, a maioria com PhD, assinaram uma declaração, na qual revelam-se *contrários ao evolucionismo*, com o documento destacando o seguinte depoimento:

"Somos céticos quanto às alegações da capacidade de "mutações aleatórias" e da "seleção natural" para explicar a complexidade da vida.

Um exame cuidadoso das evidências da teoria darwinista deve ser encorajado".

David Berlinski *(nascido em 1942)*, filósofo e educador americano, pós-doutor em matemática e em biologia molecular, autor do livro *"The Deniable Darwin" ("O contestável Darwin"),* já citado anteriormente aqui, foi um dos signatários do supracitado manifesto. Corajosamente, ele ponderou:[155]*"A teoria da evolução de Darwin* é o grande elefante branco do pensamento contemporâneo. É uma teoria volumosa, *quase completamente inútil e, infelizmente, objeto de veneração supersticiosa".*

* * *

Afinal, teria existido mesmo a *evolução*? ou não?!!!

Como vimos, o *evolucionismo* apregoa, em resumo, que *todas as espécies de seres vivos evoluíram*, por um processo gradual, progressivo e natural, desde a matéria inanimada (por *"evolução química"*) chegando a microrganismos simples, que foram transformando-se em seguida em espécies gradualmente mais complexas, até ter chegado ao *homem moderno*.

Equivocadamente, boa parte da academia científica evolucionista entende isto não como uma *teoria*, mas como um *fato*, chamando-o de *"o fato da evolução".*

Mas, é de capital importância afirmar que há uma significativa outra parte da academia científica, que refuta o *evolucionismo* e não o considera como *fato comprovado*.

Uma dura e séria consequência destes posicionamentos opostos reflete-se no *grande público*, que não tem conhecimentos científicos que lhe permitam formar um discernimento claro sobre qual lado escolher.

---

[155] *Mais de mil cientistas doutorados tornaram público seu ceticismo acerca da Teoria de Darwin.* Disponível em: https://www.conexaopolitica.com.br/mundo/mais-de-mil-cientistas-doutorados-tornaram-publico-seu-ce-ticismo-acerca-da-teoria-de-darwin/ Acesso em: 04 fevereiro 2022.

Isto gera em grande parte do público um sentimento de frustração e até de desalento, uma vez que entre as grandes e fundamentais necessidades existenciais do ser humano inteligente — questões que, portanto, impactam profundamente em sua felicidade — está a busca de respostas para questões sobre *as origens (Universo, vida, espécies de seres vivos, homem).*

Como as *opções "ser evolucionista"* ou *"não ser evolucionista"* vêm impactando na vida do ser humano?

De uma forma resumida, pode-se dizer que, pelo lado do *evolucionismo* existe uma tendência *naturalista*, segundo a qual tudo poderia ser assumido de uma forma em que *a natureza explicaria tudo* e não haveria então a necessidade de um Deus Criador.[156]

Pelo lado dos que *creem*, Deus, Criador, Inteligente e Onipotente, é a explicação de tudo o que existe, desde o *Universo ("a Criação")*, passando pelo surgimento da *vida* e de *todas as espécies*, e chegando até o *homem*, o ponto mais alto de tudo.

Um Criador infinitamente amoroso, que fez com que todas as coisas vivas passassem a existir, tendo em vista um *propósito*.

Vemos então que, do lado *evolucionista naturalista* dispensa-se Deus e, do lado *crente*, ao contrário, tudo depende de Deus.

Portanto, o conflito de visões toca num dos pontos mais profundos da felicidade humana: o de *"ter"* ou de *"não ter"* fé.

Depois do surgimento do *evolucionismo*, com o livro *"A evolução das espécies"*, em 1859, há pouco mais de cento e sessenta anos atrás, iniciou-se um período de intensos conflitos entre os *defensores* e os *opositores* da proposição *evolucionista*.

Estes conflitos disseminaram-se por praticamente todos os campos da vida humana, inclusive no que se refere a importantes questões:

Deve-se **ensinar** *evolucionismo* nas escolas e nas universidades?

Se o *evolucionismo* for ensinado, deve-se ensinar também a outra opção (ou seja, *o conceito de Criação*)?

* * *

---

[156] Para o desenvolvimento desta parte, optamos por basear-nos no capítulo 1 do livro *Darwin on trial*, de Philip Johnson, já citado aqui anteriormente, que sintetiza com muita clareza os conceitos relacionados à evolução e à Criação.

A partir destas discussões, houve até mesmo disputas judiciais em que os *evolucionistas* alegavam que *"evolucionismo é ciência"* e, portanto, devia ser ensinado, ao passo que *"Criação é religião"* e, assim, este conceito não devia ser ensinado nas escolas, para não haver incitamento religioso, uma vez que as pessoas devem ser livres para escolher *se crêem* ou *não* em Deus.

O que devemos dizer é que *não é necessário existir conflitos entre os dois conceitos.*

O *conceito de Criação* não incompatibiliza-se com a *proposição evolucionista* se *"evolução"* pretender significar apenas *"um processo gradual em que algum tipo de criatura possa vir a transformar-se em outra criatura diferente".*

Afinal, *um Criador Inteligente e Onipotente* poderia, sem a menor sombra de dúvida, ter escolhido um processo gradual como meio de executar Sua criação.

Desta forma, *evolução* entra em contradição com *criação* apenas quando definida como *processo completamente naturalista*, significando com isso que não teria havido, absolutamente, espaço para nenhuma *intervenção ou propósito divino.*

Por outro lado, *Criação* viria a contradizer *evolução* apenas quando pretendesse significar *"criação repentina"*, em vez de criação por desenvolvimento progressivo.

Num processo judicial ocorrido na Louisiania, Estados Unidos, foi usado o termo *"ciência da criação"*, visando caracterizar a *criação* como *ciência* e, assim, poder exigir que fosse ensinada nas escolas, da mesma forma que a chamada *"ciência da evolução"* era ensinada.

No bojo do termo *"ciência da criação"*, no entanto, havia uma disposição de cristãos fundamentalistas que, baseando-se numa *interpretação inteiramente literal do livro do Gênesis*, propugnavam não somente que a *vida* teria sido criada, mas também que o trabalho da criação teria sido executado e concluído *em seis dias.*

Além disso, defendiam que toda a criação teria ocorrido há não mais do que dez mil anos atrás (*"terra jovem"*).

Então, para estes, toda a evolução após a criação teria envolvido apenas *modificações leves* ao invés de *"grandes transformações"* - como as *transformações de espécies* em *outras espécies* - durante um longo tempo.

Esta *"ciência da criação"* da *"terra jovem"* e dos *"seis dias"* é denominada como *"criação especial"*; diferente do *"criacionismo"*, que significa a proposição de criação de uma forma mais senso geral — estes são chamados de *criacionistas*.

Então, os *criacionistas* defendem que a Terra pode, sim, ter bilhões de anos e que formas simples de vida podem ter evoluído gradualmente para irem tornando-se progressivamente mais complexas (mas não se transformando em *outras espécies*).

Defendem também que o Criador sobrenatural não apenas iniciou o processo, mas, em algum sentido significativo continuamente controla-o tendo em vista um *propósito*.

Para o *evolucionismo naturalista radical contemporâneo*, estão excluídos não apenas a *"ciência da criação"*, mas também o *"criacionismo em sentido amplo"*.

Então, por *"darwinismo"* deve-se entender a *"evolução naturalista"*, excluindo Deus, baseada no *acaso cego* e em mecanismos de *seleção natural*.

* * *

Comprometimentos do *evolucionismo ateísta*

Entre as consequências das proposições de Darwin, há que se registrar que se a *evolução* for considerada como mero *fruto do acaso*, tal cogitação traz profundas implicações na mundivisão e na vida prática do homem.

Seguindo este pensamento do *evolucionismo ao acaso*, além da *desconsideração de Deus* como Criador, implicando em tendências ateias, para os adeptos desta tendência não haveria diferença ontológica entre o *homem* e um *cavalo* ou um *orangotango*.

Se *a vida humana* tivesse surgido por processos aleatórios e cegos no Universo, ela não seria algo necessário, nem essencial e *nem seria qualitativamente mais digna* do que a vida das plantas, ou dos animais ou dos microrganismos.

Além disso, se tudo foi e ainda é governado pelo *acaso* e pela *cega aleatoriedade*, os comportamentos daqueles que praticam maldades, roubos e crimes hediondos não podem ser considerados como irregulares ou ilícitos.

Verifica-se então que as consequências de um universo regido por *processos naturais aleatórios* tenderiam sempre na direção de *diminuir a sublimidade da dignidade humana*.

* * *

Considerações finais para este capítulo

John Eccles *(1903-1997)*, neurofisiologista australiano, Nobel de Fisiologia e Medicina em 1963, certa vez asseverou que:

> [...] as ciências experimentais não têm o direito de aliarem-se ao "materialismo filosófico"[157].
>
> Quando assim o fazem, perdem o valor científico, uma vez que, então, propõem-se, indevidamente, a fornecerem "explicações totais", inclusive sobre a origem do Universo.
>
> Por seu "materialismo", refutam a doutrina da Criação divina e deixam-na arquivada como explicação acientífica e mítica[158].

Sem dúvida, principalmente em temas tão sensíveis como *as origens*, Artigas[159], no livro *Las fronteras del evolucionismo*, reafirma que é necessário procurar delimitar *as fronteiras e os limites* entre, de um lado, o que compete à *ciência segura* ou *às hipóteses* e, do outro lado, o que é *pseudociência x verdadeira ciência*, entre *evolucionismo* x *ideologia*, e entre *evolucionismo x religião*[160].

Neste mesmo livro, Artigas incluiu um capítulo intitulado *"Evolucionismo: ciência e ideologia"*, em que enfoca a *evolução* à luz das teorias que historicamente foram surgindo nos últimos séculos.

O panorama ali narrado mostra essencialmente a ampla popularização do *darwinismo* após 1859 *(ano em que o livro de Darwin foi publicado)*,

---

[157] *Materialismo filosófico:* tendência de pensamento baseada na concepção de que a única coisa da qual se pode afirmar a existência é a *matéria* e que, fundamentalmente, todas as coisas são compostas de *matéria* e todos os fenômenos são o resultado de *interações materiais*; que a *matéria* é a única substância.

[158] Eccles, J.C. *Resenhas*. Disponível em: https://dadun.unav.edu/bitstream/10171/20535/1/Rese%C3%B1as%20 1985-1.pdf. Acesso em: 04 março 2022.

[159] Mariano Artigas Mayayo *(1938-2006)*, físico, filósofo, professor universitário e sacerdote espanhol, autor de várias obras na área de *ciência e fé*. Professor ordinário da Universidade de Navarra e de várias outras, em várias partes do mundo. Ganhador do prêmio Templeton de 2001.

[160] Artigas, M. *Las fronteras del evolucionismo (Iniciación filosófica)*. EUNSA. Ediciones Universidad de Navarra, S.A. 2004. 180p.

passando pela *teoria sintética neodarwinista*, que conjuga a seleção natural darwiniana com a genética pós-mendeliana.

Em seguida enfoca o marco do *transformismo gradualista* (ou *"gradualismo"*) junto às recentes teorias rivais descontinuístas, como a do paleontólogo e biólogo evolucionista Stephen Jay Gould *(1941-2002)* e do paleontólogo Niles Eldredge *(nascido em 1943)*, ambos estadunidenses, para os quais a evolução acontece segundo saltos bruscos e consideram longos períodos de estabilidade das espécies[161].

Esta última teoria, para Artigas, *não é científica*, pois estes saltos rápidos não deixam registros fósseis *(evidências)*.

Em resumo, fica patenteado que, no estado atual da ciência, as *teorias evolutivas* e suas polêmicas internas são *altamente hipotéticas* e não *"fatos"*, como em muitos casos tentou-se considerar.

Segundo Artigas, há certezas parciais de *evoluções limitadas (**"microevolução"**)*, porém, é preciso salientar que: **"não há, nem de longe, evidências ou convicções de uma evolução universal de grande escala (*"macroevolução"*)"**.

Para melhor entendimento desta afirmativa anterior, no *BOX 4.2* são incluídas explicações sobre as diferenças fundamentais entre *"microevolução"* e *"macroevolução"*.

Aquilo que o *evolucionismo* afirma como *evolução universal (**"macroevolução"**)* opera meramente *no campo do convencimento (*"fé evolucionista"*)* e muitas vezes assim procede porque pretende descartar *outras possibilidades alternativas (como está destacado na página 81 do citado livro de Artigas)*.

BOX 4.2 – "Microevolução" x "macroevolução"

"Microevolução" diz respeito a mudanças que ocorrem nos seres vivos, *em nível interno às espécies (portanto, não há transformações de "uma espécie" para "outra espécie")*.

No que se refere à genética populacional, considera-se que *"microevolução"* diz respeito à mudanças na frequência alélica de uma população, perceptíveis em lapsos de algumas gerações.

Tais mudanças podem ser causadas por:

---

[161] *Equilíbrio pontuado*: teoria evolutiva proposta por Eldredge e Gould em 1972, segundo a qual a evolução das espécies não se dá de forma lenta e constante *("gradualismo")*, mas alternando longos períodos de poucas mudanças com rápidos saltos transformativos.

> *mutações*: modificações nos *genótipos* dos indivíduos, as quais passam para os descendentes;

> *seleção natural*: refere-se a uma melhor reprodução dos indivíduos de uma população, em relação aos outros, graças a determinadas características de seu *genótipo*, que os tornam melhor adaptados às condições ambientais em que vivem;

> *fluxo ou migração genética*: os genes são transferidos entre diferentes populações da *mesma espécie*;

> *deriva genética*: mudanças introduzidas no *genótipo* devidas ao efeito do acaso, pela reprodução e por transmissão genética.

Necessário indicar que *mudanças microevolutivas* podem também ser induzidas por *seleção* e *manipulação artificial*, via técnicas de *melhoramento genético* conduzidas pelos humanos.

Um exemplo disso é a aplicação destas *técnicas de melhoramento* visando à obtenção de raças de gado com maior e mais rápida capacidade de engorda.

Importante destacar que *as mudanças microevolucionárias não dão origem a "novas espécies"*.

"Macroevolução" refere-se a mudanças evolutivas de grande escala, conforme proposto pelo *evolucionismo darwiniano*, que, segundo esta teoria, *supostamente poderiam dar origem a "novas espécies"*.

O conceito de "*macroevolução*" foi proposto no final da década de 1930 pelo geneticista e biólogo evolutivo ucraniano-estadunidense Theodosius Dobzhansky (*1900-1975*), cujo trabalho protagonizou na chamada "*síntese evolutiva moderna*", a qual constitui--se na síntese da *evolução darwiniana* com a *genética*, através do trabalho intitulado "*Genetics and the Origin of Species* .

Na evolução biológica atual, a *síntese evolutiva moderna*, ou *neodarwinismo*, é constituída de duas correntes:

> *naturalismo*: inclui os que aceitam a "*macroevolução*";

> *ultradarwinismo*: que inclui os que aceitam apenas os processos *microevolucionários*.

5

O _HOMEM_ NO UNIVERSO

O _homem_ dentro deste _Universo_ é ainda um dos maiores enigmas para o próprio homem.

A questão referente a dar respostas para perguntas relacionadas ao _homem (como foi a sua origem?, qual é a sua natureza?, qual é a finalidade da existência do homem dentro do Universo?)_ pode ser enquadrada entre as nossas maiores pendências e há muitos séculos estamos em permanente busca sobre isso.

Observando a grandiosidade e a beleza do _Universo_, a complexidade e o fascínio da _vida_, nós, _seres humanos_, sentimo-nos pequenos e abismados perguntando-nos sobre nós mesmos diante deste magnífico cenário que se descortina diante de nossos olhos.

Enfileiram-se em nossas cabeças perguntas difíceis, tais como: _quem sou eu (ser humano)? o que faço aqui? por quê/para quê estou aqui? como vim parar aqui?..._

Há variados enfoques para tentar responder a tudo isso. No presente capítulo, abordaremos a forma como _a ciência_ procura explicar _o surgimento do homem no Universo._

O _surgimento do homem_

Quando falamos sobre _origem do homem_, geralmente são consideradas duas opções:

a. a descrição da _Criação_ contida no primeiro livro da Bíblia, o Gênesis;

b. a _Teoria da Evolução_ de Darwin.

Estas duas opções têm sido, muitas vezes, como dissemos atrás, colocadas em confronto, gerando grande quantidade de polêmicas no campo de _ciência x fé_.

Nós sabemos que na verdade não existe a necessidade deste conflito, pois *a ciência* ocupa-se em obter o conhecimento sobre as leis que regem o funcionamento do *universo físico*, enquanto que a *religião* foca no relacionamento do *homem com Deus*.

Podemos dizer que uma área *complementa* a outra.

O Papa João Paulo II *(hoje, "São João Paulo II")* sintetizou excelentemente esta complementaridade em sua carta encíclica *Fides et Ratio (1998)*[162], onde afirmou o seguinte:

> A *fé* e a *razão (fides et ratio)* constituem como que as duas asas pelas quais o espírito humano se eleva para a contemplação da verdade.
>
> Foi Deus quem colocou no coração do homem o desejo de conhecer a verdade e, em última análise, de O conhecer a Ele, para que, conhecendo-O e amando-O, possa chegar também à *verdade plena sobre si próprio*.

* * *

A Teoria da Evolução Humana *(TEH)*

Para termos uma visão contextual sobre o que é cogitado *pela ciência* em relação *à origem do ser humano dentro do Universo*, é apresentada, a seguir, resumidamente, *a teoria científica* mais divulgada na atualidade, sobre este tópico: ***a teoria da evolução humana***.

Segundo esta teoria, ao longo de milhões de anos, teriam ocorrido inúmeras mudanças evolutivas na anatomia e no comportamento dos *ancestrais humanos*.

Esquematicamente, teria ocorrido, num determinado ramo da *árvore filogenética proposta pelo evolucionismo*, o seguinte:

---

[162] *Papa João Paulo II: Carta Encíclica Fides et Ratio, aos Bispos da Igreja Católica sobre as relações entre fé e razão.* Promulgada em Roma, em 14 de setembro de 1998. Disponível em: http://www.vatican.va/content/john-paul-ii/pt/encyclicals/documents/hf_jp-ii_enc_14091998_fides-et-ratio.html. Consulta: 09 de maio de 2021.

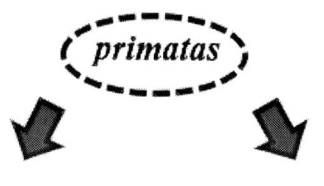

pré-australopitecos
(~ 7m.a., pré-hominídeos)

chimpanzés, ...
(macacos)

Os *pré-australopitecos* teriam sido *as primeiras espécies de pré-homi-nídeas* que teriam vivido logo após *a subdivisão do grupo dos "primatas"*, conforme é mostrado esquematicamente no ícone anterior.

Esta *subdivisão* teria possibilitado, em um lado da *árvore evolutiva*, a origem dos *pré-hominídeos* (os *pré-australopitecos*) e, no outro lado da referida *árvore*, o surgimento dos *chimpanzés*.

Segundo a *teoria da evolução humana*, considerando os *pré-australopitecos* como o início, calcula-se que o desenvolvimento evolutivo da *espécie humana* deva ter começado há *aproximadamente 7 milhões de anos (~7m.a.)*.

Neste tempo, um determinado grupo de mamíferos *primatas*[163] do noroeste da África deve ter-se subdividido, espalhando-se para diferentes localidades geográficas, nas quais as condições reinantes teriam provocado a evolução em direção *aos primeiros hominídeos*[164].

A *teoria da evolução humana* supõe que, devido a efeitos ambientais específicos destas localidades bem como por diferenças de dietas e de posturas corporais, ao longo de milhares de anos, a *evolução dos pré-humanos* foi ocorrendo, dando origem a *distintas linhagens*, configurando-se então *os processos evolucionários*.

Contudo, é oportuno destacar que há correntes que consideram que este tipo de *evolução* pode ser entendido dentro do campo das *microevoluções* (ver *BOX 4.2*, em que é feita a diferenciação entre o que é *"microevolução"* e o que é *"macroevolução"*).

A *Figura 5.1* ilustra como a *TEH* propõe que deve ter ocorrido a evolução dos hominídeos, até vir a despontar o *homem moderno*.

---

[163] *Primatas:* na Zoologia *(ramo da Biologia que estuda os animais)*, correspondem aos mamíferos da ordem *Primates*, que compreende os macacos, os antropoides e *o homem*.

[164] *Hominídeos:* na Zoologia, família de *primatas antropoides*, que compreende *o homem* e seus ancestrais fósseis, como os *australopitecos*.

Pré-australopitecos: os pesquisadores adeptos da *evolução humana* consideram estes indivíduos como pertencentes ao primeiro grupo de *humanoides* posterior aos *mamíferos primatas*.

Tinham ainda hábitos arborícolas, ou seja, habitavam sobre as árvores das florestas.

A espécie *Sahelanthropus tchadensis (Figura 5.1)* foi descrita em 2002[165] a partir de um crânio encontrado no Deserto do Chade *(na África, ao sul do Deserto do Sahara)*, peça que era considerada o fóssil mais antigo da linhagem humana, contando com aproximadamente sete milhões de anos.

Figura 5.1 - Sequência evolutiva hipotética supostamente ocorrida até o surgimento do Homo sapiens ("homem moderno"), conforme vem sendo defendido pela teoria da evolução humana

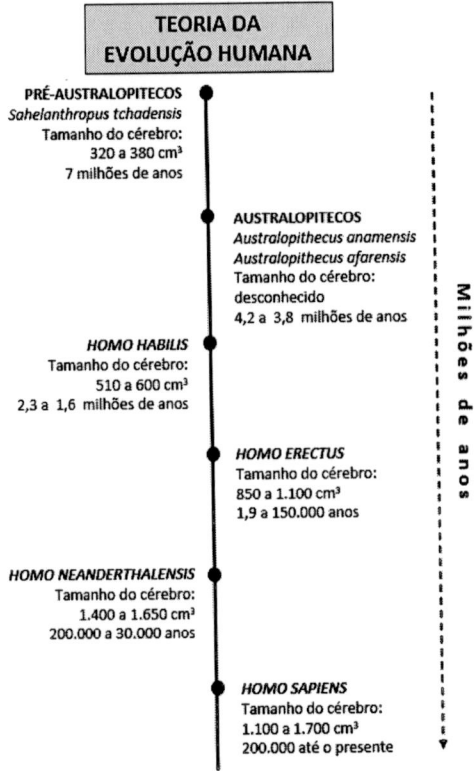

Fonte: https://pt.wikipedia.org/wiki/Humano (adaptado)

---

[165] Brunet, M. et al. *A new hominid from the Upper Miocene of Chad, Central Africa (Um novo hominídeo do Mioceno Superior do Chade, África Central).* Nature, 418 (2002), pp. 145-151.

Existia uma tendência de considerar que esta espécie teria sido o *"elo perdido"*, a partir do qual, segundo a *teoria evolutiva*, viria a surgir, de um lado, a *linhagem dos macacos* e, de outro, a *linhagem humana*.

Um esclarecimento necessário: na *teoria da evolução humana*, o chamado *"elo perdido"* teria sido o último *primata*, o qual teria sido o *ancestral comum*, tanto para os *macacos* como para os *hominídeos*.

Um ponto importante de questionamento é que, enquanto os *hominídeos* teriam evoluído ao longo de milhões de anos até o *homem moderno*, os *macacos* continuaram *macacos* até os dias atuais.

É também importante ressaltar que restos ósseos deste *elo* nunca foram encontrados e até hoje os paleoantropólogos procuram fósseis que possam vir a indicar *quando* e *onde* o suposto *"elo perdido"* teria existido.

Porém, paleoantropólogos da Universidade de Poitiers *(França)*[166] refutaram a supra-aludida hipótese de que o *Sahelanthropus tchadensis* tivesse sido o *elo perdido* a partir de quando encontraram um fêmur fóssil, o qual foi descoberto nas proximidades do local onde havia sido encontrado o mesmo fóssil do *S.tchadensis*.

Este fêmur foi datado com idade semelhante à do crânio do *S.tchadensis*.

A partir de medições e de parâmetros anatômicos deste segundo fóssil, concluíram que os indivíduos desta espécie não andavam eretos, mas eram quadrúpedes e, portanto, devem ter sido ancestrais dos macacos e não do homem.

Desta forma, os supracitados pesquisadores de Poitiers desfizeram a ideia de que o *S.tchadensis* teria sido o *"elo-perdido"* e afirmaram:

> Exatamente em que parte da África e sob quais circunstâncias a demarcação entre *homem* e *macaco* começou - e quando, como e porque a fronteira *homem-macaco* teria se tornado irrevogavelmente estabelecida - são desafios de pesquisa importantes *que ainda não foram resolvidos*.

Por esta afirmativa fica evidenciado que ainda não se sabe onde e sob quais circunstâncias teria ocorrido a hipotetizada transformação *primata => hominídeo*.

---

[166] Macchiarelli, R.; Bergeret-Medina, A.; Marchi, D.; Wood, B. *Nature and relationships of Sahelanthropus tchadensis (Natureza e relações do Sahelanthropus tchadensis). Journal of Human Evolution*, 149 (2020), 102898. Doi: doi.org/10.1016/j.jhevol.2020.102898.

É importante dar este destaque, uma vez que a ciência está buscando saber se realmente houve *(ou não)* a *evolução humana*, que é defendida arraigadamente por uma corrente científica favorável ao *evolucionismo darwiniano*.

Australopitecos: este nome é originado de uma palavra latina *("australis"*, que significa *"do sul"*) e de uma palavra grega *("pithekos"*, que significa *"macaco"*).

Constituem um grupo de hominídeos extintos, com proximidade aos do gênero *Homo* (ao qual pertence o *homem moderno*).

Destacam-se neste grupo o *Autrolopihtecus afarensis* e o *Autrolopihtecus africanus*.

O *A.afarensis* é uma espécie de hominídeo que foi apresentada por Tim D. White[167] e por Donald Johanson[168], em 1978, a partir do *"joelho de Johanson"*, encontrado pelo segundo paleoantropólogo na Etiópia *(Hadar, na Depressão de Afar)*, em 1974.

O *A.africanus* foi descrito pelo anatomista, antropólogo físico e paleontólogo australiano Raymond Dart *(1893-1988)*, a partir de um crânio infantil descoberto em 1924 na localidade de Taungue, no então protetorado britânico de Bechuanalândia, atualmente Botsuana, na África.

Ainda dentro do grupo dos *Australopitecos* inclui-se uma fêmea adulta *(a famosa "Lucy")* encontrada em 1974 pelo antropólogo Donald Johanson e pelo estudante Tom Gray, em Hadar, no Deserto de Afar.

Lucy é classificada como *Autrolopihtecus anamensis* e seu cérebro de 450 cm cúbicos era um pouco maior do que o de um chimpanzé moderno.

Os *Australopitecos* tinham postura bípede, ereta ou semiereta, altura de um metro a um metro e meio, testa pequena e maxilar proeminente. São considerados, dentro da teoria da evolução humana, como *possíveis ancestrais do homem*.

Homo habilis: fósseis desta espécie foram descobertos em 1964 pelo paleoantropólogo queniano/inglês Louis Leakey *(1903-1972)* e sua equipe no desfiladeiro de Olduvai, Tanzânia.

---

[167] Tim White *(nascido em 1950)*: paleoantropólogo norte-americano e professor de Biologia na Universidade de Berkeley. Tornou-se muito conhecido a partir do seu trabalho com o fóssil *"Lucy"*.

[168] Donald Carl Johanson *(nascido em 1943)*: paleoantropólogo norte-americano, tornou-se conhecido por ter descoberto o fóssil de uma fêmea de hominídeo *Australopitecus* conhecido como *"Lucy"*.

Tinham a habilidade de fabricar instrumentos e ferramentas rudimentares a partir do lasqueamento de pedras.

Usavam também ferramentas de madeira e de ossos, por isso o nome *"habilis"* (*"habilidoso"*).

Muitos paleoantropólogos consideram-no como um dos ancestrais diretos do homem moderno, mas esta suposição não é totalmente consensual.

É considerada como a espécie mais antiga do gênero *Homo*, que é o mesmo gênero do *homem moderno*.

Tinha bipedia facultativa, ou seja, não eram estritamente bípedes, tendo braços longos.

Capacidade craniana de aproximadamente 650 cc., ou seja, cerca de 30% maior do que a do *H.africanus*.

Homo erectus: tinha volume craniano 50% maior que o do *H.habilis*, com 900-1200 centímetros cúbicos.

Os primeiros fósseis foram descobertos na China (*"Homem de Pequim"*) e em Java *(Indonésia)* no final do século XIX e início do século XX.

Nos anos 1950 foram descobertas mandíbulas, fragmentos de crânio e dentes na Argélia *(África)*.

Em 1985 foi achado o *"Menino de Turkana"*, um esqueleto quase completo, pertencente a um adolescente de 12-13 anos, datado em 1,6 milhões de anos, permitindo avaliar proporções corporais, adaptado a ambiente tropical aberto e perfeitamente bípede, já com semelhança significativa com o esqueleto de um *homem moderno*.

Produziam e usavam ferramentas bem elaboradas, como machados de mão, tendo sido o primeiro *Homo* a usar e controlar o *fogo*, há aproximadamente 1 a 1,5 milhão de anos atrás.

O controle do *fogo* pode ter sido um fator que permitiu migrarem da África para locais de clima mais frio, na Europa e na Ásia, onde foram encontrados utensílios e fósseis desta espécie, amplamente distribuídos geograficamente.

Destaque-se que são datados entre 1,9 milhão e 150.000 anos atrás, ou seja, já aproximando-se bastante do tempo em que suspeita-se tenha sido originado o *homem moderno*.

Homo neanderthalensis: segundo a TEH, é considerada *espécie ancestral do homem moderno*, com o qual deve ter convivido.

Podem ter surgido, estimativamente, há cerca de 400 mil anos na Europa, no Oriente Médio e na Península Ibérica.

Está extinta há aproximadamente 28 mil anos. Compartilha em 99,7% do seu DNA com o homem moderno.

Usavam o fogo, eram caçadores habilidosos, construíam e usavam ferramentas mais elaboradas.

Tinham cérebro com tamanho médio de 1.600 cm³, enquanto o do homem moderno gira em torno de 1.400 cm³.

O primeiro fóssil Neandertal foi o primeiro espécime a ser reconhecido como de *um fóssil humano primitivo*[169].

Foi descoberto, em 1856, na Caverna Feldhofer, localizada no Vale do Neander, na Alemanha, e o geólogo anglo-irlandês William King *(1809 - 1886)* percebeu que o fóssil não era de *Homo sapiens*, mas de uma espécie extinta.

Apesar de o *H.neanderthalensis* ter tamanho cerebral maior do que o do *homem moderno*, sua cultura material não evoluiu durante cerca de 200 mil anos, demonstrando uma inteligência prática de baixo teor.

Atribui-se esta desvantagem pelo fator de uma certa falta de estímulos por viverem em nichos ecológicos que garantiam as necessidades primordiais de sobrevivência, num meio ambiente sem expressivas mudanças climáticas.

Citam-se ainda outros fatores como a baixa variabilidade genética decorrente da consanguinidade, em função de um expressivo isolamento social e comunitário, provavelmente decorrente de relacionamentos hostis com o *homem moderno*.

A extinção desta espécie teria sido causada pela migração dos *Homo sapiens*, com quem teriam convivido, mais habilidosos e capacitados.

Acredita-se que já usavam da *linguagem*.

Isto foi deduzido a partir da descoberta, em 1983, de um osso hioide na caverna de Kebara, em Israel, idêntico ao dos *humanos modernos*. Este osso segura a raiz da língua no seu lugar e isto faculta *a fala*.

Sua estrutura social era semelhante à das sociedades de caçadores-coletores que também foram assim para os *Homo sapiens* primitivos.

---

[169] *Homo neanderthalensis*. Smithsonian National Museum of Natural History. Disponível em: https://humanorigins.si.edu/evidence/human-fossils/species/homo-neanderthalensis. Consulta: 13/05/2021.

Há evidências de que eram unidos por *laços afetivos* e possuíam características de *altruísmo*, uma vez que cuidavam dos mais fracos ou doentes.

Prova desta compaixão foi considerada quando da descoberta na caverna de Shanidar, no Curdistão, de um indivíduo que teria alcançado a velhice, apesar de ter um antebraço amputado e vários ferimentos na perna direita.

A sobrevivência desse indivíduo teria sido impossível sem o cuidado de outros neandertais, uma vez que suas várias feridas o tornariam presa fácil para os predadores[170].

Eram em número relativamente pequeno e tinham estilo de vida nômade, demonstrando-se pouco afeitos a confraternizarem com grupos externos.

Homo sapiens: no século XX ocorreram várias descobertas de fósseis ligados à Família *Hominidae* e a cada descoberta importante decorreram fortes sacudidas no *edifício filogenético* (ou seja, na *árvore evolutiva de espécies*), que, ressalte-se, foi arquitetada *a título de 'hipótese' (portanto, não é 'fato científico')*, visando ajudar a entender as relações entre os diferentes fósseis que vão sendo encontrados.

Jordana *(1988)*[171] explana que estabelecer estas relações não é, absolutamente, uma coisa trivial e, assim, os paleoantropólogos, quando encontram fósseis, fazem suas *hipóteses* visando *"enquadrar"* seu achado na *árvore filogenética darwiniana*, mas sabem de antemão que estas hipóteses serão *provisórias*, pois, mais cedo ou mais tarde, novos fósseis serão encontrados e causarão alterações profundas naquelas suposições.

Assim, podemos dizer que a *árvore de espécies é um grande conjunto de hipóteses* e, portanto, *está sempre e continuamente em modificação,* em função dos achados fósseis que vão sendo feitos ao longo do tempo.

No final do século XIX e no princípio do século XX havia ainda *uma quantidade muito pequena de fósseis encontrados* e desta forma o arbusto filogenético da *evolução humana* estava em seu início de construção.

Então, acontecia frequentemente que fósseis hoje incluídos entre os *primatas (monos)* eram, naquela época, associados com diferentes raças humanas.

---

[170] *Homem de Neandertal.* Disponível em: https://pt.wikipedia.org/wiki/Homem_de_Neandertal#cite_note-:2-4. Consulta: 13/05/2021.

[171] Jordana, R. *El origen del hombre: estado actual de la investigación paleoantropológica (A origem do homem: estado atual da investigação paleoantropológica). Scripta Theologica,* 20 (1988/1), 65-99.

A *Paleoantropologia* é uma subárea da arqueologia e dedica-se ao estudo da *evolução humana*, com maior ênfase nas *espécies hominídeas*.

É uma ciência relativamente recente. Segundo o Merriam-Webster Online, o termo *"paleoantropologia"* foi usado pela primeira vez em 1916. No entanto, investigadores de outras disciplinas, antes desta data já colaboravam com os mesmos objetivos, como anatomistas, médicos, geólogos e naturalistas.

A publicação do livro de Darwin[172], sobre a evolução das espécies ocorreu em 1859 e as ideias de *evolucionismo* começaram então a se propagar.

Até então, praticamente não se falava em *surgimento de espécies por evolução* e, muito menos, tinha-se ideia de que os *humanos* poderiam ter surgido *por evolução*.

Antes mesmo das descobertas do Vale do Neander *(1856)*, já citadas, achados de hominídeos neandertais já tinham ocorrido na atual Bélgica *(grutas de Engis)* em 1829, feitas pelo paleontólogo e geólogo belga Philippe-Charles Schmerling *(1790-1836)* e depois na pedreira de Forbes, em Gibraltar *(1848)*[173]. Tudo isso tendo ocorrido, portanto, <u>antes da publicação do livro de Darwin</u>.

Assim, na época das descobertas fósseis, os investigadores das origens humanas discordavam sobre a questão de os neandertais poderem ter sido *(ou não)* os ancestrais dos *humanos modernos*.

* * *

Eugène Dubois *(1858-1940)*, paleoantropólogo e geólogo holandês, foi o primeiro investigador que dedicou-se a procurar intencionalmente *fósseis de hominídeos*.

Sua busca era pelo então chamado *"elo perdido"* da evolução humana, já referido anteriormente aqui.

Dubois foi para a Ásia *(Indonésia)* porque estava convencido de que os humanos tinham evoluído lá, conforme era a convicção reinante na Europa de seu tempo.

Ganhou projeção mundial ao descobrir, em 1891, uma calota craniana e um fêmur, que foram atribuídos ao *Pithecanthropus erectus* (posteriormente reclassificado como *Homo erectus*).

---

[172] Darwin, Charles (1859), *On the Origin of Species by Means of Natural Selection, or the Preservation of Favoured Races in the Struggle for Life*, 1ª ed., Londres: John Murray. Disponível em: http://ecologia.ib.usp.br/ffa/arquivos/abril/darwin1.pdf.

[173] Groenen, M. *Pour une histoire de la préhistoire*. Éd. J. Millon, (1994). ISBN 2-905614-93-5.

Este fóssil foi chamado popularmente de *"Homem de Java"*, pois foi encontrado nas então chamadas *"Índias Orientais Holandesas"*, hoje Indonésia *(em Java)*.

Porém, o paleontólogo australiano Raymont Dart *(1893-1988)* e sua equipe descobriram, na primeira metade do século XX, materiais mais antigos em pedreiras e em cavernas sul-africanas, deslocando para a África os locais das origens.

Eles descreveram uma então mais nova espécie de hominídeos, o *Australopithecus africanus*, a partir de um crânio fóssil localizado em Taungue, na Bechuanalândia *(hoje Botswana)*.

Posteriormente, o paleoantropólogo e arqueólogo queniano-britânico Louis Seymour Bazett Leakey *(1903-1972)* e sua esposa, a arqueóloga e antropóloga britânica Mary Leakey *(1913-1996)*, demonstraram, com base em descobertas feitas no desfiladeiro de Olduvai *(Tanzânia)*, que os humanos teriam evoluído na África Oriental.

Então, passou-se a considerar *o continente africano* com a maior probabilidade de ter sido o *berço da humanidade*.

A partir daí, a corrida para encontrar as origens e os ancestrais humanos desenvolveu-se com força cada vez maior.

O que se verifica é que a linha de investigações sobre evolução humana é *recheada de hipóteses* e a cada novo achado fóssil, *novas hipóteses* necessitam ser levantadas.

A *Figura 5.2*, baseada em Welker (2021), *(citado na nota de rodapé 176)*, ilustra uma concepção hipotética sobre como poderiam ter sido as etapas progressivas desde o *H.erectus*, passando pelo *H.heidelbergensis* até chegar ao *H.sapiens*, com os períodos cronológicos de cada etapa no eixo vertical da esquerda *(as idades estão em milhões de anos)*.

Ao longo das décadas, houve muitas polêmicas e debates sobre o ponto onde poderia ser traçada *a linha divisória* entre as formas mais semelhantes ao *H.erectus* e as formas mais semelhantes ao *H.sapiens*.

A hipótese mais prevalente atualmente considera que os materiais provenientes dos três continentes *(África, Ásia e Europa)* devem ter descendido do *H.erectus*.

Levanta-se também a hipótese de que formas semelhantes ao *H.erectus* em cada um dos continentes lentamente devem ter evoluído para *humanos modernos* por meio do *fluxo gênico*[174] entre as populações.

No entanto, esta possibilidade do *fluxo gênico* estaria em contraste com a *hipótese da origem africana recente*, modelo segundo o qual os *humanos modernos* teriam evoluído na África e *depois* teriam migrado, vindo a substituir as formas humanas arcaicas *(originalmente denominadas "Early Archaic Homo sapiens", EAHS)*, em outras regiões, como o *H.erectus* na Ásia.

Figura 5.2 - Filogenia humana hipotética: o *Homo sapiens* está destacado com uma elipse tracejada.

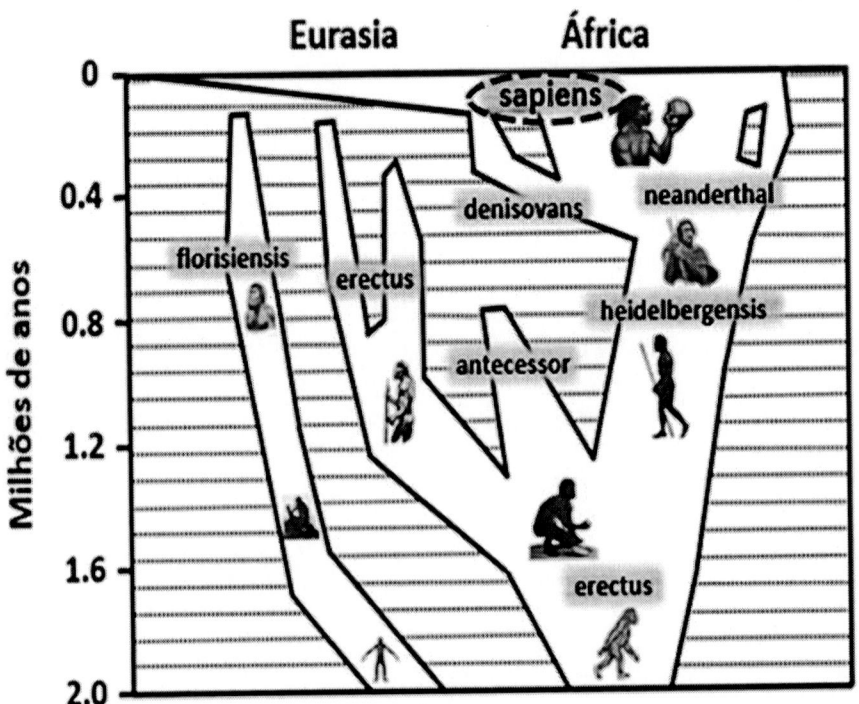

Fonte: Welker, B.H. *The History of Our Tribe: Hominini (A História de Nossa Tribo: Hominini)*. Open Suny. Disponível em: https://open.umn.edu/opentextbooks/textbooks/467.

---

[174] *Fluxo gênico:* conceito referente ao movimento de genes de uma região para outra. Pode ocorrer, por exemplo, por migração, com o transporte de genes de uma população para outra. No caso das plantas, inclui o transporte de pólen a diferentes destinos, devido à ação do vento.

É oportuno destacar que a *hipótese da origem africana recente* vem ganhando mais relevo devido a uma combinação de dois fatores:

a. a reavaliação de materiais fósseis;

b. métodos de DNA, que permitem avaliar a distância genética entre as espécies, em termos de número de anos, desde a divergência a partir de um ancestral comum.

Desta forma, atualmente é proposto que o *H.heidelbergensis* tenha sido o ancestral tanto dos *neandertais* quanto dos *humanos modernos*.

Contudo, é conveniente destacar que existem *significativas divergências* entre as equipes de paleoantropólogos quanto a estas hipóteses.

Acredita-se, por exemplo, que uma recente descoberta espécie de hominídeo seja descendente de *H.heidelbergensis*, os *denisovanos*.

Os *denisovanos* receberam esta denominação devido ao fato de terem sido descobertos na caverna Denisova, nas montanhas Altai, localizadas na Rússia.

Levanta-se a hipótese de que, assim como os *neandertais*, teriam se ramificado a partir da linhagem *H.heidelbergensis*, como é mostrado na *Figura 5.2*.

Análises de DNA mostram que *denisovanos* teriam cruzado com *neandertais*, bem como com a primeira onda de *AMH ("Anatomically Modern Humans")* que teria deixado a África, possivelmente a cerca de 125 mil anos e posteriormente teriam se estabelecido na Melanésia *(região próxima às Ilhas Molucas e à Nova Guiné)* e na Austrália.

[...]

Como dito anteriormente, a cada novo fóssil descoberto, *toda a estrutura de hipóteses* é sacudida, gerando-se novas hipóteses, até que uma nova estrutura de _suposições_ seja novamente proposta.

Então, esta *nova estrutura* dura um certo período de tempo, até que novas descobertas fósseis sejam divulgadas, sacudindo-se toda a estrutura anterior, com a consequente proposição de _novas hipóteses_, e assim sucessivamente.

Tudo isso corrobora que a ciência, a despeito de tantos avanços tecnológicos obtidos, principalmente os da segunda metade do século XX, não tem conseguido, até o momento, fornecer instrumentos suficientes para comprovar de forma inequívoca e inquestionável sobre *a ainda hipotética evolução humana.*

O *homem moderno* é classificado como *Homo sapiens* na medida em que *a ciência*, dentro de seus limites metodológicos, considera apenas *o corpo biológico humano* e, desta forma, tende a conceituá-lo simplesmente como *animal racional.*

Porém, como salienta o título do presente livro, *somos incomensuravelmente mais do que simplesmente sapiens.*

Artigas, em seu livro *Las fronteras del evolucionismo*, já citado antes aqui, assevera que a problemática das *teorias sobre a origem do homem* é que estas pretendem estribar-se em *fósseis* que mostram características que não permitem admitir com segurança que são dos *verdadeiros antecessores do homem*, na suposta *árvore filogenética.* Cada passo evolutivo presumido implica recorrer a *formas intermediárias* nunca encontradas e, portanto, desconhecidas *(p. 59).*

* * *

A complicada aventura de tentar reconstruir a história da *evolução humana*

Neste capítulo, estamos procurando compreender sobre *o surgimento do homem no Universo conforme a visão da ciência* e, assim, a teoria científica mais divulgada tem sido *a teoria da evolução humana.*

Contudo, é necessário dizer que a *teoria da evolução humana* vem encontrando sérias dificuldades para encontrar evidências para suas *suposições.*

As hipóteses paleoantropológicas visando reconstruir *a história evolutiva* completa da espécie *H.sapiens*, naquilo que é hipotetizado como *evolução humana*, são baseadas numa *quantidade muito reduzida e irregular de registros fósseis*, ao lado de uma *grande fartura de suposições.*

Conforme Bryson *(2005)*, já citado, cujo livro tomamos por base no desenvolvimento do presente item, *as estruturas das árvores filogenéticas hipotéticas da evolução humana* estão continuamente sendo modificadas, sempre que surgem novas descobertas de fósseis

Quando, em 1924, o anatomista, antropólogo físico e paleontólogo australiano Raymond Arthur Dart *(1893-1988)* anunciou a descoberta do

Australopithecus africanus, eram conhecidos apenas quatro categorias de hominídeos antigos: o *Homo heidelbergensis*, o *Homo rhodesiensis*, o homem de Neandertal e o *"Homem de Java"* de Dubois[175].

Porém, nas décadas seguintes, a partir de um crescente número de achados fósseis, foram surgindo inúmeros novos nomes: *Homo aurignacensis*, *Australopithecus transvaalensis*, *Paranthropus crassidens*, *Zinjanthropus boisei* e vários outros, em geral propondo, a cada descoberta, novos tipos de *gêneros*, bem como de *novas espécies*.

Assim, na década de 1950, o número de tipos de hominídeos já chegava a *mais de cem*.

Swisher III *et al. (2001)*[176] destacam que, para aumentar a confusão, formas individuais muitas vezes passavam por uma sucessão de nomes diferentes, à medida que os paleontropólogos refinavam, reformulavam e discutiam as classificações.

O *"Povo de Solo"*[177], por exemplo, foi conhecido alternadamente como *Homo soloensis*, *Homo primigenius asiaticus*, *Homo neanderthalensis soloensis*, *Homo sapiens soloensis*, *Homo erectus erectus* e, finalmente, *Homo erectus* apenas.

Conforme Trinkaus e Shipman *(1993)*[178], numa tentativa de introduzir certa ordem em toda a diversidade de nomes e hipóteses então reinantes, em 1960, o antropólogo estadunidense Francis Clark Howell *(1925 - 2007)*, da Universidade de Chicago, seguindo as sugestões do biólogo alemão Ernst Mayr *(1904 - 2005)* e de outros da década anterior, propôs reduzir o número de gêneros a dois somente – *Australopithecus* e *Homo* – e assim racionalizar muitas das espécies.

De acordo com Bryson *(2005)*, os homens de Java e de Pequim tornaram-se então *Homo erectus* e durante um tempo predominou a ordem no *mundo dos hominídeos*.

---

[175] Eugène Dubois *(1858-1940)*, paleoantropólogo e geólogo holandês, descobridor do fóssil do *Pithecanthropus erectus*, que posteriormente foi reclassificado como *Homo erectus*, chamado popularmente de *"Homem de Java"*.

[176] Swisher III, C.C.; Curtis, G.H.; Lewin, R. *Java man: how two geologists dramatic discoveries changed our understanding of the evolutionary path to modern humans (Homem de Java: como duas dramáticas descobertas geológicas mudaram nossa compreensão do caminho evolutivo para os humanos modernos).* University of Chicago Press, 2001. 256p.

[177] *Povo de Solo:* Fóssil de hominídeo encontrado no sítio arqueológico localizado às margens do Rio Bengawan Solo, no leste da Ilha de Java (Indonésia).

[178] Trinkaus, E. & Shipman, P. *The Neandertals: changing the image of mankind (Os Neandertais: mudando a imagem da humanidade).* Londres: Alfred A. Knopf, Pimlico, 1993. 478p.

Mas, não durou muito. Após cerca de uma década de relativa calma, a paleoantropologia embarcou em outro período de descobertas fósseis rápidas e prolíficas, que ainda não terminou.

A década de 1960 produziu o *Homo habilis*, que alguns consideraram-no como o *"elo perdido"* entre *macacos* e *humanos*, mas outros, para termos ideia das disparidades entre grupos de investigação, nem sequer o consideram como uma espécie separada.

Continua Bryson *(2005)* destacando as acentuadas divergências entre grupos:

> Depois vieram *(entre muitos outros!)* o *Homo ergaster*, o *Homo louisleakeyi*, o *Homo rudolfensis*, o *Homo microcranus* e o *Homo antecessor*, bem como uma variedade de australopitecinos: *A. afarensis*, *A. praegens*, *A. ramidus*, *A. walkeri*, *A. anamensis* e ainda outros.
>
> No todo, 20 tipos de hominídeos são reconhecidos na literatura atual.
>
> Infelizmente, é difícil encontrar dois especialistas que reconheçam os mesmos vinte!!
>
> Alguns continuam observando os dois gêneros de hominídeos sugeridos por Francis Clark Howell em 1960 *(já citado)*, mas, outros classificam alguns dos *australopitecinos* em um gênero separado chamado *Paranthropus*, e ainda outros acrescentam um grupo anterior chamado *Ardipithecus*.
>
> Alguns incluem os *praegens* no grupo *Australopithecus* e outros em uma nova classificação, *Homo antiquus*, contudo a maioria não reconhece os *praegens* como uma espécie separada.
>
> Inexiste uma autoridade central que regule as coisas.
>
> A única forma pela qual um nome se torna aceito é pelo consenso, que costuma ser raro.

Grande parte do problema, paradoxalmente, está na *escassez de indícios*.

Desde a alvorada do tempo, bilhões de seres humanos *(ou semelhantes aos humanos)* viveram neste planeta, cada qual contribuindo, *segundo a teoria da evolução humana*, com uma pequena variabilidade genética para a estirpe humana total.

Desse vasto número, toda a nossa compreensão da pré-história humana baseia-se nos restos mortais, muitas vezes fragmentários, de talvez cinco mil indivíduos[179].

Em entrevista dada a Bryson *(2005)* em 06 de maio de 2002, o paleoantropólogo britânico Ian Tatershall *(nascido em 1945)*, curador de antropologia do Museu de História Natural Americano, localizado em Nova York, quando perguntado sobre o tamanho do arquivo mundial total de ossos *(fósseis)* de hominídeos e de seres humanos primitivos, ressaltou:

> Você poderia colocar todos os fósseis até hoje encontrados *na carroceria de um caminhão*, se não se importasse em embaralhá-los.
>
> A escassez não seria tão ruim se os ossos estivessem distribuídos uniformemente pelo tempo e pelo espaço, mas claro que não estão.
>
> Eles aparecem aleatoriamente, em geral da forma mais enlouquecedora.
>
> O *Homo erectus* caminhou pela Terra por mais de um milhão de anos e habitou um território da costa atlântica da Europa ao litoral chinês do Pacífico.
>
> No entanto, se fosse ressuscitar cada *Homo erectus* individual cuja existência podemos garantir, eles caberiam num ônibus escolar.
>
> O *Homo habilis* consiste em ainda menos: apenas dois esqueletos parciais e um número de ossos isolados de membros.
>
> Algo de tão curta duração como a nossa civilização *(a do Homo sapiens moderno)* quase certamente não poderia ser descoberta por seu registro fóssil!
>
> Na Europa - continua Tattersall à guisa de ilustração - há crânios de hominídeos na Geórgia de cerca de 1,7 milhão de anos atrás, mas depois há um hiato de quase 1 milhão de anos antes que os próximos restos mortais apareçam na Espanha, no outro extremo do continente.
>
> Aí há outro hiato de 300 mil anos até chegarmos ao *Homo heidelbergensis* na Alemanha, e nenhum deles se parece muito com qualquer um dos outros!!!

---

[179] Washington Post, *"Skull raises doubts about our ancestry"* *("Crânio levanta dúvida sobre nossa ancestralidade")*, 22 de março de 2001. (Citado por Bryson, 2005).

Agora Tatershall sorri e continua:

> Contudo, é com base 'nesses tipos de peças fragmen-
> tárias' que se tenta reconstituir a história evolutiva de
> toda a espécie humana!!!

> É uma tarefa bem difícil.

> Realmente temos pouca ideia das relações entre muitas
> espécies antigas: quais podem ter trazido até nós e quais
> foram becos sem saída evolucionários.

> É a irregularidade do registro fóssil que faz com que cada
> descoberta pareça tão súbita e diferente das demais.

> Se tivéssemos dezenas de milhares de esqueletos distribuí-
> dos em intervalos regulares pelo registro histórico, o grau
> de nuances seria maior.

> Espécies totalmente novas não emergem instantaneamente
> como o registro fóssil pode dar a entender, mas aos poucos,
> a partir de outras espécies existentes.

> Quanto mais você se aproxima do ponto de bifurcação
> (entre espécies, na árvore filogenética), maiores devem
> ser as semelhanças, tornando-se portanto extremamente
> difícil, e às vezes impossível, distinguir um *Homo erectus*
> tardio de um *Homo sapiens* primitivo, já que este pode ser
> as duas coisas ou nenhuma delas.

> A identificação de restos mortais fragmentários pode com
> frequência gerar desacordos semelhantes: decidir, por
> exemplo, se um osso particular representa um *Australopi-
> thecus boisei* do sexo feminino ou um *Homo habilis* do sexo
> masculino.

Por seu lado, Walker e Shipman *(1996)*[180], nesta mesma linha de raciocínio, sublinham:

> Na falta de indícios seguros, os cientistas precisam fazer
> suposições com base em objetos encontrados por perto
> dos fósseis descobertos, e estas podem não passar de adi-
> vinhações audazes.

> Se você correlacionar a descoberta de ferramentas com
> a espécie de animal mais comum nos arredores, às vezes

---

[180] Walker, A. & Shipman, P. *The wisdom of the bones: in search of human origins ("A sabedoria dos ossos: à procura das origens humanas")*. Nova York: Alfred A. Knopf, 1996. p. 194. pg. 147.

terá de concluir que ferramentas de mão primitivas foram quase todas produzidas por <u>antílopes</u>!!!

Talvez nada tipifique melhor a confusão do que o conjunto de contradições fragmentárias que foi o *Homo habilis*.

O fato é que os ossos do *H.habilis* não fazem sentido. Quando dispostos em sequência, mostram machos e fêmeas evoluindo em velocidades diferentes e em direções diferentes: os machos tornando-se menos parecidos com os macacos e mais humanos com o passar do tempo, enquanto as fêmeas do mesmo período parecem estar se afastando da humanidade e se aproximando aos macacos.

A paleoantropologia é uma ciência deveras trabalhosa e exige escavações difíceis e que, apesar de muito suor, nem sempre trazem sucesso.

Assim, como aponta Bryson *(2005)*, os cientistas têm uma tendência natural de *interpretar as descobertas da forma que mais lhes engrandeça o prestígio* e, desta forma, é raro o paleontólogo que anuncie ter encontrado um conjunto de ossos pouco importantes.

Corroborando sobre isso, acrescenta Reader[181]: *"É notável a frequência com que as primeiras interpretações de dados novos confirmam ideias preconcebidas de seu descobridor".*

Destacando outro exemplo de disparidade de compreensões, Bryson *(2005)* assevera:

Os vestígios de hominídeo mais famosos do mundo são os de um australopitecino datado com aproximadamente 3,18 milhões de anos, encontrados em Hadar, na Etiópia, em 1974, por uma equipe liderada pelo paleoantropólogo norte-americano Donald Johanson *(já citado aqui)*.

Formalmente designado como *"A.L.288-1"* (de *"Afar Locality"*, *"Localidade Distante"*), o esqueleto tornou-se mais familiarmente conhecido como *"Lucy"*, por causa da canção dos Beatles *"Lucy in the sky with diamonds"*.

Johanson nunca duvidou de sua importância e considera que *Lucy* é o nosso ancestral mais antigo, o provável *"elo perdido"* entre o macaco e o ser humano.

Lucy era baixa e devia ter apenas 1,07 metro de altura. Era capaz de andar como bípede, ainda que se discuta quão

---

[181] Reader, J. *Missing links: the hunt for earliest man.* (*"Elos perdidos: a caça pelos homens primitivos"*). Second edition, London, Penguin Books, p. 33-53, 1990.

bem andava. Ela era uma boa escaladora. Quanto ao resto, pouco se sabe.

Seu crânio encontrado estava quase totalmente incompleto, de modo que pouco se pode dizer com confiança sobre o tamanho de seu cérebro, embora fragmentos do crânio sugerissem que era pequeno.

A maioria dos livros descreve o esqueleto descoberto como sendo aproximadamente 40% completo, apesar de alguns considerarem como quase metade completo.

Um documento produzido pelo Museu de História Natural Americano descreve *Lucy* como tendo dois terços dos ossos completos.

A série de TV da BBC *"Ape man"* chamou-a de *"um esqueleto completo"*, não obstante fosse possível ver que na realidade não era bem assim.

Um corpo humano possui 206 ossos, mas muitos deles são repetidos.

Se você dispõe do fêmur esquerdo de um espécime, não precisa do direito para saber suas dimensões.

Eliminando-se todos os ossos redundantes, resta um total de 120 – o denominado *"meio esqueleto"*. Mesmo por esse padrão razoavelmente complacente, e mesmo contando o mínimo fragmento como um osso completo, *Lucy* constituía apenas 28% de um meio esqueleto *(e apenas uns 20% de um esqueleto completo)*.

No livro *"The wisdom of the bones"*, já citado, Alan Walker conta que, certa vez, perguntou a Johanson como ele chegara à cifra de 40%.

Johanson respondeu despreocupadamente que havia subtraído os 106 ossos das mãos e dos pés – mais de metade do total do corpo, e uma metade importante também, já que o principal atributo definidor de *Lucy* era o uso dessas mãos e desses pés para lidar com um mundo em mudança.

Em todo o caso, o que se sabe sobre *Lucy* é bem menos do que se costuma imaginar. Nem se sabe ao certo se ela era mulher ou homem. O sexo é presumido meramente devido ao seu tamanho diminuto".

* * *

Como são construídos os *dioramas*

Num museu de história natural, os *dioramas* são palcos tridimensionais, em tamanho natural, que procuram mostrar *cenas da suposta vida dos pré-hominídeos e dos hominídeos*, conforme imaginadas pelos evolucionistas, com finalidades de ensino e de educação sobre *evolução humana*.

Em 1992 participei de um congresso em minha área profissional *(Sensoriamento Remoto com imagens de satélites orbitais)*, em Washington, D.C., e naquela ocasião pude visitar o Smithsonian National Museum of Natural History, localizado naquela mesma cidade.

Entre as inúmeras peças que pude conhecer ali, lembro-me bem dos *dioramas* mostrando figuras de supostos ancestrais humanos, suas imaginadas habitações e os meios naturais onde teriam vivido, como os paleoantropólogos do museu supunham que poderia ter acontecido *nos tempos dos hominídeos*.

Na época eu já me interessava por estudos relacionados com a *origem humana* e aqueles cenários impressionaram-me sobremaneira.

Os *dioramas* que vi apresentavam espaços e ambientes onde *supostamente* teriam vivido os ancestrais, com detalhes extraordinários: as famílias, os indivíduos, sua pelagem, suas feições, as habitações, os utensílios, etc

Enquanto observava, eu perguntava como os estudiosos que montaram aquelas cenas tinham conseguido reconstruir aquelas figuras com tantos detalhes, uma vez que aqueles palcos pretendiam representar *imaginados cenários de milhões de anos atrás*.

Eu sabia que os fósseis já encontrados eram geralmente maxilares, fêmures, dentes, crânios e outros ossos dos esqueletos dos supostos hominídeos antepassados em estudo, que teriam vivido na África ou na Indonésia, ou em outros lugares, há milhões de anos atrás.

Então, perguntava-me a mim mesmo: *"Como é possível, a partir de tão poucos ossos fósseis, chegar a imaginar cenas tão detalhadas da vida dos hominídeos?"*

Contudo, conformei-me pois eu não era especialista naqueles assuntos e imaginava que os paleoantropólogos deviam ter conhecimentos e meios de estudo que lhes permitiam fazer aquelas extrapolações tão minuciosas.

Nos dias atuais, ao fazer pesquisas para escrever o presente livro, creio que posso *dar uma boa ideia sobre como tais dioramas foram construídos*.

Vejamos a seguir *como um diorama foi construído*, num relato baseado em Bryson *(2005)*:

> Dois anos após a descoberta de *Lucy (conforme relatado anteriormente)*, em Laetoli, na Tanzânia, Mary Leakey[182] descobriu pegadas fossilizadas no terreno, deixadas por dois indivíduos que se acredita terem sido da mesma família dos hominídeos.

> As pegadas devem ter sido registradas quando os dois supostos australopitecinos caminhavam por sobre cinza lamacenta depositada naquele local após uma erupção vulcânica.

> Depois que passaram por aquele local, o material petrificou e, assim, conservou as pegadas até o momento em que foram encontradas.

> Pelo formato, deduziu-se que as pegadas deveriam ser de dois indivíduos e tinham passadas perfeitas de dois pares de pés.

> Elas revelam também que um hominídeo devia ser maior do que o outro.

> Como as pegadas estão uma ao lado da outra, indicam que os dois hominídeos deviam estar caminhando lado a lado e bastante próximos.

> As impressões dos pés estenderam-se por um percurso de mais de vinte e três metros.

> De posse deste achado, o Museu de História Natural Americano, de Nova York, construiu e exibe um *diorama* atraente, no qual está ilustrada *a cena imaginada do momento da passagem dos dois hominídeos.*

> A referida cena encontra-se em tamanho natural, mostrando um macho e uma fêmea caminhando lado a lado pela planície africana daquela antiguidade.

> São peludos, do tamanho de um chimpanzé, mas o porte e o modo de andar *sugerem humanidade.*

> O mais impressionante é que o macho mantém o braço esquerdo, protetor, sobre o ombro da fêmea, num gesto meigo e afetuoso, sugestivo de intimidade.

---

[182] Mary Leakey *(1913-1996)*: arqueóloga e antropóloga britânica, que descobriu os primeiros fósseis do *"Proconsul"*, considerado um gênero de primatas fósseis, que teriam vivido no Mioceno africano, por volta de 14 a 18 milhões de anos atrás.

Os detalhes mostrados no diorama foram feitos com tamanha convicção, que é fácil aos visitantes do museu esquecerem que *quase tudo sobre as pegadas era hipotético e imaginário* (os grifos são deste autor).

Destaque-se que quase todos os aspectos externos e detalhes das duas figuras - quantidade de pêlos, apêndices faciais *(se possuíam narizes humanos ou de chimpanzé)*, expressões, cor da pele, tamanho e forma dos seios da fêmea - *são necessariamente suposições*.

Nem sequer podemos afirmar que era um casal e aquela figura feminina poderia ter sido, talvez, a de uma criança.

Tampouco podemos ter certeza de que eram australopitecinos. Supõe-se que o foram por falta de outros candidatos conhecidos".

Com tom bastante perplexo, assevera Bryson: "*Informaram-me que as duas figuras foram postas naquela posição porque, durante a montagem do diorama, a figura feminina ficava tombando!!!*"

Mas Ian Tattersall, diretor do Museu de Nova York, insiste com um riso que toda aquela cena ali figurada era, na verdade, *"cascata" (invenção, imaginação)*:

"*Obviamente não sabemos se o macho abraçou a fêmea de fato, mas sabemos pela medição dos passos que estavam caminhando lado a lado e próximos – próximos o suficiente para se tocarem.*

Tratava-se de um local exposto, de modo que provavelmente sentiam-se vulneráveis.

Por isso tentamos dar-lhes expressões ligeiramente preocupadas".

Então, Bryson perguntou se ele não estava preocupado com este *elevado grau de liberdade* assumido na reconstituição das figuras do *diorama*.

"*É sempre um problema fazer recriações e reconstituições evolutivas*" - ele concordou prontamente.

Depois, ponderado, continuou:

"*É incrível quanta discussão pode ocorrer para decidir detalhes como, por exemplo, se os homens de Neandertal tinham ou não sobrancelhas.*

Ocorreu exatamente o mesmo com as figuras de Laetoli.

O que acontece é que não podemos saber os detalhes de seu aspecto, mas podemos transmitir seu tamanho e sua postura e fazer algumas suposições razoáveis sobre a provável aparência.

Se eu tivesse de fazer de novo, acho que poderia dar uma aparência ligeiramente mais simiesca e menos humana.

Essas criaturas não eram 'humanas'. Eram 'macacos bípedes'."

Estas colocações ilustram muito bem o que quisemos ressaltar quando incluímos aqui os comentários relacionados sobre *a forma como são construídos os dioramas contendo ilustrações evolucionistas*, em museus de história natural.

> **Apesar de serem baseadas em suposições, as cenas ilustradas nos dioramas passam ao público visitante dos Museus a sensação de que os cientistas que as construíram são especialistas de grande experiência, cientistas de grande renome, e, portanto, para este público, *"aquilo deve estar muito próximo da realidade daqueles tempos ancestrais"*. Mas, não é bem assim!**

Assim, é conveniente levantar alguns **questionamentos extremamente importantes**:

Quantos milhares de pessoas passam mensalmente nestes museus diante de *dioramas* de pressupostas cenas relacionadas com a *evolução humana*?

De todo este considerável público, quantos conseguirão imaginar que os cenários vistos nos *dioramas* são *puramente 'hipotéticos'* e não *'fatos realmente comprovados'*?

Até que ponto *influências* e *convicções falsas* podem estar sendo *incutidas* a partir destes *dioramas evolucionistas*, nas mentes dos observadores-visitantes?

Seriam estas influências realmente *adequadas* e *honestas*?

A partir destes *dioramas*, quantas fotos, vídeos e reportagens são depois publicados em livros didáticos, documentários, programas de televisão, jornais e em outros meios divulgativos?

Quais são *os impactos influenciativos* que estes cenários acabam produzindo, *de fato*, nas cabecinhas das crianças? e para os adolescentes e os jovens? e para adultos?

Creio que, lamentavelmente, nunca foram feitas reflexões adequadamente realistas e sérias sobre estas questões.

Não pretendo tecer considerações nem a favor e nem contra o uso de tais *dioramas*, mas creio que devo cumprir aqui o papel de alertar para *uma necessária reflexão quanto aos consequentes impactos* (positivos?, negativos?) que estes podem causar na sociedade.

* * *

Controvérsias sobre a *evolução humana*

Sabemos que existem significativas discussões relacionadas com as suposições paleoantropológicas na área da *evolução humana*.

Ao expor algumas delas aqui, objetivamos posicionar que é necessário uma atenção cuidadosa sobre o grau de certeza que podemos ter quando nos deparamos com tais expressões. É com base em Bryson *(2005)*, já citado anteriormente, que passamos a externar tais controvérsias:

> Até bem recentemente supunha-se que descendêssemos de *Lucy* e das *criaturas de Laetoli*, mas muitos especialistas já não têm tanta certeza.
>
> Embora certos aspectos físicos *(os dentes, por exemplo)* sugiram um elo possível entre nós, outras partes da anatomia dos *australopitecinos* são mais preocupantes.
>
> Em seu livro *"Extinct humans"*[183] *("Humanos extintos")*, Tattersall e Schwartz observam que a parte superior do fêmur humano é muito parecida com a dos *macacos*, mas não com a dos *australopitecinos*.
>
> Portanto, se *Lucy* está numa linhagem direta entre os *macacos* e os *humanos modernos*, isso significa que devemos ter adotado um fêmur de *australopitecino* por cerca de um milhão de anos e depois retornado a um fêmur de *macaco* quando passamos à fase seguinte de nosso desenvolvimento".[184]
>
> Quando se trata das tentativas de *reconstrução da hipotética evolução humana, muitos paleoantropólogos admitem que praticamente tudo são suposições e que, muitas vezes, as suposições são baseadas em indícios muito fracos.*

---

[183] Tattersall, I. & Schwartz, J.H. *Extinct Humans (Humanos extintos)*. Westview Press. Boulder (Colorado). 2001. 224p.

[184] Tattersall, I. *The human odyssey: four million years of human evolution (A odisseia humana: quatro milhões de anos de evolução humana)*. Nova York: Prentice Hall, MacMillan General Reference. 1993. 208p.

Falando da questão do tamanho do cérebro e da consequente capacidade intelectiva, Goud[185] assevera o seguinte:

> *"O tamanho absoluto do cérebro não diz tudo e pode até induzir ao erro: tanto os elefantes como as baleias possuem cérebros muito maiores do que os dos humanos, mas você não teria dificuldade em passar a perna neles ao negociar um contrato.*
>
> *O que importa é o tamanho relativo, um detalhe que costuma passar despercebido.*
>
> *O Australopithecus africanus possui um cérebro de apenas 450 centímetros cúbicos, menor que o do gorila. Entretanto, um macho A.africanus típico pesava menos de 45 quilos e uma fêmea menos ainda, enquanto os gorilas podem facilmente ultrapassar 150 quilos".*

Comentando sobre o porquê de *Lucy* e sua espécie terem descido das árvores e depois terem saído das florestas, Gribbin e Gribbin[186] tentam explicar da seguinte maneira:

> *"Provavelmente, não tiveram outra opção.*
>
> *A elevação lenta do istmo do Panamá interrompera o fluxo de águas do Pacífico para o Atlântico, afastando as correntes quentes do Ártico e provocando uma era glacial extremamente rigorosa nas latitudes ao norte.*
>
> *Na África, isso teria produzido uma aridez e um esfriamento sazonais, gradualmente transformando florestas em savanas.*
>
> *Não é que Lucy e seus semelhantes abandonaram as florestas, mas as florestas é que os abandonaram".*

Adicionando outras suposições, Bryson *(2005)* inclui o que encontrou numa série televisiva[187] sobre evolução humana:

> Porém, sair para a savana aberta deixou os hominídeos primitivos bem mais expostos. Ao se colocar em pé, um hominídeo conseguia ver melhor, mas também era visto com mais facilidade.

---

[185] Gould, S.J. *Ever since Darwin: reflections on Natural History (Desde Darwin: reflexões sobre História Natural)*. Nova York: W. W. Norton & Company. 1977. 288p.

[186] Gribbin, J. & Gribbin, M. *Being human: putting people in an evolutionary perspective (Ser humano: colocando as pessoas em uma perspectiva evolutiva)*. Londres: Phoenix/Orion, 1993. 292p.

[187] *In search of human origins (Na busca das origens humanas)*, série televisiva Nova do PBS, transmitida originalmente em agosto de 1999. Londres.

Mesmo agora, como espécie, somos quase absurdamente vulneráveis na selva.

Quase todo animal grande que você possa citar é mais forte, mais veloz e possui mais dentes do que nós.

Ante o ataque, os seres humanos modernos dispõem de apenas duas vantagens: um bom cérebro, capaz de criar estratégias, e mãos com que brandir ou atirar objetos ofensivos. Somos a única criatura capaz de ferir à distância.

Podemos, portanto, nos dar ao luxo de ser fisicamente vulneráveis. Todos os elementos pareciam prontos para uma evolução rápida de um cérebro potente, mas isso parece não ter acontecido.

Por mais de três milhões de anos, Lucy e seus colegas australopitecinos quase não mudaram.

Stephen Drury, da Open University *(sediada em Milton Keynes, Reino Unido)*, em seu livro *Steppingstones: the making of our home world (Degraus: a construção de nosso lugar no mundo)*[188], avança um pouco, mas também baseado em inúmeras suposições, conforme exposto a seguir:

Convencionalmente, a linhagem do *Homo* começa com o *Homo habilis*, uma criatura sobre a qual quase nada sabemos, e se encerra conosco, o *Homo sapiens* (literalmente, *"homem inteligente"*).

Entre eles, e dependendo de quais opiniões você acata, houve meia dúzia de outras espécies de Homo: Homo ergaster, Homo neanderthalensis, *Homo rudolfensis, Homo heidelbergensis, Homo erectus e Homo antecessor.*

O *Homo habilis ("homem habilidoso")* foi batizado pelo paleoantropólogo e arqueólogo queniano-britânico Louis Leakey (1903-1972) e colegas em 1964 e recebeu esse nome por ter sido o primeiro hominídeo a usar ferramentas, embora bem simples.

Era uma criatura razoavelmente primitiva, mais próxima aos chimpanzés do que aos humanos, mas seu cérebro era 50% maior que o de Lucy em termos brutos e proporcionalmente não ficava muito aquém desse percentual, de modo que ele foi considerado o "Einstein" de sua época.

---

[188] Drury, S. *Steppingstones: the making of our home world (Degraus: a construção de nosso lugar no mundo)*. Oxford: Oxford University Press, 1999. 432p.

Até hoje ninguém forneceu um motivo persuasivo para o súbito crescimento dos cérebros dos hominídeos há dois milhões de anos atrás.

Durante muito tempo, achou-se que havia uma relação direta entre cérebros grandes e a capacidade de caminhar ereto – ou seja, que o movimento para fora das florestas requerera novas estratégias astuciosas que exigiam ou promoviam o crescimento do cérebro.

Portanto, foi como que uma surpresa, após as descobertas repetidas de tantos "idiotas bípedes", constatar que não havia nenhuma ligação aparente entre essas duas coisas.

"Simplesmente não conhecemos nenhuma razão convincente que explique por que os cérebros humanos cresceram", diz Tattersall (já citado antes).

Cérebros enormes são órgãos exigentes: eles constituem apenas 2% da massa do corpo, mas devoram 20% de sua energia.

* * *

O que um *"filme"* realmente mostra?

Nós sabemos como *um filme de antigamente* conseguia mostrar cenas em movimento.

Era mais ou menos como se as câmeras de filmagem registrassem um grande número de fotos de cada instante de tempo da cena que estava sendo filmada. Cada uma destas fotos era chamada de "fotograma" *(Figura 5.3)*.

Depois, a máquina da sala de cinema projetava na tela a sequência de todos os fotogramas obtidos, numa velocidade correta de projeção, e então os espectadores ali presentes viam *tudo em movimento*.

Nos dias atuais, o processo de um filme é digital e diferente.

Mas, o conceito do cinema antigo serve de excelente e didática figura para ilustrar o que tem sido feito no campo das tentativas de montar o *"filme"* da sequência da *hipotética evolução humana*.

Sabemos que há mais de um século, os antropólogos procuram, em várias partes do mundo, *fósseis* de indivíduos, que os cientistas supõem terem sido *ancestrais* do *homem moderno*.

O texto a seguir foi baseado num material intitulado *"O dilema de um aluno"*[189] e ilustra bem o que vem ocorrendo nos estudos de *evolução humana*.

Um artigo publicado na revista *National Geographic,* em 2004, compara o registro fóssil a *"um filme da evolução, no qual novecentos e noventa e nove de cada mil fotogramas desaparecem".*

Figura 5.3 - O rolo de um filme e os *fotogramas* que compunham a sequência das cenas, para dar a sensação de *movimento,* conforme tecnologia de filmagem de épocas passadas

Fonte: *"O dilema de um aluno".* Disponível em http://www.esalq.usp.br/lepse/imgs/conteudo_thumb/O-dilema-de-um-aluno.pdf.

Pergunta-se: se, de um total de cem fotogramas, *"noventa e cinco deles",* do registro fóssil, *mostram que os animais não evoluíram de uma espécie para outra,* por que os paleontólogos organizam os restantes "cinco fotogramas" de modo a parecer que foi *daquela forma por eles organizada* que tal evolução teria acontecido?

O artigo aqui utilizado como base discorre ainda da seguinte forma:

> Imagine que você encontrou *cem fotogramas* de um filme que originalmente possuía *cem mil fotogramas.*
>
> Como você conseguiria saber o enredo completo do filme *a partir de somente cem fotogramas?*

[189] *"O dilema de um aluno".* Disponível em: http://www.esalq.usp.br/lepse/imgs/conteudo_thumb/O-dilema-de-um-aluno.pdf. Acesso: 14 março 2022.

Mas, e se *apenas cinco* dos *cem fotogramas* pudessem ser organizados de acordo com o que você imaginou, enquanto que *os restantes noventa e cinco* contassem uma história bem diferente?

Seria razoável afirmar que sua ideia original estava correta o bastante baseando-se apenas naqueles *cinco fotogramas*?

Seria o caso de você ter colocado aqueles *cinco fotogramas* numa determinada ordem *só porque aquela era a ordem que melhor se encaixava com a sua teoria*?

Não seria mais razoável permitir que *os outros noventa e cinco fotogramas* influenciassem sua opinião?

Mas como esta argumentação se relacionaria com os conceitos evolucionistas sobre os registros fósseis?

No mesmo material já citado, encontramos o seguinte:

Durante anos, pesquisadores vêm recusando-se a admitir que a grande maioria dos fósseis – que seriam os *"95 fotogramas do filme"* – mostra que **as espécies mudam muito pouco com o passar do tempo**.

Por que esse silêncio sobre uma evidência tão importante?!!!

É o escritor Richard Morris, neurocientista britânico *(nascido em 1948)*[190], quem nos dá uma resposta:

"Aparentemente, os paleontólogos adotaram o conceito ortodoxo de "mudança evolucionária gradual" e, assim, apegaram-se a este conceito, mesmo quando descobriram evidências do contrário.

Eles tentaram então interpretar os indícios fósseis com base em ideias evolucionistas aceitas por eles".

Henry Ernest Gee *(nascido em 1962)*, paleontólogo britânico, biólogo evolutivo e editor sênior da revista científica *Nature*, corrobora[191]:

"Afirmar que "uma sequência de fósseis" representa uma "linhagem" não é uma hipótese científica que pode ser comprovada, mas uma afirmação que tem o mesmo valor de uma "história de ninar" – incrível e talvez até instrutiva, mas não científica".

---

[190] Morris, R. *The Evolutionists - the struggle for Darwin"s soul (Os evolucionistas - a luta pela alma de Darwin)*. Holt McDougal. 2001. 272p.

[191] Gee, H.E. *In search of deep time – beyond the fossil record to a new History of Life (Em busca de um tempo distante – além do registro fóssil rumo a uma nova História da Vida)*. Cornell University Press. 2000. 292p.

Os materiais que utilizamos como fundamentos para as reflexões aqui apresentadas continuam a nos interpelar, conforme segue.

O que poderíamos dizer dos *"evolucionistas da atualidade"*?

Continuam eles, nos dias de hoje, a colocar *fósseis* em *supostas sequências*, não porque tais sequências encontram apoio em *evidências fósseis e genéticas*, mas sim porque estas sequências estariam de acordo com as *"ideias evolucionistas aceitas até o momento"*?

Mas, afinal o que os indícios fósseis *realmente mostram*?

No início do século vinte, todos os fósseis até então descobertos e usados para os cientistas da evolução humana tentarem apoiar a suposição de que os *humanos* e os *macacos* teriam evoluído *desde um mesmo ancestral comum* (o assim cognominado, *"elo perdido"*) cabiam em uma mesa de bilhar.

Desde então, o número de paleontólogos e de evolucionistas aumentou e, assim, a quantidade de fósseis aumentou, e estima-se que poderiam agora encher a carroceria de um caminhão[192].

No entanto, é preciso dizer que a grande maioria desses fósseis consiste de apenas *alguns ossos* e *dentes*.

Esqueletos completos e crânios completos são muitíssimo raros[193].

Surge então uma pergunta: a maior quantidade de fósseis associados à *"árvore filogenética"* do homem estaria resolvendo o problema dos evolucionistas sobre *quando* e *como* o homem teria evoluído a partir dos *primatas*?

Robert Derricourt, da Universidade de Nova Gales do Sul *(Austrália)*, responde[194]:

> *"Na verdade, ocorreu o contrário. No que se refere à classificação dos fósseis, talvez o único consenso a que chegamos até agora seja o de que **não há nenhum consenso**!!!".*

---

[192] Cartmill, M. & Smith, F.H. *The Human Lineage (A linhagem humana)*. Wiley Blackwell. 2009. 624p.

[193] Oxnard, C.E. *Fossils, Teeth and Sex - New Perspectives on Human Evolution (Fósseis, Dentes e Sexo - Novas Perspectivas sobre a Evolução Humana)*. Hong Kong Univ. Press. 1987. 296p.

[194] Derricourt, R. *Patenting Hominins – Taxonomies, Fossils and Egos. Critique of Anthropology (Patenteando Hominídeos – Taxonomias, Fósseis e Egos. Crítica de Antropologia)*, Vol. 29(2): pp. 195-196, 198. 2009.

Em 2007, a revista *Nature* publicou um artigo[195] escrito pelos descobridores de um dos supostos *"elos perdidos"* da *árvore evolucionária*, afirmando que *"nada se sabe ainda sobre quando ou como a linhagem humana teria surgido".*

Sobre isso, Giula Gyenis, pesquisador do Departamento de Antropologia Biológica, da Universidade Eötvös Loránd, Hungria, escreveu o seguinte:

> A classificação e a localização evolucionária dos fósseis de hominídeos estão em constante debate.
>
> Os indícios fósseis descobertos até o momento não nos permitem saber exatamente quando, onde ou como o *homem* teria evoluído a partir dos *pré-hominídeos*.[196]

* * *

O homem seria o *"cume da evolução"*?

Inicialmente é conveniente esclarecer que, *para aqueles que não são defensores da teoria da evolução humana*, o título deste subitem não tem sentido, uma vez que, *em "não havendo evolução humana"* - conforme defendem -, não haveria como afirmar ou negar que o homem poderia ser o *"cume da evolução"*.

Porém, este assunto foi incluído aqui, a fim de evidenciar como alguns *evolucionistas* porfiam em não quererem reconhecer *a imensa dignidade do homem*, insistindo em defender que o *homem* seria apenas *mero produto de um processo evolucionista aleatório, um animal como os macacos ou como quaisquer outros bichos.*

Baseando-se em tantas e incontáveis *suposições*, autores *evolucionistas* colocam-se a extrapolar em campos mais filosóficos – embora não o devessem.

---

[195] Suwa, G.; Kono, R.T.; Katoh, S.; Aslaw, B.; Beyene, Y. *A New Species of Great Ape From the Late Miocene Epoch in Ethiopia (Uma nova espécie de grande primata do final do Mioceno na Etiópia)*. Nature, 23 agosto 2007. p. 921.

[196] Gyenis, G. *New Findings - New Problems in Classification of Hominids (Novas Descobertas - Novos Problemas na Classificação de Hominídeos)*. Acta Biologica Szegediensis, Vol. 46(1-2):57-59. 2002.

Nisso, podemos citar, por exemplo, Gould[197], em seu livro *"Leonardo's mountain"*[198], conforme trecho dele a seguir:

> Uma das ideias que os seres humanos têm maior dificuldade em aceitar – brada Gould - é a de que **o homem moderno não é a culminação de nada!**
>
> Nossa presença aqui nada tem de inevitável.
>
> Faz parte da vaidade humana tendermos a pensar na *evolução* como um processo que, no fundo, foi programado para nos produzir.
>
> Os próprios antropólogos tendiam a pensar assim até a década de 1970.
>
> De fato, ainda há pouco tempo, no popular livro *"The stages of human evolution"*[199], Loring Brace aferrava-se obstinadamente ao conceito linear, reconhecendo apenas como um beco sem saída evolucionário, os robustos australopitecinos.

Aqui uma pergunta a ser feita é: diante de tantas controvérsias e incertezas no campo da *evolução humana*, até que ponto Gould teria efetiva base para fazer uma afirmação como esta **anteriormente grifada?**

Swisher, Curtis e Lewin[200], no entanto, caminham na mesma direção de Brace, quando afirmam:

> Todo o resto representava uma progressão direta – cada espécie de hominídeo levando o bastão do desenvolvimento até certo ponto e entregando-o ao corredor mais jovem e vigoroso.
>
> Hoje, porém, parece certo que muitas daquelas formas primitivas seguiram trilhas laterais que não deram em nada.
>
> Felizmente para nós, uma espécie seguiu a trilha certa: um grupo de usuários de ferramentas, aparentemente surgido do nada e sobrepondo-se ao sombrio e muito contestado *Homo habilis*.

---

[197] Stephen Jay Gould *(1941 - 2002)*, paleontólogo e biólogo evolucionista estadunidense, autor de vários livros, foi também divulgador científico.

[198] Gould, S.J. *Leonardo's mountain of clams and the diet of worms: essays on natural history (A montanha de moluscos de Leonardo e a dieta dos vermes: ensaios sobre história natural)*. Belknap Press. Nova York: Harmony. 2011. 422p.

[199] Brace, L. *The stages of human evolution: human and cultural origins (Os estágios da evolução humana: origens humanas e culturais)*. Englewood Cliffs, N.J., Prentice-Hall. 1967. 154p.

[200] Swisher III, C.C; Curtis, G.H.; Lewin, R. *Java man: how two geologists dramatic discoveries changed our understanding of the evolutionary path to modern humans (Homem de Java: como duas descobertas dramáticas de geólogos mudaram nossa compreensão sobre o caminho evolutivo para os humanos modernos)*. Nova York: Scribner, New York, 2000. p.131.

Foi o *Homo erectus*, a espécie descoberta por Eugène Dubois em Java em 1891.

Dependendo das fontes consultadas, ele existiu desde cerca de 1,8 milhão de anos até possivelmente uma época tão recente como uns 20 mil anos atrás.

O *Homo erectus* é a linha divisória: tudo o que veio antes tinha uma natureza simiesca; tudo o que veio depois se assemelhou aos humanos.

Poderiam ser citados ainda inúmeras outras *suposições e controvérsias* ao longo das tentativas de construir *uma história evolutiva humana*.

Porém, vamos destacar apenas mais algumas controvérsias encontradas em Bryson *(2005)*, conforme seguem *(**com grifos** deste Autor, a fim de destacar os pontos de necessário realce)*:

"Embora o *H.erectus* já fosse conhecido havia quase um século, **tudo o que se sabia advinha apenas de uns <u>fragmentos dispersos</u>** – nem sequer suficientes para se aproximar de um esqueleto completo".

"Existem várias outras explicações alternativas mais plausíveis sobre como o *Homo erectus* teria conseguido surgir na Ásia tão pouco tempo após sua aparição inicial na África. Primeiro, **há uma <u>série de imprecisões</u> na datação dos restos mortais de seres humanos primitivos**".

"Além disso, as datas de Java poderiam estar completamente erradas".

"O que aconteceu depois na história do desenvolvimento humano é **objeto de um longo e rancoroso debate**".

"Mas, vale a pena lembrar, antes de avançarmos, que **todos esses tropeços evolucionários através de cinco milhões de anos**, dos australopitecinos distantes e perplexos ao ser humano plenamente moderno, produziram uma criatura que ainda é 98,4% geneticamente indistinguível do chimpanzé moderno".

"Há mais diferença entre uma zebra e um cavalo, ou entre um golfinho e um boto, que entre você e as criaturas peludas que seus ancestrais remotos deixaram para trás quando partiram para conquistar o mundo".

* * *

"A marcha do progresso" e a suposta *evolução humana*

Existe uma imagem muito famosa, conhecida no mundo inteiro, que tem por objetivo ilustrar *a hipotética evolução humana*.

Esta *figura* é denominada de *"A marcha do progresso"* (*Figura 5.4*).

Nesta ilustração aparece uma sequência de personagens, desde um macaco como último da fila, passando por outros personagens intermediários, que vão crescentemente tornando-se eretos, finalmente chegando até o *homem moderno*.

Figura 5.4 – "A marcha do progresso" (segundo Howell, 1965; citado na nota 201) representativa da hipotética *evolução humana*. Esta ilustração tem sido amplamente utilizada em inúmeros meios de divulgação

Fonte: Life Nature Library. Time, Inc. 1965

Esta é uma das figuras mais emblemáticas de todos os tempos e foi criada pelo artista Rudolph Zallinger para o livro *Early Man*[201], escrito pelo antropólogo Francis Clarck Howell[202], obra que faz parte de uma coleção denominada *"Life Nature Library"*, publicada pela *Time-Life*.

Esta ilustração conquistou de forma avassaladora inúmeras publicações devido ao seu conteúdo indicativo de que *o homem moderno seria descendente do macaco*.

---

[201] Howell, F.C. *Early man (O homem primitivo)*. Life Nature Library. Time, Inc. 1965. 200p.

[202] Francis, C.H. *(1925 - 2007)*: paleoantropólogo norte-americano. Foi o primeiro a utilizar multidiscipli-nas como a geologia, a ecologia e a primatologia, para auxiliar na compreensão das *origens humanas*. É considerado um dos fundadores da *paleoantropologia moderna*.

Procura também ilustrar esquematicamente como teria sido, hipoteticamente, o desenvolvimento progressivo até o *homem moderno*.

Mesmo sendo tão popular e apesar de sua mensagem diretamente relacionada à *evolução humana*, esta imagem tem sido combatida e criticada por grande parte dos biólogos, que a consideram *errada e inadequada*.

Qual seria *o problema*?

Uma das mensagens passadas pela *"marcha do progresso"* é a de que o processo da evolução seria unidimensional e gradualmente iria, ao longo do tempo, transformando espécies descendentes em *"versões melhores"* do que as espécies ancestrais.

Como consequência disso, o *Homo sapiens* moderno aparece como **o cume e o objetivo final da linha evolutiva**, como *a espécie mais perfeita resultante do processo*.

Para esta corrente de biólogos, *a evolução não funciona produzindo novas espécies de forma linear*, mas seu caminhamento seria semelhante a um arbusto com galhos de tamanhos e de comprimentos variados, que podem resultar em novos galhos ou em galhos que terminam sem continuidade por terem sido extintos.

Segundo Blake *(2021)*[203], a versão simplificada da *"marcha do progresso"* implica que cada indivíduo representado é um descendente direto daqueles que estão atrás dele e um ancestral daqueles que estão à sua frente — uma linha direta.

A impressão passada pela *"marcha do progresso"* é que a evolução funcionaria como se tivessem sido alinhadas fotos do bisavô, do avô, do pai e do filho, sendo este filho *o homem moderno*, como *ápice da evolução*.

No entanto, *o tempo entre as figuras ancestrais* gira em torno de centenas de milhões de anos, em vez de simplificar em apenas poucas gerações, como ilustra a *figura*.

Blake conclui que os cientistas não precisam reprimir todos e quaisquer usos dessa imagem errônea e acrescenta que, como escreveu o estatístico George E. P. Box[204], *"todos os modelos estão errados, mas alguns são úteis"*.

---

[203] Blake, K. *On the origins of the "March of Progress" (Sobre as origens da "Marcha do Progresso")*. Washington University ProSPER. Disponível em: https://sites.wustl.edu/prosper/on-the-origins-of-the-march-of-progress/. Consultado em 15 dezembro 2021.

[204] George Edward Pelham Box *(1919 - 2013)*: estatístico britânico, autor de vários livros, considerado uma das maiores mentes estatísticas do século vinte.

No caso, o que se pode dizer é que a imagem ilustrativa da *"marcha do progresso"*, mesmo errada, _funcionou com uma capacidade de influência e de ilustração científica como nenhuma outra antes!_

A imagem foi de extrema utilidade para difundir largamente e até mesmo para *estabelecer a teoria da evolução como "_cultura popular permanente_"*.

Conforme Blake,

> *"[...] agora, estabelecida esta cultura, sua interpretação pode ser refinada de forma a corrigir o conceito erroneamente mostrado da "_evolução sendo igual a progresso_", em direção ao que a imagem originalmente pretendia retratar".*

Entre os críticos desta representação evolutiva está Stephen Jay Gould, conforme expõe no seu livro *"Wonderful Life" (1989)*[205], enfatizando que

> *[...] o problema da figura "marcha do progresso" está principalmente na* **camisa-de-força do avanço linear da evolução,** *o que seria em si* **sinônimo de progresso.**
>
> *Mas, 'a vida' é um arbusto abundantemente ramificado, frequentemente desbastado pela severa tesoura da extinção, não como uma escada de um progresso previsível.*

Aqui também nota-se aquela preocupação de Gould em relutar quanto à mínima possibilidade de aceitar que _o homem poderia ser_ **o cume de algo,** como realçado algumas páginas atrás deste nosso livro.

Finalmente, uma das questões que mais preocupam boa parte dos biólogos é que, além do *erro de conceito* anteriormente citado, a figura da *"marcha do progresso"* acabaria servindo de base para *criacionistas antievolucionistas* argumentarem que **a evolução seria um caminho inevitável para chegar até o _ser humano_,** como _o ponto mais alto da evolução_.

Reforçando este argumento, estes biólogos citam o autor neocriacionista, o biólogo norte-americano membro do *Discovery Institute*[206], Jonathan Corrigan Wells (*nascido em 1942*), autor do livro *"Icons of Evolution: Science or Myth? Why Much of What We Teach about Evolution is Wrong"*

---

[205] Gould, S.J. *Wonderful Life: The Burgess Shale and the Nature of History (Vida Maravilhosa: o xisto burguês e a natureza da História).* W.W. Norton & Co. New York, 1989. 347 p.

[206] *Discovery Institute:* instituição conservadora norte-americana baseada em Seattle, Washington, conhecida pela sua campanha *"Ensine a controvérsia",* que propõe a discussão daquilo que entende serem as deficiências da *Teoria da Evolução* nas aulas de ciências, do sistema público de ensino dos Estados Unidos da América.

(*"Ícones da Evolução: Ciência ou Mito? Porque muito do que nós ensinamos sobre Evolução está errado"*)[207].

Wells, de fato, é um forte opositor àquilo que ele denomina *"falsos ícones"* relacionados com o ensino da *teoria da evolução das espécies*, principalmente a proposta pelo naturalista inglês Charles Darwin, baseada na *seleção natural* pelas espécies mais fortes.

Um dos principais pontos combatidos por Wells são <u>os livros usados em salas de aulas</u> para o ensino da Biologia, os quais **trazem vários erros conceituais há muitos anos**, fazendo com que o *darwinismo* continue sendo fomentado, mesmo que fundamentando-se nestes *desacreditados e incorretos "ícones da evolução"*.

Tendo por base estudos demonstrativos de que muitos conceitos do *evolucionismo* <u>estão completamente ultrapassados e anacrônicos</u>, Wells chegou a utilizar o termo *"ciência-zumbi"*: mesmo com estes erros, esta *"ciência errada"* continua vagando por muitas e muitas gerações, até hoje inclusive, sem que tais erros sejam minimamente contestados.

Numa de suas palestras, este biólogo afirmou:

> *"Uma das poucas certezas em ciência é de que <u>nem sempre "consenso" pode ser completamente confiável</u>.*
>
> *Não é porque alguma coisa é "consenso numa comunidade", então aquilo automaticamente possa ser considerado como <u>"fato"</u> ou <u>"verdade"</u>.*
>
> *A ciência empírica (sem evidências) não ameaça a fé cristã, mas sim a <u>ciência naturalista</u>, que procura explicações unicamente <u>materialistas</u>.*
>
> *Assim, é oportuno reafirmar que <u>nem sempre se deve confiar cegamente no que diz a ciência</u>".*

Em 2017, Wells reforçou ainda mais os argumentos críticos contra o *ensino de conceitos evolucionistas errados* lançando o livro *Zombie Science: More Icons of Evolution (Ciência-zumbi: mais ícones da Evolução)*[208].

A imagem do termo *"ciência zumbi"* tem a ver com a ideia de que, assim como *"zumbis"* são cadáveres que continuamente voltam à vida, a

---

[207] Wells, J.C. *Icons of Evolution: Science or Myth? Why much of what we teach about evolution is wrong (Ícones da Evolução: Ciência ou Mito? Porque muito do que nós ensinamos sobre Evolução está errado)*. With Jody F. Sjogren (Illustrator), Regnery Publishing, October 1, 2000. 338p.

[208] Wells, J.C. *Zombie Science: More Icons of Evolution (Ciência zumbi: mais ícones do evolucionismo)*. Discovery institute Press. 2017. 238p.

"ciência zumbi" refere-se a ideias que já foram desacreditadas, mas que parecem nunca morrer, voltando a ser utilizadas, tanto na *ciência* quanto nos *livros didáticos* e *nas salas de aula*.

Neste seu livro, Wells explica:

> Sempre que as pessoas persistem em defender uma <u>explicação materialista</u>, como vem ocorrendo no *evolucionismo*, <u>mesmo depois que aquela explicação se mostrou inconsistente com as evidências</u> e, portanto, empiricamente morta, <u>estas pessoas continuam praticando a ciência zumbi</u> *(p. 18)*.

Um dos seus argumentos reforça que as figuras dos *"zumbis"* são fictícias, mas a *"ciência-zumbi" do evolucionismo darwiniano* continua e vem ameaçando não apenas a ciência, mas *toda a nossa cultura*.

Wells defende também que <u>*os dogmas materialistas evolucionistas corromperam a ciência moderna*</u>, tentando desesperadamente fechar as portas para quaisquer *explicações alternativas* que se conflitem com os interesses do evolucionismo.

Sustenta ele ainda, em relação ao *evolucionismo*, que é urgente uma *mudança de paradigma*[209], o que já deveria ter ocorrido há muito tempo.

* * *

Dos *australopitecos* ao *homem moderno*

Evidentemente, tudo o que foi exposto anteriormente, em relação *ao surgimento do homem dentro do Universo* não é nem de longe suficiente para fornecer uma ideia compreensível quanto ao próprio *homem*, esta criatura que, para muitos pensadores, é considerada como sendo *"o ponto mais alto da Criação"*, mas que, para uma outra parcela, é nada mais do que um *"animal racional"*.

Se a *evolução humana*, conforme defendida pela *ciência*, é realmente um *"fato"* (embora, *conforme sabemos, não o seja!*), como alguns pretendem defender, podem ser feitas algumas perguntas:

> Quem exatamente foi *o primeiro ser humano?*
>
> Quem exatamente é o *ser humano?*
>
> Qual é, efetivamente, *o lugar do homem dentro do Universo?*

---

[209] Mudança de paradigma: modificação nas *concepções básicas (paradigmas)* até então vigentes, dentro da *teoria científica dominante*.

Se a história cósmica tem realmente a idade de aproximadamente catorze bilhões de anos, um fato é marcante: *os seres humanos surgiram não no último minuto, mas <u>no último segundo desta longa jornada universal de quase 14 bilhões de anos</u>*.

Então, por que só *"agora"* teria surgido *o homem*?

Quando nos esforçamos para vislumbrar todo o arco da história universal *(em seus estimados quase 14 bilhões de anos)*, surpreendemo-nos com a extraordinária beleza desta história e, ao mesmo tempo, ficamos boquiabertos ao constatar que ***<u>nós, seres humanos,</u> <u>somos a única parte da Criação com inteligência</u>*** *<u>para explorar e saber tudo isso</u>!!!*

Se de um lado a *ciência* procura responder a todas estas questões *buscando explicações <u>na materialidade do Universo</u>*, por outro lado *a inteligência humana* vai entendendo crescentemente que ***o método científico, sozinho, não é suficiente para dar tais respostas***, *<u>pois existe muito mais do que os fenômenos químicos e físicos da materialidade universal</u>*.

Artigas *(1985)*, já citado anteriormente, sustenta que a problemática das *teorias evolutivas sobre a origem do homem* situa-se em que *<u>os fósseis já encontrados não permitem assegurar com a necessária indubitabilidade de que sejam realmente ossos de antecessores do homem</u>*.

Como vimos no presente capítulo, *as hipóteses evolutivas* que foram sendo sugeridas ao longo dos estudos da *Teoria Evolutiva Humana* sempre tiveram de ser mudadas à medida em que *novos fósseis* foram sendo encontrados.

Portanto, *os fósseis não têm sido uma segura evidência para a hipótese da evolução humana!*

Artigas afirma que a sucessão geralmente hipotetizada *Australopitecus-Homo habilis-Homo erectus-Homo sapiens* **é um quadro incompleto e com grande quantidade de elementos duvidosos**.

Este autor aponta ainda que o procedimento de assinalar estas *dificuldades evolutivas* não objetiva imputar qualquer prejuízo científico à *Teoria da Evolução Humana*, mas, ao contrário, pretende questionar e subsidiar *o progresso <u>fundamentado</u> e <u>verdadeiro</u> da ciência*.

É preciso dizer com clareza que, de fato, mesmo nos dias atuais, a despeito do imenso avanço científico e tecnológico conquistado ao longo dos últimos cem anos, ***a ciência ainda não tem evidências seguras sobre <u>quando</u> e <u>como</u> teria surgido <u>o suposto primeiro homem ancestral</u> dentro do Universo***.

Quando *evolucionistas* defendem que deve ter havido *evolução* de um *primata* (que teria sido o suposto *"elo perdido"*) para surgir, de um lado da árvore filogenética, os *macacos*, e, do outro lado da árvore, os *hominídeos*, isto seria **macroevolução**, uma vez que envolveria transformações de *espécies* para *outras espécies*.

Fósseis anteriores aos hominídeos não podem ser considerados ossos de *espécies* que vieram a transformar-se em *espécies hominídeas*.

Espécies não-hominídeas não possuíam código genético humano. Portanto, não poderiam transformar-se em *espécies hominídeas*.

Por seu lado, *espécies hominídeas* possuíam código genético humano e, portanto, poderiam, ao longo do tempo, se estimuladas por várias situações ambientais, evoluir até o *homem moderno (isto seria "microevolução", por conseguinte, algo aceitável, como explica Artigas)*.

Portanto, quaisquer árvores filogenéticas desenhadas com estes tipos de *evolução (não-hominídeos => hominídeos) estariam supondo terem sido possíveis* transformações de *espécies não hominídeas* para *espécies hominídeas (isto seria macroevolução humana* – ou seja, algo inaceitável, conforme explica Artigas).

Como foi aqui fartamente argumentado anteriormente — com base em vários autores —, *no estágio atual da ciência*, *não é possível aceitar a* **macroevolução**.

A *hipótese de* **macroevolução** *humana não tem como ser aceita* — pelo menos por enquanto, no estágio em que a *ciência* encontra-se nos dias de hoje.

Não temos como saber se no futuro, próximo ou distante, esta hipótese poderá vir a ser comprovada.

Destaques importantes:

> *no momento atual da ciência, a hipótese da macroevolução humana é implausível;*

> no entanto, a **microevolução humana**, ou seja, *hominídeos com genética humana* evoluindo crescentemente em sua *inteligência e habilidades*, até chegar ao *homem moderno* — isto sim é plausível e, portanto, cientificamente aceitável, mesmo já nos dias atuais.

Não há a necessidade de grandes exercícios de argumentação para a aceitação da *hipótese microevolutiva*.

Diante deste cenário, nossa avaliação é que a *ciência* possa procurar focar seu crescimento a partir do ponto em que *os primeiros humanos* dentro do Universo - conhecidos e reconhecidos como tal — provavelmente, tenham sido o *Homo neanderthalensis e seus coetâneos (conforme mostrados na Figura 5.2)*, em concordância com o que foi exposto anteriormente, no presente capítulo deste livro.

O que teria vindo antes destes possíveis ancestrais? Como teriam surgido estes *hominídeos?*

Atualmente, a resposta mais honesta é: *"por enquanto não sabemos".*

* * *

No que se refere à *Teoria da Evolução Humana (TEH)*, diante do que foi exposto, é necessário afirmar com discernimento que **há muito mais dúvidas do que certezas.**

Conclusão importante (*sobre TEH*):
> Na área da *evolução humana,* tudo o que se tem até agora são *hipóteses.*

---

* * *

O longo caminho percorrido até chegar ao *homem moderno*

Se tivéssemos de traçar uma *linha do tempo* mostrando as principais etapas vividas pelo *Homo sapiens*, desde o seu surgimento hipotetizado que tenha ocorrido há cerca de duzentos mil anos (*ver Figura 5.1*) até os dias atuais, poderíamos ter, resumidamente, o que vem a seguir[210].

Há cerca de 200 mil anos: surgimento do *Homo sapiens*

Com o passar do tempo, o homem aprende a *usar a voz*, dá-se o início à *linguagem* e do *compartilhamento de informações.*

Isto passa a ser uma vantagem poderosa, *uma capacidade que nenhuma outra espécie tinha,* aumentando as chances de sobrevivência.

---

[210] Importante destacar que, provavelmente, conforme ilustrado na Figura 5.2, os *hominídeos* que supõe-se devem ter dado origem ao *Homo sapiens* tenham sido os *denisovanos*, os *neandertais* e os *heidelbergensis*, há cerca de 200.000 anos.

Supõe-se que a partir da aquisição desta capacidade, o homem vai tornando-se exponencialmente *mais inteligente.*

Pode-se dizer que esta tenha sido a fase do *surgimento da inteligência humana* e, portanto, um dos grandes marcos dentro do Universo.

Há cerca de 100 mil anos:

Os homens, crescentemente *inteligentes,* têm capacidade de *loco-mover-se,* têm *mãos cada vez mais ágeis* e sabem desenvolver *ferramentas.*

Já controlam o *fogo, comunicam-se* com facilidade cada vez maior e sentem-se prontos para sair do *"lar africano",* onde devem ter se originado, e cujos limites não mais aceitam.

Grupos humanos podiam agora explorar novas fronteiras a pé.

Considera-se ter então ocorrido *a dispersão para várias partes do planeta.*

Porém, nesta fase ocorre uma grande provação: uma *idade do gelo,* uma *era glacial*[211].

Este foi um período de drástica diminuição da temperatura, com aumento dos mantos de gelo continentais e polares.

A época mais fria da *era do gelo mais recente* foi durante o *último máximo glacial,* ocorrido há cerca de 20.000 anos.

Os historiadores relatam que, mesmo assim, *os humanos* continuam seu deslocamento exploratório, conquistando a China e a Austrália.

Há cerca de 30 mil anos:

Nesta fase, o homem chega à *Europa* pela primeira vez.

Apesar das dificuldades da *idade do gelo,* o homem resiste bem e as provações tornam a raça humana *ainda mais inteligente.*

Desenvolve novas habilidades em direção ao seu crescimento como *humano de fato.*

Pinturas rupestres destas épocas, encontradas em diferentes locais, comprovam que o homem de então já conseguia *expressar-se por símbolos.*

---

[211] *Idade do gelo* (ou *"era glacial",* ou *"era do gelo"*): expressão utilizada para indicar um período geológico em que houve diminuição acentuada da temperatura terrestre, resultando na expansão dos mantos de gelo continentais e polares, bem como dos glaciares alpinos.

Estima-se que, em função da *idade do gelo*, grande parte das águas ficaram presas no gelo e o nível dos oceanos decresce, fazendo emergir mais terras e propiciando maiores *deslocamentos*.

América do Norte, Estreito de Bering e Sibéria já são pontos conquistados.

Há cerca de 12 mil anos:

As *pontes de terras* expostas durante a *idade do gelo* permitiram ao homem espalhar-se ainda mais pelo planeta.

O gelo começa a derreter-se e o nível dos mares volta a subir determinando que *os diferentes bolsões humanos* fiquem isolados em seus respectivos territórios, tendo de tirar dali, para sua sobrevivência, aquilo que a natureza fornecia.

Com os recuos das geleiras, vão sendo esculpidos lagos, rios e baías, tornando-se o *mapa terrestre* desenhado praticamente nas formas como o conhecemos hoje.

Na África o aumento das chuvas faz com que o lago Vitória e o lago Albert transbordem, formando o rio Nilo.

Na Eurásia, outros rios emergem.

O Tigre e o Eufrates na Mesopotâmia *(hoje Iraque)*. O rio Amarelo e o Yangtzé na atual China.

Estes *rios* desempenharão papel extremamente importante para o homem, originando fertilidade nas áreas de inundação e permitindo que as *primeiras sementes da civilização* possam começar a ser plantadas.

Com a *elevação das temperaturas após a idade do gelo*, as *plantas* e os *animais* vão se tornando cada vez mais abundantes e o homem vai, então, *diminuindo sua peregrinação*.

Assentamentos humanos permanentes começam a se estabelecer, principalmente adjacentes aos rios, e *as populações vão ali crescendo*.

Com mais bocas para alimentar, os nossos antepassados são obrigados a desenvolver mais *meios para disponibilizar comida*.

Não era mais possível viver apenas da *caça*.

Uma descoberta muda para sempre o caminho da humanidade: *o homem aprende a plantar sementes configurando-se <u>os primórdios da agricultura</u>.*

A *agricultura* representa uma *revolução energética*.

Antes disso um *caçador nômade* precisava de cerca de vinte e cinco quilômetros quadrados de território para garantir alimento *(caça)* suficiente para sua família sobreviver.

Agora, *um agricultor* pode produzir alimentos suficientes para sua família em apenas um décimo de dois quilômetros quadrados de terras, ou seja, algo como vinte hectares[212].

Então, com o *aquecimento* que foi ocorrendo após a última idade do gelo, a *agricultura* começa a se firmar.

Um dos lugares de maior destaque onde ocorreu este desenvolvimento, devido às condições de fertilidade e de diversidade de espécies vegetais e animais que podiam ser domesticados, foi o Crescente Fértil[213], no Oriente Médio.

Nesta época, destaca-se significativamente, por sua utilidade geral, um animal que dá uma vantagem praticamente imbatível para aqueles que conseguem domá-lo: *o cavalo*.

A partir de 4 mil anos a.C.:

O homem aprende, cada vez mais e melhor, a *domesticar animais e plantas*.

Considera-se que nenhum outro animal tenha exercido maior influência sobre o curso da história humana do que o *cavalo*, que participava de tudo, desde os *trabalhos* até a *guerra*.

Na Suméria *(localizada no Crescente Fértil, ao sul da Mesopotâmia, entre os rios Tigre e Eufrates, ou seja, nos atuais Iraque e Kwait)*, começam a ocorrer *aglomerações de pessoas ao longo de rios*, tornando-se *centros de poder e de inovação*.

Estes *povos pré-históricos*[214] da Suméria são considerados *a primeira força civilizatória* e já mostravam iniciativas como a drenagem de pântanos para praticar *agricultura*.

---

[212] *Hectare:* unidade de medida de área para superfícies agrárias. Cada hectare corresponde a 10.000 m². Símbolo: *ha.*

[213] *Crescente Fértil:* é uma região geográfica compreendendo os atuais Israel, Jordânia e Líbano, bem como, no mapa atual, partes da Síria, do Iraque, do Egito, do sudeste da Turquia e do sudoeste do Irã. O formato aproximado deste território é o de uma lua crescente, derivando desse fato este nome. É considerado como o *"berço da civilização"*.

[214] *Pré-História:* corresponde ao período da História que antecede à invenção da escrita, cobrindo desde o surgimento dos primeiros seres humanos até aproximadamente 3.500 a.C.. Como *não há documentos* registrando esta etapa da evolução humana, o estudo deste período é desenvolvido por arqueólogos, antropólogos

Começaram a desenvolver *o comércio* e *as primeiras indústrias*, como a tecelagem, trabalhos em couro e em metais, alvenaria e cerâmica.

Alguns sumerólogos afirmam que nenhum povo teria contribuído mais para a *cultura inicial da humanidade* do que os *sumérios*.

Ali por volta de 3.000 a.C. alguns desses *assentamentos sumérios* podem ser considerados como *as primeiras cidades*.

Um desses assentamentos, Uruk, chegou a ter cerca de 50 mil pessoas vivendo em menos de três quilômetros quadrados, ou seja, numa densidade populacional que pode ser comparada à densidade da Nova York dos dias de hoje.

Então, os seres humanos tornam-se tão eficientes na obtenção de *alimentos* e *energia* a partir de plantas cultivadas, que os territórios das primeiras cidades *(cerca de três quilômetros quadrados)*, que antes poderiam sustentar apenas um caçador-coletor nômade, agora permitem a sobrevivência de milhares de pessoas.

Mas, se antes alimentavam-se de caças e de frutos coletados na natureza, agora, nestes *assentamentos humanos*, alimentam-se de *cereais* obtidos pela *agricultura*.

Sem dúvida, isto representou uma *revolução alimentar*.

Então, os assentamentos começam a depender crescentemente de produções agrícolas de uma ou duas espécies de plantas, no caso do Oriente Médio, basicamente *trigo* e *cevada*, que são duas *gramíneas*[215].

Sabemos, por exemplo, que o *trigo* e a *cevada* têm seus ciclos biológicos ocorrendo na mesma época do ano.

Isto significava que em cada ano era necessário produzir os grãos para comer e também reservar uma parte, que seriam *as sementes para o próximo plantio*.

Mas, estas culturas só podiam produzir *uma safra por ano*, ou seja, logo após a safra, teriam alimento em abundância; mas, em seguida, no restante do ano, o alimento ficaria escasso e só conseguiriam plantar novamente quando chegasse a estação apropriada.

Desta forma, tornou-se necessário que aprendessem a *se organizar* e a *se planejar* para terem *alimento durante todo o ano*.

Assim, em cada período de safra deviam produzir também para o restante do ano, de modo que sobrassem cereais suficientes para alimentar

---

e paleontólogos, que analisam fósseis e restos humanos, utensílios e sinais de sua presença, visando tentar descrever sua cultura, costumes e credos.

215 *Gramíneas:* família de plantas com folhas semelhantes a lâminas. A grama verde dos jardins ou a que cresce nos campos, os cereais *(p.ex.: o milho, o trigo, o arroz)* e os bambus pertencem à família das *gramíneas*.

as pessoas até a próxima produção, pois o subsequente ciclo agrícola só poderia ser realizado no ano posterior.

Por conseguinte, se uma safra falhasse, eles passariam fome naquele ano e não haveria outra chance de nova safra a não ser cerca de vários meses depois.

Para estas primeiras cidades, *as plantações* eram a força que mandava e era preciso cuidar das *produções agrícolas*.

Era necessário ter um controle sobre elas e, assim, nossos antepassados desenvolveram *os primeiros caracteres escritos*.

Para proteger as plantações, tiveram de aprender a organizar *os primeiros exércitos* e, para administrar as cidades, foi necessário *o desenvolvimento da política*.

De fato, se consideramos *os primeiros assentamentos humanos*, em que milhares de pessoas vivem juntas, surge a necessidade de *alguma forma de organização*, de *governo*, de *hierarquia social e política* e, assim, os assentamentos foram crescentemente transformando-se em cidades.

O próximo passo será o surgimento de civilizações[216].

3 mil anos a.C.:

Como vimos, depois de peregrinar por cerca de 100 mil anos, *o homem começa a se assentar* formando *grandes aglomerações* ao longo de rios... entre o Tigre e o Eufrates... às margens do rio Nilo... nas imediações do Indo... nas proximidades do rio Amarelo e nas redondezas do Yangtzé...

As *civilizações* estão começando a se formar... surge, então, a necessidade de um fator muito importante: *o comércio*.

Aquelas *civilizações* que aprendem a *trocar bens* e a dominar mais rapidamente o *comércio*, são as que conseguem crescer mais intensamente.

O comércio e a comunicação a longa distância são precursores necessários que favorecem o início de *civilizações urbanas,* semelhantes às que conhecemos hoje.

Desponta neste cenário um personagem importante para as *civilizações* que se formavam: *o burro*.

As *caravanas de burros* são, então, grandes meios de *transporte* e de *comunicação* daquela época.

---

[216] *Civilização:* estado de cultura social de um povo ou de uma região, caracterizado por importante domínio das ciências, da religião, da política, das artes, dos meios de expressão, das técnicas econômicas e científicas, e de um grau de refinamento dos costumes.

Madeira, bronze, ideias, histórias, cultura... *conectando populações* e estabelecendo *novas rotas*.

As águas também passam a ser dominadas para fins de transporte e de comunicação e desenvolve-se *a capacidade de navegação*.

Muitas destas rotas convergem para o Golfo Pérsico[217], de onde saem *navios* que transportam mercadorias para a Índia.

Isto propiciou grandes *intercâmbios culturais* e *materiais* entre as *civilizações* daquela época.

Alguns historiadores consideram que aí estaria o início do processo de *globalização* e essa seria a chave para entender *como o nosso mundo funciona até hoje*.

Assim como aquelas primeiras *civilizações*, nós hoje também comercializamos e formamos *redes*... *redes* formam *grandes centros*, como, nos dias atuais, os de Nova York, de Roterdã e de Xangai.

Ao longo da história, estar num destes *centros* significou uma vantagem: a quantidade de ideias e a quantidade de cargas que passam por esses núcleos parece ter correlação direta com a sua importância, seu destaque e seu poder.

Mil anos a.C.:

Os seres humanos começam a sair de suas cabanas humildes e conseguem construir grandes monumentos.

Na África, as *grandes pirâmides* às margens do rio Nilo; na Mesopotâmia, os *zigurates*[218] dos sumérios, assírios e babilônios.

Para *cimentar* os elementos destas estruturas, os construtores usavam uma substância existente em poços ao longo do rio Eufrates, *o betume*, o qual é o asfalto do mundo moderno, tendo sido o primeiro produto petrolífero explorado pela humanidade.

Entre os muitos legados destas primeiras civilizações há coisas surpreendentes, por exemplo *o sistema de contagem dos sumérios*, que se baseava no *número 12* em vez do *número dez* do *sistema decimal* utilizado hoje mais comumente no mundo moderno.

---

[217] *Golfo Pérsico:* braço marítimo localizado no Oriente Médio, entre o Irã e a Arábia Saudita.

[218] *Zigurates:* construções em forma de templo, do tempo dos sumérios e também usadas pelos babilônios e assírios; tinham a forma de pirâmides, com até sete andares, e cada andar tinha área menor que a plataforma inferior sobre a qual estava assentado.

Esta é a razão pela qual dividimos nossos dias em *dois blocos de 12 horas*, a nossa hora em *60 minutos*, os nossos minutos em *60 segundos (múltiplos de 12)*.

Provavelmente também foram *os sumérios* que inventaram *a roda*, o que levou a uma outra invenção fundamental para mudar o curso da história: *as carroças*.

Com a invenção da *roda* e com a capacidade de domesticar *cavalos*, vão chegando *as peças de tecnologia militar*.

Em seguida vem a *Idade do Ferro*, quando a humanidade descobre que, aquecendo o *ferro*, pode moldá-lo para construir *ferramentas* e *armas* muito mais facilmente do que se fazia até então com o *bronze*.

600 anos a.C.:

Começam a surgir os *exércitos montados em cavalos*.

Além dos *cavalos*, esses exércitos podem contar com *armas de ferro*, o que os torna praticamente invencíveis.

Esses avanços tecnológicos *(imensos para a época)*, ao tornarem possíveis os *exércitos*, encorajam à formação de *impérios*, nos quais imensas quantidades de territórios vão ficando sob *controles imperiais centrais*:

- 500 a.C.: Império Persa *(5,4 milhões de quilômetros quadrados)*;

- 323 a.C.: Império Macedônico de Alexandre Magno *(5,2 milhões de quilômetros quadrados)*;

- 117 a.C.: Império Romano *(4,9 milhões de quilômetros quadrados)*;

- 50 a.C.: Império Chinês da dinastia Han *(5,9 milhões de quilômetros quadrados)*.

Um fenômeno que vem com estes *impérios* é o *monoteísmo*, a ideia de *um deus universal*, que vai desenvolvendo-se com o passar do tempo.

Sobressai o *judaísmo (desde 1.800 a.C.)*, do qual posteriormente derivaram o *cristianismo (desde Jesus Cristo)* e o *islamismo (desde o século VII d.C.)*.

Em suas épocas, merecem destaque também o *hinduísmo (desde 3.000 a.C.)* e o *budismo (existente desde o século V a.C.)*.

O *comércio*, as *navegações* e a *diversificação cultural*, bem como o desenvolvimento da *escrita alfabética*, da *moeda*, do *calendário* e da *política* são considerados fatores que propiciaram, a partir do final do século VII a.C., *o surgimento da filosofia* como pensamento para tentar *explicar o mundo de forma lógica e racional*.

Destacam-se, então, os *grandes filósofos* (principalmente os *pré--socráticos*), sendo seu pensamento considerado como passagem da *fase mitológica* para a *fase filosófica (ver o BOX 5.1)*.

Naturalmente, *rotas de comércio entre impérios* também foram desenvolvidas; por exemplo, a *rota da seda*, entre a *dinastia chinesa Han* e o *império romano*.

Mas se por um lado este *intercâmbio* traz benefícios, por outro ocasiona também alguns perigos, como o aumento da possibilidade de disseminação das *epidemias*.

Alguns historiadores atribuem às *epidemias* tanto a queda do império romano como a queda da dinastia chinesa Han.

Estas redes de comunicações entre impérios contribuem também para a *propagação das religiões*.

Jesus Cristo, *o grande marco divisório da História:*

A *História humana* pode ser considerada como constituída pelos principais eventos vividos pela humanidade desde quando o homem começou a existir.

Em termos gerais, poderíamos então trazer para nosso quadro visual a *Figura 5.1*, na qual vemos vários estágios supostos *segundo a teoria da evolução humana*, desde os *pré-australopitecos*, que teriam existido há cerca de 7 milhões de anos.

Mas os primeiros *hominídeos* deixaram poucos registros de sua existência.

A *ciência* vem procurando, há mais de um século, por *fósseis humanos*, a fim de ter elementos para tentar traçar *um panorama evolutivo* sobre sua existência e sobre seu legado.

Historiadores consideram que a História Humana pode ter como *marco inicial* a época de aproximadamente quatro milhões de anos atrás para cá, caminhando em direção aos *tempos atuais*.

Verificou-se, com o passar do tempo, que seria fundamental estabelecer *recortes e divisões historiográficas*, para construir uma organização compreensível dos eventos e para proporcionar o registro e o estudo da História do homem no nosso planeta e no Universo.

Assim, um dos eventos de maior expressão ao longo dos séculos foi *o nascimento de Jesus Cristo*, acontecimento de tal modo importante, que foi tomado como marco divisório da História em *a.C. (antes de Cristo)* e *d.C. (depois de Cristo)*.

312 d.C.:

O imperador Constantino[219] converte-se ao *cristianismo*, abrindo assim caminho para torná-lo religião dominante na Europa e no Ocidente.

Cerca de três séculos mais tarde emerge também o *islamismo*, unificando um território duas vezes e meia maior que o império romano, entre os árabes, na afro-eurásia[220].

O *comércio* árabe estende-se para a China, para o Atlântico e, então, os *árabes* estão geograficamente bem no centro dos eixos da ação comercial.

O grande personagem do comércio árabe é o *camelo*.

Uma caravana de seis camelos podia transportar até duas toneladas de mercadorias e tem a capacidade de viajar até cento e cincoenta quilômetros por dia!

Pela primeira vez torna-se possível de as caravanas de camelos conseguirem cruzar territórios tão hostis quanto o deserto do Saara.

Isto propiciou a formação dos primeiros estados da África Ocidental.

O *comércio árabe* expande-se levando o *sal* do Saara para Roma, o *arroz* do leste da Ásia para a Índia e carregam também os segredos da fabricação do *papel* da China para a Europa, bem como inúmeras outras *ideias* e também *culturas agrícolas*.

Paralelamente, *as descobertas espalham-se para várias regiões* do Planeta.

O conhecimento dos *algarismos arábicos* também espalha-se, inclusive para a Europa, e agora praticamente todos podem *fazer contas* de forma igual.

---

[219] *Constantino I (272 d.C.–337 d.C.)*, também conhecido como *"Constantino, o Grande"*, foi um imperador romano, proclamado "Augusto" pelas suas tropas em 25 de julho de 306. Governou uma porção crescente do Império Romano até a sua morte. Foi o primeiro imperador convertido ao Cristianismo.

[220] *Afro-Eurásia, ou Eufrásia, ou África-Eurásia*, ou supercontinente Euro-Afro-Asiático: é a região da Terra formada por três continentes: Europa, África e Ásia. Estende-se por mais de 84 milhões de km².

BOX 5.1 – Passagem da *fase mitológica* para a *fase filosófica*

Os *"filósofos pré-socráticos"* foram pensadores que fizeram parte do primeiro período da filosofia grega (*séculos VII ao V a.C.*).

A alcunha de *"pré-socráticos"* foi-lhes dada porque antecederam o grande filósofo grego Sócrates (*470 - 399 a.C.*).

Estes filósofos buscavam nos *elementos da natureza* as respostas para *as grandes perguntas existenciais* relacionadas com a origem do ser e do mundo.

Como focavam principalmente na natureza, eram chamados de *"filósofos da physis"* (*"filósofos da natureza"*).

A *"fase mitológica"* foi a época em que procurava-se explicar aspectos essenciais da realidade (*p.ex., a origem do mundo, o funcionamento da natureza e dos processos naturais*) com base em mitos e no sobrenatural, no mistério e no sagrado.

Nesta fase, imaginava-se que tudo seria governado por uma realidade exterior ao mundo humano e natural, algo superior, misterioso, divino, que só os sacerdotes e os iniciados seriam capazes de interpretar, ainda que apenas parcialmente.

Por pretender explicar a realidade recorrendo ao *mistério* e ao *sobrenatural*, considerado aquilo que não se podia explicar ou compreender, por estar *fora da compreensão humana*, surgiram as tentativas dos primeiros filósofos na direção de buscar explicações *a partir do mundo natural ("physis", daí surgindo o termo "física")*, com base essencialmente em causas naturais.

A chave da *explicação do mundo que experimentamos* passaria a estar, então, segundo estes filósofos, *no próprio mundo e não fora dele*.

Aristóteles afirmava que Tales, da Escola de Mileto (*século VI a.C.*), fora o iniciador do *pensamento filosófico*, que representa uma ruptura radical com o *pensamento mítico*, enquanto forma de explicar a realidade.

Nesta época, *os negócios e o comércio* explodem fortemente.

Por volta do ano 1000 d.C.:

Nesta etapa, uma importante aquisição que causou grande impacto foi a *pólvora*.

Este explosivo foi descoberto na China por um alquimista que buscava a fórmula do *elixir da longa vida*[221].

Ele combinou carbono com enxofre e salitre (*um composto de potássio, nitrogênio e oxigênio*), que, juntos, têm um *potencial explosivo* imenso.

---

[221] *Elixir da Longa Vida* (ou *"Elixir da Imortalidade"*): era uma panaceia universal buscada pelos alquimistas, com o objetivo de curar todas as doenças, para prolongar a vida indefinidamente.

A fórmula da *pólvora* irá, então, ser levada para o ocidente pelas rotas comerciais da seda até o mundo islâmico, cujos guerreiros irão utilizá-la para deflagrar balas de canhões contra os cristãos, nas Cruzadas[222].

Os europeus assimilam a ideia, *aperfeiçoando as armas que utilizavam pólvora.*

1.492 d.C.:

Este foi o ano do *descobrimento da América por Cristóvão Colombo*[223].

Nesta época, estima-se em aproximadamente 400 milhões a quantidade de pessoas no mundo.

Nas Américas as *civilizações pré-colombianas* dos astecas, maias e incas estavam no auge.

Mas, no outro lado do mundo, a Europa estava subdividida numa colcha de retalhos de *estados individuais.*

O italiano Cristóvão Colombo, de Gênova, consegue convencer o estado espanhol a financiar suas *expedições marítimas.*

Algumas importantes tecnologias já eram dominadas naquela época, por exemplo, *as caravelas*, que eram impelidas pelos ventos, com *velas triangulares*, tecnologia aprendida dos árabes.

As direções eram guiadas pela *bússola*, uma invenção chinesa, cuja agulha é norteada conforme o campo magnético gerado pelo núcleo da Terra.

Colombo queria encontrar uma nova forma de chegar da Europa à Índia, mas acaba descobrindo uma rota para juntar duas partes remotas do mundo de então, a América e a Europa.

Até antes dessa viagem, as partes habitadas por humanos no mundo estavam segregadas.

Estes grupos humanos tinham ficado separados por mais de 15 mil anos e, agora, com as *viagens colombianas*, este isolamento foi rompido.

Ao atravessar o Atlântico, Colombo coloca *os contingentes humanos que viviam nas Américas* em contato com os *grupos europeus.*

---

[222] *Cruzadas:* movimentos militares cristãos entre 1095 e 1291 d.C., que originaram-se na Europa Ocidental, com destino à Terra Santa (território onde viveu Jesus Cristo, hoje Israel) e à cidade de Jerusalém, objetivando reconquistá-los das mãos dos muçulmanos. O símbolo usado pelos soldados cristãos, os chamados *"cruzados"*, era a Cruz, principal sinal da religião cristã, daí advindo o nome destes movimentos.

[223] *Cristóvão Colombo:* navegador e explorador genovês, responsável por liderar a frota que alcançou o continente americano em 12 de outubro de 1492, sob as ordens dos Reis Católicos de Espanha.

Esta descoberta foi expressivamente significativa não só para a história americana, mas também para *toda a história humana*.

Novos centros civilizatórios vão, então, ser formados e *novas redes comerciais* são estabelecidas, agora *pelo Atlântico* também.

Mais uma vez *o centro de poder vai mudar de lugar*.

A *Europa* que, nos 2 mil anos anteriores, não tinha sido tão importante em termos comerciais, agora vê uma expressiva ascensão, conhecida como a *"ascensão do Ocidente"*.

> O *BOX 5.2* fornece um painel ilustrativo sobre as *grandes mudanças econômicas após o século XV*. Este resumo possibilita chaves para o entendimento sobre como se chegou ao quadro de poder verificado na atualidade. Tendo uma visão contextual do passado, podemos entender melhor o contexto do presente.

O Ocidente *(Europa)* encontra-se, então, no centro da *maior rede de comércio que o mundo já havia visto*. *Alimentos* que eram comuns somente em determinados grupamentos humanos começaram a ser levados para outros grupos e para outras regiões do mundo.

O *milho*, p.ex., foi levado das Américas para o Egito e para a China; as *batatas*, originárias dos Andes, mostraram-se adaptadas aos solos da Irlanda e da Rússia e, por outro lado, o *trigo* chega às Américas.

Novos alimentos significam mais calorias, mais energia.

Em três séculos após as descobertas de Colombo, a população do mundo vai mais do que dobrar, passando para cerca de *900 milhões de pessoas, por volta do final do século XVIII*.

A desigualdade de forças entre os dois hemisférios chega a um clímax.

Os conquistadores europeus, herdeiros da agricultura e dos animais domesticados pelo Crescente Fértil, bem como beneficiários da difusão do comércio pelas vastas redes do Velho Mundo, chegam às Américas com *armas* e portadores de *doenças infecciosas*.

Historiadores relatam que o resultado disso foram grandes carnificinas.

Narram que, depois da primeira viagem de Colombo, cerca de noventa e cinco por cento da população nativa das Américas vai morrer pelas armas e pelos germes europeus.

Sem dúvida, depois que os hemisférios se conectaram, nada mais será igual.

1.700 d.C.:

A maioria dos seres humanos, nesta época, continua tendo uma vida simples, como campesinos, praticando *agricultura de subsistência em pequena escala*.

O trânsito de cargas e de informações *demora mais de um ano para circular o Planeta*, ou seja, este é mais tempo do que demoraria hoje, nesta primeira parte do século XXI, para um artefato construído pelo homem chegar ao planeta Marte[224].

Mas, naquela época a humanidade não conseguia progredir muito devido às limitações das *formas de energia disponíveis* para a realização dos trabalhos, a maioria delas baseada *nos músculos humanos* e *na força dos animais*.

Isto era um grande muro que separava a humanidade da possibilidade de avançar, de desenvolver-se e de modernizar-se, pois, estes dois tipos de força não podiam, por si só, abrir caminhos para a *idade moderna*.

Para mudar esta realidade, a humanidade precisava *descobrir novas formas de energia*.

Nesta fase, começa a haver uma demanda crescente por *ferro*, que, para ser moldado nas armas e nas ferramentas de então, precisa ser *forjado com fogo* e começam então a cortar as florestas para fornecer *energia*.

Aumenta cada vez mais a necessidade de *ferro* e *as árvores vão sendo esgotadas na Europa*.

Depois começam, então, a utilizar o *carvão natural*.

Porém, o *carvão* por si só não foi capaz de empurrar a humanidade para entrar na *idade moderna*.

Quanto mais fundas eram cavadas as minas para a extração de *carvão*, mais acontecia a invasão dos túneis destas minas por água.

Thomas Newcomen *(1663-1729)*, na Inglaterra, cria então uma *máquina a vapor* capaz de bombear para fora a água das minas.

Era a primeira *máquina a vapor* construída pelo gênio humano.

---

[224] *Distância Terra-Marte:* é de aproximadamente 60 milhões de quilômetros. É necessário considerar que tanto o nosso Planeta, quanto Marte estão em contínuo movimento ao redor do Sol e a nossa Terra demora um ano terrestre para circundar o astro-rei, enquanto Marte leva 1,9 anos. A *Missão Mars-2020*, da NASA, p.ex., foi uma expedição espacial que levou o robô *Perseverance*, visando procurar indícios de vida antiga na superfície de Marte. Foi lançada a bordo de um foguete Atlas V-541 no dia 30 de julho de 2020 e pousou em Marte em 18 de fevereiro de 2021, portanto, *numa viagem de 263 dias.*

Será esta combinação de *motor + combustível + energia* que irá libertar o homem da dependência exclusiva de *seu próprio músculo* e conseguirá impulsioná-lo a uma grande mudança no mundo, marcada pela *Revolução Industrial.*

A Revolução Industrial *(1760-1820)*:

Foi um período de *grande desenvolvimento tecnológico* iniciado na Inglaterra a partir da segunda metade do século XVIII.

BOX 5.2 – As mudanças do poder econômico desde o século XV até o presente

A história humana pós-século XV é marcada por privações materiais e inseguranças em determinadas regiões e por riquezas e crescimentos econômicos e de poder em outras.

No final do século XIV, *os chineses* tinham alto nível de vida, em relação a todas as grandes populações do mundo. Os relatos de Marco Polo davam conta da grande superioridade chinesa.

No final da Idade Média (*século XV*), após o descobrimento da América, por Cristóvão Colombo, *a Europa começa a apresentar um progresso econômico mais acelerado*, enquanto *os chineses* vão entrando em *estagnação econômica.*

A partir deste ponto, os europeus e também *as colônias da América do Norte* conseguiram progredir de modo contínuo e, assim, vão distanciando-se crescentemente do resto da humanidade, a tal ponto que, no século XVIII, estes dois polos já estavam muito à frente dos *chineses.*

Até os tempos atuais, esta disparidade de riqueza continua extremamente significativa.

Como explicar este *progresso econômico contínuo?*

Historiadores e cientistas sociais atribuem este fenômeno a uma mudança radical na mentalidade das pessoas em direção ao *empreendedorismo*, à busca de *sucesso empresarial e da riqueza em geral.* Descobriu-se como tornar a *mão-de-obra* e o *capital* mais produtivos.

Paralelamente, aprendeu-se a dar importância crescente aos *direitos de propriedade privada e também ao progresso econômico.*

Nas *cidades-estados (p.ex., Veneza, Genova, Pisa e Florença, Bruges, Antuérpia e Amsterdã)*, os comerciantes podiam ter *independência política e controle sobre as instituições legais* que davam suporte às *atividades econômicas.*

Cada *cidade-estado* tinha sua própria *milícia*, para defendê-la contra ameaças à sua autonomia político-econômica.

Foram criados os sistemas jurídicos, para a rápida, barata e justa resolução das contendas comerciais.

> *(Continuação do BOX 5.2)*
>
> No século XVIII, outros lugares, como Inglaterra, Escócia e as colônias americanas já tinham assimilado a aludida cultura econômica.
>
> A partir da segunda metade do século XVIII, teve início na Inglaterra um período de grande desenvolvimento tecnológico (*"revolução industrial"*), que depois espalhou-se pelo mundo, causando grandes transformações.
>
> Com o surgimento da *indústria*, consolidou-se o processo de formação do *capitalismo*.
>
> *Máquinas a vapor* e as *ferrovias com locomotivas a vapor*, tudo intensificando-se crescentemente no século XIX e acelerado fortemente no século XX, tendo como resultados: o tear têxtil, a linha de montagem, as empresas, o abolicionismo, a imprensa, o papel, a alfabetização universal, o aço, o vidro, as universidades modernas, a luz elétrica, o automóvel, o concreto armado, o petróleo, o rádio, o telégrafo, o plástico, a penicilina, o avião, os direitos civis, a televisão, os meios de comunicação, o computador...
>
> Agora o *século XXI* estava envolto em toda a pujança científica e tecnológica que conhecemos.

Depois espalhou-se pelo mundo, ocasionando *grandes avanços e mudanças nos processos produtivos*.

Foi neste período que surgiu efetivamente *a indústria* e caracterizou-se então *o início do capitalismo*[225].

Pode-se dizer que, com as *revoluções políticas* na América e depois na França, esta *revolução tecnológica* transforma para sempre a paisagem do mundo.

Em pouco tempo *o mundo do Atlântico (Europa e América)* tornou-se o novo *líder econômico* e, portanto, também líder no *campo cultural*, no *político*, no *científico* e, inclusive, no *mundo militar*.

Assim, este *mundo* pode agora *dominar a geopolítica global*, o que de fato ocorreu a partir daquele momento e pode-se dizer que vem praticamente acontecendo até os dias atuais.

Trens movidos a vapor começam a passar por todos os territórios, transportando riquezas e pessoas.

Na década de 1870, chega *o motor de combustão interna*[226] e os alemães inventam uma grande novidade, *o automóvel*.

---

[225] *Capitalismo*: sistema econômico em que se visa ao lucro e à acumulação de riquezas, estando baseado na propriedade privada dos meios de produção (como máquinas, terras, instalações industriais), que têm a função de gerar renda por meio do trabalho.

[226] *Motor de combustão interna*: é também conhecido como *"motor a explosão"*. Tem a capacidade de transformar energia proveniente da queima de combustíveis em energia mecânica. Os tipos de motor a explosão mais conhecidos e utilizados são o *motor a gasolina* e o *motor a diesel*. Estes tipos estão presentes em carros, caminhões, ônibus e motocicletas.

Destaque deve ser dado também aos desenvolvimentos ocorridos nos séculos XVI em diante, que culminaram com o *domínio da eletricidade*, tendo sido instalada a primeira hidrelétrica em 1886 junto às cataratas do Niágara, na divisa entre Estados Unidos e Canadá.

Com a *eletricidade*, a humanidade consegue dominar as trevas e tem agora também a noite à sua disposição.

Guglielmo Marconi *(1874-1937)*, físico e inventor italiano, criou então o primeiro *telégrafo sem fio*, um equipamento que tinha a capacidade de enviar mensagens através do ar.

Esta invenção é considerada também como o ponto de partida para o surgimento do *rádio*.

Alexander Graham Bell *(1847-1922)*, cientista norte-americano de origem escocesa, foi o inventor do *telefone*, cuja patente foi registrada em 1876.

Então, a partir da segunda metade do século XIX, o *telégrafo* e o *telefone* vão sendo aprimorados crescentemente, visando conseguir levar mensagens para lugares cada vez mais distantes e de uma forma cada vez mais rápida.

Com todos estes extraordinários *desenvolvimentos tecnológicos*, o *centro do poder* foi, cada vez mais, transferindo-se para a *Europa*.

Em 1800 os europeus e seus descendentes controlavam cerca de 35% das terras do Planeta e, em 1900, eles passaram a controlar cerca de 85%.

No início do século XX *os combustíveis fósseis* e *o motor a combustão interna* conseguiram amplificar praticamente tudo, incluindo *a capacidade de guerra*.

Se por um lado trouxeram *grandes benefícios para a humanidade*, por outro estas tecnologias fizeram do *poder militar* uma capacidade de *conquista internacional*, numa proporção nunca vista antes.

No século XX quase três vezes mais pessoas são mortas como resultado das *guerras* do que nos últimos 2 mil anos da história humana juntos.

O *Box 5.3* apresenta números relativos às *mortes causadas por guerras durante o século XX*, mostrando que, infelizmente, ao lado do *crescimento das capacidades científicas e tecnológicas*, que deveriam visar aumentos crescentes de benefícios para a humanidade, cresce também a ambição por *domínio* e *poder* e, paralelamente, *a capacidade de destruição*.

Com *eventos extraordinários como as guerras*, a aplicação das *habilidades e tecnologias industriais* conquistados na *segunda metade do século XIX e no início do século XX* chegou ao seu ponto culminante.

Creio podermos dizer que estes fatos mostram como *o domínio da tecnologia* pode, muitas vezes, ser encorajamento para *ampliação dos anseios de supremacia e de senhorio*.

Desde Galileu Galilei *(1564-1642)*, considerado fundador da *ciência moderna* e do *método científico, o conhecimento humano* foi desenvolvendo-se de forma cada vez maior, mais abrangente e mais rápida.

A *Revolução Industrial*, entre outros efeitos, permitiu também que *a população humana tenha explodido em números*.

Desde a aurora do surgimento do *homem moderno*, há aproximadamente 200 mil anos, até o início do século XIX, este foi o tempo necessário para que a população humana chegasse ao *primeiro bilhão*.

No final do século XX, a população humana chega a *quase 7 bilhões*.

No século XX houve grande expansão econômica e o desenvolvimento e emprego crescente de *novas tecnologias*, possibilitando *muitas novas invenções* que vieram, em geral, a *facilitar a vida do homem*.

Além do *rádio*, devem ser citados também a *televisão*, o *cinema*, a *produção em série (Henry Ford, 1863-1947)*, a *penicilina*, o *fax*, o *microscópio eletrônico*, o *motor a jato*, o *computador*, a *bomba atômica (infelizmente esta trouxe consequências graves na Segunda Guerra Mundial)*, o *transistor*, os *foguetes*, o *telescópio*, a *internet*, o *telefone celular*, as *redes sociais*, a *inteligência artificial*, a *automação industrial*, os *carros elétricos* e a *robótica*.

A *conquista espacial* foi um dos pontos altos e em julho de 1969 o homem conseguiu chegar à Lua pela primeira vez.

O *telescópio espacial Hubble*, da Nasa *(já citado antes aqui)*, lançado em 1990, consegue obter informações dos pontos mais distantes do Universo e *novos e mais poderosos telescópios*[227] estão sendo desenvolvidos.

As *sondas Voyager*, lançadas a partir de 1977, já viajaram até o momento bilhões de quilômetros e foram os primeiros objetos desenvolvidos pelo homem a sair do Sistema Solar.

---

[227] *"... novos e mais poderosos telescópios"*: como o James Webb Space Telescope (JWST), por exemplo, que é um *telescópio espacial* desenvolvido em conjunto pela Nasa (National Air and Space Administration), a ESA (European Space Agency) e a CSA (Canadian Space Agency) a um custo de aproximadamente 9 bilhões de dólares. Lançado em 25 de dezembro de 2021. Considerado o sucessor do Telescópio Espacial Hubble, que orbita a cerca de 530 quilômetros de altitude, o JWST *é cem vezes mais potente que o antecessor*.

No século XX houve *duas grandes guerras mundiais* e a invenção do *avião*, que transporta pessoas e cargas para todos os cantos do Planeta.

Pode-se dizer que *os séculos XIX e XX* são o trecho mais extraordinário da história humana e *nunca antes houve mudanças científicas e tecnológicas em escalas tão grandes!*

Início do século XXI:

Estima-se que em 31 de outubro de 2011 a população humana atingiu os *sete bilhões de pessoas*.

Nós somos *os "players" dominantes* no Planeta.

Aprendemos a aproveitar *50 mil vezes melhor a energia* do que nossos antepassados de apenas 10 mil anos atrás!

Essa *energia* impulsiona praticamente tudo, numa escala mundial, desde carros até aviões, de navios a trens... de máquinas a equipamentos de comunicação... de computadores a sistemas de iluminação...

Estamos no *século XXI*, depois de termos viajado, neste capítulo, na linha do tempo, *numa história de cerca de milhões de anos*.

Esta *viagem na história humana dentro do Universo*, mostrada até aqui, foi realizada visando fornecer, ainda que de forma resumida, um panorama amplo dos eventos e elementos que foram sucedendo-se como num encadeamento concatenado *para chegar no ponto em que estamos hoje*.

É como se tivéssemos escalado o pico mais alto e, agora sim, podemos olhar e analisar *toda a paisagem da história humana*, procurando entendê-la contextualmente.

Nos tempos passados não havia como compreender com a necessária clareza *toda a trama histórica do homem no Universo*, uma vez que praticamente não se dispunha ainda desta ampla panorâmica aqui mostrada.

Porém, agora, talvez pela primeira vez, estamos *"no ponto mais alto da montanha da história humana dentro do Universo"!*

Talvez agora possamos buscar compreender melhor sobre *nossas velhas perguntas existenciais*:

Quem somos nós?

Por que estamos aqui?

Para onde estamos indo?

Qual é o nosso lugar no Universo?

O que estamos fazendo com as *nossas capacidades?*

etc.

* * *

Estamos realmente "no início de tudo"?

Na conturbada época em que vivemos, *torna-se premente encontrar-mos respostas,* **pois a raça humana pode estar perdendo a noção de** <u>*sua grande missão dentro do Universo*</u>.

Assim, *visando entendermo-nos cada vez melhor a nós mesmos,* neste capítulo fizemos *uma viagem temporal na história humana,* **desde os neandertais até o homem moderno.**

Ainda que muito resumidamente, pudemos apreciar quão fascinante e singular foi *a epopeia humana neste planeta e dentro do Universo.*

Com muita sabedoria, a respeito da *incomensurável responsabilidade do homem em manter-se vivo para poder descobrir e realizar sua missão dentro do Universo,* Bryson *(2005)*[228], nos últimos parágrafos de seu livro *Breve história de quase tudo,* adverte até com uma vigorosa veemência:

"Como seres humanos, somos duplamente sortudos. Desfrutamos não só do privilégio da nossa existência, mas também da capacidade singular de apreciá-la e até, de inúmeras maneiras, de torná-la melhor.

É um talento nosso, que mal começamos a perceber.

Chegamos a esta posição de proeminência em um período incrivelmente breve.

Os seres humanos com comportamentos modernos — ou seja, capazes de falar, produzir arte e organizar atividades complexas — **existem por apenas cerca de 0,0001% da história da Terra!!!**

Mas sobreviver, mesmo durante esse tiquinho de tempo, exigiu uma cadeia quase incessante de "boa sorte".

<u>*Estamos realmente no início de tudo.*</u>

O segredo, é claro, está em assegurar que nunca toparemos com o fim.

---

[228] Bryson, B. *Breve história de quase tudo (A short history of nearly everything).* Editora Companhia das Letras. São Paulo (S.P.). 2005. 309pp.

E isso, é quase certo, exigirá muito mais do que golpes de sorte".

Conclusões importantes *(do capítulo 5):*

> *A trajetória humana,* desde os *neandertais* até o *homem moderno (cerca de duzentos mil anos)* dentro de um lapso de quatro e meio bilhões de anos *(idade estimada do nosso Planeta), é curtíssima!*

> Qual poderia ser o significado **deste fato** (ou seja, o fato de estarmos aqui a relativamente *tão pouco tempo*)?

> Até que ponto estamos conscientes da **incomensurável importância do ser humano dentro do Universo?**

> Sem dúvida, *o homem é a parcela, a criatura, mais importante dentro do Universo* e deve ter *uma missão muito importante aqui.*

> **Quão conscientes estamos em relação à nossa responsabilidade de fazer a humanidade sobreviver dentro do Universo?**

---

* * *

6

TEORIAS CIENTÍFICAS E SUA TRANSITORIEDADE

Nos capítulos anteriores vimos sobre as ideias principais relacionadas com as *origens (Universo, Vida, Diversidade de Espécies Vivas, Homem)* e pudemos verificar que *em todos estes assuntos existem <u>muito mais dúvidas do que certezas</u>*.

Mesmo na *ciência*, é muito pouco, até o momento, o que *pode ser considerado como "comprovado"*, é muito pouco o que pode ser classificado como *"fato"* e, por isso, *uma grande quantidade de assuntos* circula ainda pelos territórios das "teorias".

Mas como funcionam *as teorias* nos desenvolvimentos científicos?

Como são propostas *as teorias científicas*?

Quando são <u>*realmente*</u> "teorias"?

Todas as *"teorias científicas"* poderiam mesmo ser consideradas como *"verdadeiras teorias"*?

Uma *teoria científica* pode ser considerada como um conjunto de *suposições* e de *hipóteses* que pretendem ser meios para auxiliar na elucidação e no respondimento a *perguntas científicas* ou para crescer no entendimento de fenômenos da natureza ainda não completamente conhecidos.

Exemplos de *grandes perguntas*, que vêm sendo focos de investigações por parte de grupos científicos há muito tempo:

> *Como foi a origem do Universo?*
>
> *Como surgiu a "vida" dentro do Universo?*
>
> *Como surgiu o homem?*
>
> *Como surgiram as "diferentes e inúmeras espécies vivas" existentes?*
>
> Como *ninguém* tem ainda conhecimento suficiente para responder com total certeza a estas *(e a muitas outras) perguntas fundamentais do homem*, surgem as <u>*teorias*</u>.

Para tornar mais claro o conceito *sobre o que é e sobre como surge uma teoria científica*, podemos comparar, por exemplo, o que acontece na ciência com o que acontece numa *investigação jornalística*, como vem exposto a seguir.

Vamos usar como exemplo o grande e catastrófico acidente nuclear ocorrido em Chernobyl, na Ucrânia, em abril de 1986 (ver *BOX 6.1*).

Lembro-me bem quanta comoção e preocupação causaram as notícias publicadas nos jornais da época, sobre este grande acidente nuclear.

A imprensa de 1986 relatou detalhadamente o fato e hoje nós não temos dúvidas sobre as dimensões e as consequências do terrível acidente nuclear de Chernobyl.

Mas vamos agora dar *um salto de cem anos para o futuro*, após o ocorrido.

Imaginemos que, **cem anos após este acontecimento desastroso** *(então, estamos imaginariamente em 2086)*, todos os noticiários, arquivos e memórias sobre o evento, por algum motivo fictício, tenham sido perdidos.

Já não há mais registros e documentos daquele acidente.

Então, por volta do ano 2086, *alguns investigadores jornalísticos* passam pelo local, caminham pelas redondezas e veem aquelas ruínas, uma vegetação irregular recobrindo quase tudo e uma grande área de casas mostrando terem sido abandonadas há muito tempo.

Um cenário desolador!

Sem dúvida, muitas *perguntas* surgirão:

> O que pode ter acontecido aqui?
>
> Por que esta imensa área está desabitada?
>
> Por que estas casas estão abandonadas e em ruínas?
>
> Então, diante daquele cenário comovedor ali à frente deles e *diante de tantas perguntas sem respostas*, os investigadores começam a elucubrar sobre *possíveis hipóteses explicativas*.

Um dos jornalistas investigativos *(chamemo-lo de J1)* levanta sua hipótese da seguinte forma:

> *"Diante do que vejo aqui, minha teoria é a de que há muitos anos deve ter ocorrido algum tipo de enorme explosão, que deve ter matado todos os habitantes deste lugar, sem ter destruído*

as construções e após isto toda a região ficou abandonada até o presente".

Um segundo investigador *(J2)* levanta outra hipótese:

"Diante do que vejo, na minha opinião deve ter ocorrido aqui um grande terremoto, que destruiu tudo e deve ter matado os habitantes e após isto toda a região ficou abandonada até o presente".

Surge ainda a terceira possibilidade hipotética *(J3)*, proposta pelo último jornalista investigativo:

"Eu tenho uma teoria diferente das que vocês levantaram: na minha opinião, diante do que vejo, há muitos anos deve ter caído aqui um grande meteoro carregado de radioatividade, que matou todos os habitantes e fez com que toda esta região tivesse ficado contaminada com radioatividade.

Isto deve ter feito com que esta localidade tivesse de permanecer abandonada por muitos anos, até o presente, pois, como sabemos, a radioatividade demora mais de um século para cessar seus efeitos prejudiciais".

* * *

Para nós que conhecemos o fato com detalhes *(ver BOX 6.1)*, torna-se muito fácil julgarmos quais elementos destas *três teorias levantadas (J1, J2 e J3)* estão corretos e quais são incorretos.

Mas *os três investigadores*, sem elementos para poderem desvendar *o que de fato aconteceu, terão de pesquisar muitas coisas*, sempre *com espírito científico e com apego à verdade.*

Numa análise imparcial, podemos ver que nenhuma das três *teorias* levantadas está completamente correta e nem coerente com *o fato real ocorrido.*

Cada uma tem algumas partes coisas corretas e outras incorretas.

* * *

Mas agora *voltemos ao palco da ciência.*

Sobre a grande pergunta relacionada com a *"origem do Universo"*, por exemplo, existem *várias teorias (suposições científicas sérias, como as do acidente de Chernobil, antes aqui tratado)* levantadas e que vêm sendo defendidas por seus respectivos adeptos (sugerimos ver sobre *as principais teorias* no capítulo dois do presente livro).

Mas convenhamos que a *"origem do Universo"* é algo tremendamente amplo, extremamente antigo e consideravelmente complicado.

Se é fato que realmente teve *um início*, a *ciência estima* que o Universo — há aqueles que defendem não ter havido *um início* — teve *"um starting"* ocorrido há aproximadamente 13,7 bilhões de anos.

Há, por exemplo, um grupo cuja teoria defende que o Universo surgiu a partir de uma grande explosão, que foi chamada de *"Big-Bang"* e todo o produto desta explosão *(o Universo)* vem expandindo-se e continuará expandindo-se por muitos e muitos séculos ainda.

A favor desta hipótese, chamada *"Teoria do Big-Bang"*, existem algumas evidências já comprovadas, como mostradas no *BOX 6.2*.

Mas, como falamos e mostramos no Capítulo 2, existem *outras teorias sobre a origem do Universo* e, assim, *diferentes grupos científicos*, cada um defendendo a sua *teoria*, estão trabalhando para buscar evidências favoráveis às suas próprias ideias.

* * *

Muitas vezes ouvimos dizer que algo *"é apenas uma teoria"*, querendo-se com isso indicar que aquilo é meramente uma *hipótese,* algo que talvez não mereça consideração.

BOX 6.1 – O desastre nuclear de Chernobyl

Foi um acidente nuclear catastrófico ocorrido nos dias 25 e 26 de abril de 1986 num reator da Usina Nuclear de Chernobil, localizada na vizinhança da cidade de Pripiat, no norte da Ucrânia, próximo da fronteira com a Bielorrússia.

Uma usina nuclear é uma instalação que tem por finalidade produzir energia elétrica a partir de reações nucleares. As reações nucleares ocorrem usando elementos radioativos, por exemplo o urânio-235 ou o plutônio-239, como combustíveis nucleares.

O acidente ocorreu durante um teste de segurança, quando eram feitas simulações de falta de energia na estação *("o que poderia acontecer se viesse a faltar energia?")*.

Os sistemas de segurança, de emergência e de regulagem de energia foram intencionalmente desligados e então uma combinação de falhas inerentes ao projeto do reator, bem como dos operadores dos reatores resultaram em condições de reações nucleares descontroladas.

A água superaquecida transformou-se em vapor, causando explosões destrutivas e incêndios, além de provocar liberação de radioatividade durante a fase mais quente do incêndio.

A catástrofe de Chernobyl é considerada como um dos acidentes nucleares mais desastrosos da história, tanto em termos de baixas, quanto de custos.

Uma grande área ao redor da usina precisou ser isolada devido à contaminação com radioatividade.

A cidade de Pripiat permanece abandonada e o governo ucraniano não permite que seus ocupantes originais regressem à área para reivindicar seus antigos lares. O solo permanece altamente contaminado.

Estima-se que cerca de 400 vezes mais material radioativo foi liberado em Chernobyl do que nos bombardeamentos de Hiroshima e Nagasaki, Japão, na Segunda Guerra Mundial.

Estima-se que os posteriores efeitos prejudiciais de Chernobil permaneçam na localidade por mais de cem anos, embora a gravidade dos efeitos deva ir diminuindo com o passar do tempo.

Na *ciência* os conceitos de *teoria, fato* e *hipótese* são necessariamente muito bem embasados e não podem ser usados inadequadamente.

Isto posto, é fundamental reafirmar que não se pode assumir que uma *teoria* seja tratada como *"fato incontestável"*, assim como um *fato* não poderia ser referido como *teoria* ou *hipótese*.

É preciso muito cuidado no *entendimento* e, portanto, no *uso correto* dos conceitos.

Antes falamos aqui sobre as *teorias* relacionadas com a *origem do Universo*.

Uma outra *teoria* muito polemizada tem sido o *Evolucionismo de Darwin*.

Esta é uma *teoria científica* que tem por objetivo auxiliar a desenvolver explicação de como surgiram as *diferentes espécies vivas* existentes na natureza.

O *evolucionismo* defende a hipótese de que *toda a biodiversidade terrestre* teria surgido a partir de *transformações de espécies em outras espécies*, ao longo de um grande período de tempo.

Como está exposto no *BOX 6.3, a quantidade de espécies vivas existentes na natureza é extremamente grande*, estando na ordem de grandeza dos *quase nove milhões de espécies*.

Como sabemos, o naturalista Charles Darwin *(1809-1882)* trabalhou muitos anos, em meados do século XIX, procurando encontrar *hipóteses* que pudessem explicar sobre como teriam surgido as diversas *espécies vivas*.

Sem dúvida alguma, quando propôs a *teoria evolucionista,* Darwin desconhecia que havia *uma quantidade tão grande de espécies* de seres vivos em nosso Planeta, uma vez que a hipótese evolucionista foi divulgada por ele *há mais de cento e sessenta anos.*

Então, uma pergunta que podemos fazer *hoje,* agora que conhecemos os números estimados de *espécies de seres vivos: será que o evolucionismo conseguiria explicar, de fato, <u>tamanha biodiversidade</u>?*

Com isso, fica colocada à consideração a questão de que *teorias propostas há muitas décadas passadas,* podem vir a ter problemas quando colocadas defronte de *fatos novos,* de *novas tecnologias* e diante dos *mais recentes conhecimentos já adquiridos pelo homem.*

* * *

BOX 6.2 – Evidências favoráveis à Teoria do *Big-Bang*

Como já expusemos com maiores detalhes no capítulo 2 do presente livro, o Padre Georges Lemaître foi o propositor de uma *teoria da origem do Universo,* que ele chamou de *"hipótese do átomo primordial".*

Posteriormente, as equações principais desta teoria foram formuladas pelo matemático e cosmólogo russo Alexander Friedman *(1888-1925)* e houve outros desenvolvimentos realizados por George Gamow, passando a ser denominada *"Teoria do Big-Bang".*

Com o tempo, a *ciência* foi verificando a existência de algumas *evidências favoráveis* às suposições desta *teoria:*

(a) *O afastamento das galáxias:* fenômeno descoberto pelo astrônomo norte-americano Edwin Hubble *(1889-1953)* em 1929. Se está havendo este afastamento atualmente, isto significa que as galáxias deviam estar mais próximas entre si no passado.

(b) *As abundâncias de elementos químicos leves em todo o Cosmos: os valores observados* de tais abundâncias aproximam-se dos *valores estimados* por previsões obtidas a partir do modelo de nucleossíntese do *Big-Bang,* para a formação destes elementos a partir de processos nucleares ocorridos na expansão rápida e no posterior arrefecimento dos minutos iniciais pós-explosão.

> (c) *A radiação cósmica de fundo em micro-ondas*: descoberta em 1964, pelo físico estadunidense Arno Penzias *(nascido em 1933)* e pelo astrônomo e físico Robert Wilson (nascido em 1936), Prêmios Nobel de Física em 1978. Esta evidência ficou ainda mais forte especialmente quando o espectro desta radiação traçou uma curva de corpo negro, fazendo com que os cientistas ficassem convencidos de que estas concordâncias eram evidências de que alguns cenários hipotetizados pela teoria do *Big-Bang* devem ter realmente ocorrido.

Há teorias que, *mesmo incorretas, perduram por séculos*

Isto aconteceu, por exemplo, com a *teoria da origem abiogenética da vida*, conforme mencionamos no capítulo 3 do presente livro.

Como aludimos lá, o filósofo grego Aristóteles *(384-322 a.C.)* acreditava que, entre os animais superiores, o sopro vital passaria para os descendentes *por meio da reprodução*.

Entretanto, para ele *alguns seres (insetos, enguias, ostras) podiam aparecer de forma espontânea*, sem serem frutos de *"sementes"* de outros seres vivos.

Esta concepção, também conhecida como *"geração espontânea"*, parece ter advindo dos filósofos pré-socráticos, como Empédocles de Agrigento *(492-430 a.C.)*, que supunham que *a vida*, assim como *toda a diversidade do mundo*, havia sido formada por quatro elementos básicos: terra, fogo, água e ar.

A concepção da *"geração espontânea"* também ocorreu em escritos antigos da China, da Índia, da Babilônia e do Egito.

Esta ideia era, portanto, *abiogenética*, uma vez que afirmava que *seres vivos* poderiam surgir *a partir de não-vida ("a"+"bio"+"gênese" = "sem"+"vida"+"origem", ou seja, origem sem a contribuição de seres vivos)*.

A *teoria da origem abiogenética da vida* é também chamada de *"geração espontânea"*, foi a primeira corrente de pensamento surgida e foi defendida por personagens históricos como Aristóteles *(384-322 a.C.)* e por outros filósofos gregos clássicos.

Como esclarecemos anteriormente, no capítulo sobre *a origem da vida*, no presente livro, *a "teoria da geração espontânea" vigorou como uma explicação para a origem da vida no planeta Terra* **por mais de 20 séculos**.

Esta teoria esteve presente nos escritos de muitos autores e pensadores ocidentais como Bacon *(1561-1626)*, Descartes *(1596-1650)*, Issac Newton *(1643-1727)*, Buffon *(1707-1788)* e Lamarck *(1744-1829)*.

Mas é necessário considerar que, nas épocas em que estes pensadores viveram, *a ciência inexistia* ou *era ainda muito incipiente*.

Esta *"pouca ciência"* que havia até os séculos XVIII e XIX propiciava que hipóteses equivocadas como a *origem da vida por geração espontânea* pudessem ser passíveis de aceitação de forma generalizada.

Foi só com experimentos como os de John Needham *(1713-1781)*, de Lazzaro Spallanzani *(1729-1799)* e, finalmente, com os de Louis Pasteur *(1822-1895)*, que *a teoria abiogenética de origem da vida foi* **definitivamente** **rejeitada**.

* * *

Outra teoria que vigorou por muitos séculos, *mesmo que incorreta*, foi a do *geocentrismo* — como descrito neste nosso livro, no capítulo sobre o Universo.

Desde Aristóteles *(384-322 a.C.)*, com sua *teoria teocêntrica*, acreditava-se que a Terra era o centro do Universo (*"geos"* = Terra, por isso, *geocentrismo* era o nome desta teoria).

Foi somente nos séculos XV e XVI, com o astrônomo polonês Nicolau Copérnico *(1473-1543)* e depois com o astrônomo e engenheiro florentino Galileu Galilei *(1564-1642)*, portanto, **aproximadamente 19 séculos depois de Aristóteles**, que se chegou à conclusão correta de que era *a Terra que girava ao redor do Sol* e não o contrário.

A partir de então, após uma certa relutância, passou-se a defender o *heliocentrismo (o Sol como o centro do sistema planetário)*.

BOX 6.3 - Número estimado de *espécies de seres vivos* existentes no Planeta Terra

No capítulo 7 do presente livro, tratamos sobre a *imensa biodiversidade de seres vivos existentes no nosso Planeta*.

Lá citamos estudo publicado em 2011, o qual foi liderado por Camilo Mora, pesquisador pertencente à University of Hawaii e à Dalhousie University in Halifax (Canadá).

Neste estudo foi afirmado que, usando as mais consistentes abordagens de estimativas disponíveis no momento, Mora e sua equipe chegaram à conclusão de que existem aproximadamente 8,7 milhões (± 1,3 milhões SE) de espécies eucarióticas globalmente. Deste total, cerca de 2,2 milhões (± 0,15 milhões SE) são espécies marinhas.

Dentro destes números não estão incluídos os microrganismos classificados como *bactérias e arqueias*. Estudos recentes indicam que o número de espécies destes microrganismos procariontes pode superar os estimados 8,7 milhões de espécies eucarióticas do nosso planeta.

Estes imensos valores fazem-nos refletir sobre como tamanha e incrível diversidade possa ter surgido ao longo da história de nosso planeta e do Universo.

* * *

Há um *método de fazer ciência*

Este é o chamado *método científico*, cujo objetivo é gerar conhecimentos fundamentados sobre a natureza e sobre seus fenômenos, envolvendo observações, elaborações de *"perguntas científicas"* e posteriores formulações de *hipóteses* visando responder a tais *perguntas*.

Em seguida, podem ser feitos *experimentos, coletas de dados e análises dos dados coletados*, visando confirmar ou negar as *hipóteses* formuladas.

No trabalho científico, *hipótese* e *teoria* são partes distintas.

Fora da ciência, *hipótese* e *teoria* podem ser, com frequência, usados como termos correspondentes entre si e, desta forma *teoria* pode acabar sendo considerada como *pura especulação*, mera conjectura ou comum elucubração.

No método científico, há *etapas bem definidas* para a geração de conhecimentos:

a *observação* do fenômeno a ser estudado;

uma *revisão bibliográfica*, a mais extensiva possível, para conhecer sobre o que já foi realizado no campo de conhecimento do referido fenômeno;

a formulação de *hipóteses* que possam explicar o que ainda é desconhecido sobre o fenômeno em foco;

a concepção de *experimentos científicos* visando obter *dados* sobre o fenômeno em estudo;

a realização destes *experimentos* para a *coleta de dados* sobre o fenômeno em foco;

as *análises dos dados coletados*;

a *confirmação (ou negação) das hipóteses formuladas*;

e, por fim, a geração das *conclusões*.

Em suma, uma *hipótese* é uma suposição sobre o fenômeno de interesse e seu objetivo é parametrizar como, *usando o método científico*, será possível realizar a *coleta de dados* que venham a servir para confirmar *(ou para negar)* a referida suposição.

No *trabalho científico*, as *teorias* são constituídas de conteúdos muito mais abrangentes do que as *hipóteses*.

Se analisarmos o todo de uma *teoria*, veremos que ela é constituída de *várias hipóteses*, as quais devem ser estudadas, com o objetivo de fundamentar cada vez mais o *modelo teórico* em questão ou, por outro lado, para permitir descartá-lo em favor de *outra teoria* que explique melhor o fenômeno em estudo.

Em qualquer área do conhecimento o processo natural de crescimento científico exercitado ao longo do tempo leva, em geral, *a constantes e contínuas mudanças.*

É muito provável que uma *teoria* aceita por um determinado período *venha a ser substituída por outra, décadas depois,* quando *novos conhecimentos e novas tecnologias são adquiridos.*

As *teorias vigentes* entre as comunidades científicas constituem-se, até o momento em que estão em vigor, nas melhores explicações sobre como é o funcionamento da natureza no campo científico abrangido por aquelas *teorias.*

Estas *teorias* devem ser contínua e abrangentemente testadas e muitas *linhas de evidências* são então construídas, tanto *a favor* como *contra* elas.

Teorias são de insubstituível utilidade para conceber explicações e também para permitir gerar novas pesquisas.

A *ciência* é um esforço de geração de conhecimentos *em contínua construção* e, desta forma, as *teorias* estão sempre sob a possibilidade de evoluírem ou, ao contrário, até sob o risco de virem a ser abandonadas e substituídas por outras melhores.

Algumas vezes pode ocorrer que *teorias* não conseguem explicar todas as observações da natureza de forma totalmente competente.

Observações anômalas, que parecem não se enquadrar bem com a compreensão vigente da natureza podem ser verificadas.

Então, os cientistas esperam que, estudando estas anomalias, provavelmente conseguirão desenvolver *novas teorias.*

Desta forma, uma *nova teoria* (ou uma *teoria modificada* a partir da anterior vigente) é proposta e em geral esta consegue explicar melhor tudo o que a anterior não conseguia e também aquelas partes que eram anômalas anteriormente.

Todos estes processamentos e modificações em geral passam por observações, experiências, retroalimentações, controvérsias e discussões.

Por fim, aquelas *explicações científicas* que conseguirem demonstrar-se mais corretas acabam prevalecendo.

Em ciência, as *controvérsias* são consideradas saudáveis por poderem contribuir para a busca de novas resoluções de problemas, o que demanda novas investigações e, assim, dinamizam o *avanço científico*.

* * *

O *evolucionismo* como exemplo de *controvérsia*

Quando o assunto é a *origem das espécies de seres vivos existentes em nosso Planeta*, existem apenas duas possibilidades de explicação: o *criacionismo* ou o *evolucionismo*.

Os *adeptos do evolucionismo* defendem-no com grande ênfase, porque consideram-no como *"única alternativa científica"*.

Grande parcela dos biólogos considera-se *evolucionista* e, assim, julgam que as espécies vivas diversificaram-se por meio de *processos macroevolutivos*, ao longo de milhares de milhões de anos.

Dizem eles que *"devido a este consenso científico, não há controvérsia científica fundamental sobre se existe evolução ou não"*.

Aqui podemos perguntar: *consenso* é suficiente para que uma *teoria* reflita, incontestavelmente, a *verdade*?

Nos casos das teorias da *origem abiogenética da vida* e do *geocentrismo*, anteriormente expostos, não houve *consenso geral* por muitos séculos?

É importante lembrar aqui o que já foi dito em outras partes do presente livro: quando Darwin propôs sua *teoria evolucionista (1859)*, inúmeros conhecimentos hoje disponíveis ainda eram completamente incógnitos *(exemplos: a complexidade interna das células, a hereditariedade genética de caracteres, a incrível engenhosidade do DNA)* e, assim, era muito fácil às pessoas daqueles tempos aceitarem as ideias evolucionistas.

Coisa que, nos tempos atuais, *em função dos citados novos conhecimentos adquiridos*, tornou-se bastante questionada.

Desta forma, tentando incorporar os novos conhecimentos adquiridos pelo homem no decorrer do século XX, o geneticista e biólogo evolucionista estadunidense Theodosius Dobzhansky *(1900-1975)*, propôs a assim chamada *"síntese evolutiva moderna"*[229], também conhecida como *"neodarwinismo"*, que procura combinar a proposição original de Darwin *(1859)* com as *ideias mendelianas de hereditariedade*, as quais só vieram a ser conhecidas por volta do ano 1900.

Importante assinalar que a proposição do *"neodarwinismo"* por Dobzhansky ocorreu em 1937 com a publicação do trabalho *"Genetics and the Origin of Species"*, sendo que *as descobertas sobre o DNA* foram feitas **apenas em 1953** por Francis Crick e James Watson, quando trabalhavam em Cambridge, no Reino Unido.

Em 2009, aniversário de duzentos anos de Darwin e de cento e cincoenta anos do livro *"A origem das espécies"*, o biólogo evolutivo norte-americano Eugene Koonin *(1956)*[230] afirmou que *"enquanto o edifício da Síntese Evolutiva Moderna desmoronou, aparentemente, sem possibilidade de reparo"*, provavelmente surja uma nova síntese do século XXI, a partir de três revoluções interligadas: molecular, microbiológica e genômica.

O que se verifica, na verdade, é que, no século XXI, para aperfeiçoar e preencher as lacunas do evolucionismo, novas sínteses estão sendo buscadas, em diferentes direções.

Contudo, por enquanto são *lacunas não transpostas* e, assim, comprometem seriamente o *edifício evolucionista*.

* * *

A questão do *ensino do evolucionismo* nas escolas e nas universidades

Uma prática extremamente questionável e combatida por uma significativa parcela da sociedade é o *ensino do evolucionismo* nas escolas e universidades, como se a evolução fosse uma *verdade indiscutível*, apesar das inúmeras críticas e controvérsias que questionam até mesmo se o *evolucionismo* pode ser considerado como uma *teoria científica válida*.

---

[229] Dobzhansky, T. *Genetics and the Origin of Species*. Columbia University Press. 1982. 364p.

[230] Síntese evolutiva moderna. Disponível em: https://pt.wikipedia.org/wiki/S%C3%ADntese_evolutiva_moderna#S%C3%ADntese_evolutiva_"p%C3%B3s-moderna"_de_Koonin,_2009. Acesso: 06 abril 2022.

Os *adeptos do evolucionismo* defendem-se de forma muitas vezes enérgica e até mesmo ameaçadora.

Argumentam que os *opositores ao evolucionismo* exageram aumentando *"controvérsias secundárias"* da referida teoria apresentando-as como se fossem *"controvérsias fundamentais"* e "falsamente apresentando-as como indicadoras de uma *"teoria em crise"*.

O fato é que os *livros didáticos* utilizados nas salas de aula em geral, há décadas, apresentam unicamente as *ideias evolucionistas*.

Assim, os *opositores* chegam ao ponto de exigir a colocação de *alertas nos materiais de ensino*, conforme ocorrido em um condado norte-americano do estado da Georgia, onde afixou-se uma etiqueta nos livros didáticos com o seguinte alerta[231]:

Este livro contém material sobre evolução.

A *evolução* é uma *teoria, não um fato*, acerca da origem das diferentes espécies dos seres vivos.

Este assunto deve ser abordado com uma mente aberta, estudado com cuidado, e considerado criticamente.

Aviso aprovado por:

Direção de Educação de Cobb County

28 de março de 2002

No mesmo material aqui citado (*"Que controvérsia: é uma polémica deturpada ou exagerada?"*), encontra-se um exemplo ilustrativo de como os *evolucionistas* percebem a forma como pensam os seus *opositores antievolucionistas*:

> [...] esta postura dos opositores ao *evolucionismo*, essa distorção, tem infelizmente contribuído para uma controvérsia social sobre quais ideias devem ser ensinadas nas salas de aula, com os anti-evolucionistas a defender a inclusão do que chamam "pontos de vista alternativos" sobre a origem das espécies vivas, como o criacionismo.

> Este debate social há muito tempo que já se afastou da ciência em jogo.

---

[231] *"Que controvérsia: é uma polémica deturpada ou exagerada?"* Disponível em: https://saberciencia.tecnico.ulisboa.pt/artigos/ciencia-kit-de-ferramentas-06.php. Acesso: 16 março 2002.

Não há alternativa cientificamente viável que consiga contrariar **a esmagadora evidência** de apoio à teoria da evolução.

Destaquemos: "... *esmagadora evidência*"???

Os *grifos* anteriores objetivaram destacar como *os adeptos do evolucionismo* praticamente dogmatizaram a teoria que defendem e, assim, consideram-se completamente corretos, ao ponto de colocarem-se numa posição em que não se torna possível ensinar outras ideias — que não as *evolucionistas* — uma vez que, segundo eles, "*não há alternativa cientificamente viável que consiga contrariar **a esmagadora evidência** de apoio à teoria da evolução*".

A seguir é incluído mais um outro exemplo de uma verdadeira "*crença no evolucionismo*", aquilo que vem sendo chamado de "***fé evolucionista***":

> Muitas teorias científicas são tão bem-estabelecidas que é provável que nenhuma nova evidência venha a surgir para alterá-las substancialmente.
>
> Por exemplo, nenhuma nova evidência demonstrará que a Terra não orbita o Sol (teoria heliocêntrica) ou que seres vivos não são feitos de células (teoria celular), ou que a matéria não é composta por átomos ou que a superfície da Terra não é dividida de placas sólidas que se moverem ao longo das escalas de tempo geológicas (teoria das placas tectônicas).
>
> Assim como essas teorias científicas, a da *evolução* tem o suporte de tantas observações e de tantos experimentos de confirmação que os cientistas podem ter a confiabilidade de que os componentes básicos da teoria não serão refutados por novas evidências.[232]

Diante de posturas incorretamente impositivas como estas, o que é importante enfatizar aqui é o seguinte:

> Evolucionismo **não é fato comprovado**, mesmo que haja uma quantidade imensa de adeptos e do propalado "*consenso*".
>
> Como toda *teoria*, o evolucionismo ainda *está em desenvolvimento* e, no estágio atual da ciência, não é possível aceitá-la como *fato*, como *verdade final comprovada*.

---

[232] "*Evolução: fato ou teoria?*" Disponível em: https://universoracionalista.org/evolucao-fato-ou-teoria/ Consulta em: 26/09/2021.

> Assim, não é uma boa e apropriada prática que suas ideias *sejam ensinadas como "fatos"*, como, infelizmente, com frequência vem ocorrendo
>
> É correto que sempre seja informado que *trata-se de uma 'teoria'*, até de grande aceitação, **porém ainda sujeita a estudos visando comprovação plena.**
>
> Não se pode dizer que *evolucionismo* e *criacionismo* sejam correntes imperiosamente antagônicas.

Há inúmeros aspectos de uma e de outra parte que necessitam sempre ser levados em conta e, portanto, *confrontos e conflitos* não são produtivos e nem recomendados.

Na verdade, existe uma crescente corrente de pensamento que propugna a tese de que não há contradição entre a aceitação da hipótese científica da *evolução* e a afirmação da criação do universo e da vida por Deus *(MacDowell, 2011)*[233].

* * *

---

[233] MacDowell, J.A. *Evolution versus creation: a false dilemma (Evolução versus Criação: um falso dilema). Veritas*, Porto Alegre (R.S., Brasil), Vol. 56 (n.2): 84-120. Maio-agosto 2011.

7

SERIA ADEQUADO CLASSIFICAR O HOMEM COMO *HOMO SAPIENS?*

Então, o homem seria mesmo um "simples" *"animal racional"?*

A *Ciência* estima que existe *vida* no Planeta Terra há aproximadamente 3,8 bilhões de anos.

A grande diversidade de *espécies de seres vivos* é um dos aspectos mais fascinantes do nosso Planeta e, assim, a questão de conhecer *quantas espécies existem* pode ser considerada uma das mais importantes e desafiadoras da *Ciência*.

Mas, afinal, *quantas espécies de seres vivos* existem em nosso Planeta?

Num estudo publicado em 2011, liderado por Camilo Mora, pesquisador pertencente à University of Hawaii e à Dalhousie University in Halifax *(Canadá)*[234], é afirmado que não é possível fazer um *censo completo*, mas é viável realizar *estimativas indiretas* e estas necessitam basear-se em suposições, que algumas vezes podem ser consideradas relativamente controversas.

Contudo, estas abordagens têm sido as mais consistentes de que se dispõe até o momento e forneceram estimativas da existência de aproximadamente 8,7 milhões (± 1,3 milhões SE) de espécies eucarióticas[235] globalmente.

Deste total, cerca de 2,2 milhões (± 0,15 milhões SE) são espécies marinhas.

Um ponto de relevância é que até o presente momento apenas *pouco mais de 1,2 milhão de espécies foram catalogadas* e estima-se que cerca de

---

[234] Mora, C. et al. *How many Species are there on Earth and in the Ocean? (Quantas Espécies existem na Terra e nos Oceanos?) PloS Biol 9(8): e1001127.doi:10.1371/journal.pbio.1001127, 2011.* Disponível em: https://journals.plos.org/plosbiology/ article?id=10.1371/journal.pbio.1001127 (consulta em 19 de agosto de 2021). (https://doi.org/10.1371/journal.pbio.1001127).

[235] *Eucarióticas:* em Biologia, diz-se do ser vivo cujas células apresentam núcleo individualizado, separado do citoplasma por uma membrana que o envolve.

86% das espécies existentes nos continentes e aproximadamente 91% das espécies oceânicas ainda aguardam descrição e classificação.

Mora e seus colaboradores destacam ainda[236]:

> A questão de conhecer quantas espécies existem tem intrigado os cientistas por séculos e a resposta, juntamente com as pesquisas de diversos grupos científicos, sobre a distribuição e a abundância das espécies, é particularmente importante, sobretudo porque uma série de atividades e de influências humanas estão acelerando as taxas de extinções.

> Muitas espécies podem desaparecer antes mesmo de nós conseguirmos saber de sua existência, de seu nicho e de sua função, únicos nos ecossistemas, e de sua potencial contribuição para melhorar o bem-estar humano.

Existe a possibilidade de a humanidade vir a ter todas as espécies vivas catalogadas?

Quanto a esta questão, os mesmos cientistas asseveram:

> Com base nos custos e requisitos atuais, o estudo sugere que a descrição de todas as espécies vivas ainda não catalogadas, usando abordagens tradicionais, pode exigir até 1.200 anos de trabalho (!!!), se realizada por mais de 300.000 taxonomistas (!!!), a um custo aproximado de US$ 364 bilhões (!!!).

> Felizmente novas técnicas, como a do código de barras de DNA, estão reduzindo radicalmente o custo e o tempo envolvidos na identificação de espécies.

Sobre isso, conclui o Dr. Mora:

> Com o relógio da extinção agora correndo mais rápido para muitas espécies, acredito que acelerar o inventário de espécies da Terra merece alta prioridade científica e social.

> Um interesse aumentado e renovado em maior velocidade de exploração será necessário e então provavelmente a taxonomia poderia permitir-nos responder completamente a esta pergunta básica: "O que vive na Terra?"

* * *

---

[236] Census of Marine Life. *How many species on Earth? About 8.7 million, new estimate says. Science Daily*. Disponível em: sciencedaily.com/releases/2011/08/110823180459.htm. Consulta realizada em 24 novembro 2021.

Para que serve um *sistema taxonômico de classificação das espécies vivas?*

Diante de *tão grande biodiversidade*, a categorização das *espécies* em *grupos taxonômicos* é necessária e de grande utilidade e praticidade para facilitar a comunicação sobre os organismos em trabalhos científicos e nas exposições para o público em geral[237].

Como sabemos, a *Taxonomia*[238] surgiu no século XVIII, quando o botânico, zoólogo e médico sueco Carolus Linnaeus (entre nós conhecido como *"Lineu"*) *(1707 - 1778)*, desenvolveu um sistema binomial e hierárquico de nomenclatura *para a classificação científica das espécies de seres vivos.*

Lineu publicou o seu *Systema Naturae*[239] em 1735, como *o primeiro sistema de classificação dos seres vivos.*

Por isso, Lineu é considerado o *"pai da Taxonomia moderna".*

Esta primeira edição possuía apenas dez páginas, porém, a 13° edição, publicada em 1770, devido à incorporação de novas espécies identificadas, foi para 3 mil páginas.

A décima edição do *Systema Naturae* ocorreu em 1758 e foi considerada como o trabalho que realmente iniciou a aplicação geral da nomenclatura binomial zoológica. Assim, esta data é considerada como *ponto de partida da nomenclatura zoológica.*

Faz-se necessário destacar que este sistema taxonômico, embora *com mais de 260 anos de existência*, ainda é a base fundamental para o esquema atual de nomenclatura, descrição e classificação dos organismos vivos.

Lineu concebeu o seu sistema taxonômico dividindo os seres vivos em três reinos: *Animalia, Vegetalia e Mineralia.*

Atualmente *as principais categorias taxonômicas* são:

Reino

Filo

Classe

Ordem

---

[237] Russo, C.A.M., Salles, L.O., Brito, P. *Diversidade dos Seres Vivos*. Fundação Cecierj, Consórcio Cederj. Rio de Janeiro (R.J.), Vol. I, 3ª. edição. 2008. 155p.

[238] *Taxonomia*: na ciência da Biologia, é a disciplina que classifica e nomeia os organismos vivos.

[239] Linnaeus, Carolus (1758). *Systema naturae per regna tria natura: secundum classes, ordines, genera, species, cum characteribus, differentiis, synonymis, locis (O sistema natural da natureza dividido em três reinos: de acordo com classes, ordens, gêneros, espécies, com caracteres, diferenças, sinônimos, lugares).*

Família

Gênero

Espécie.

Portanto, com duas categorias a mais do que as propostas inicialmente por Lineu[240].

"Reino" é a categoria mais abrangente de classificação biológica, sendo *"espécie"* a categoria mais detalhada.

A categoria *Reino* é atualmente dividida em *cinco possibilidades*:

Monera: seres unicelulares e procariontes;

Protista: seres unicelulares eucariontes, que apresentam, ao mesmo tempo, características de vegetal e de animal;

Fungi: seres eucariontes e pluricelulares. Já foram classificados como vegetais, mas a membrana possui quitina e são heterótrofos;

Plantae ou *Metafita*: vegetais, desde algas verdes até plantas superiores; e

Animalia ou *Metazoa*: organismos multicelulares e heterótrofos, incluindo desde esponjas marinhas **_até o ser humano_**.

> Obs.: O grifo (**_"até o ser humano"_**) é importante para entendermos, no desenrolar do presente capítulo, um dos principais questionamentos deste livro, feito no início do presente capítulo (*"Seria adequado classificar o homem como Homo sapiens"?*), mas que será desenvolvido juntamente com mais detalhes também em outras partes deste documento.

O *Reino* agrupa *filos* de organismos com características semelhantes.

Os *filos*, por sua vez, agrupam *classes* semelhantes, as quais agrupam *ordens* semelhantes, que agrupam *famílias*, que agrupam *gêneros* semelhantes.

Dentro dos *gêneros*, são agrupadas *espécies* semelhantes, sendo a *espécie* a categoria taxonômica mais básica da classificação.

Podemos definir *espécie* como um grupo de organismos *que se reproduzem entre si* e *são capazes de produzir descendentes férteis*.

Indivíduos de *espécies diferentes* não conseguem reproduzir-se, caso sejam tentados cruzamentos entre eles.

---

[240] *Biologia. Classificação biológica.* Disponível em: https://brasilescola.uol.com.br/biologia/classificacao-biologica.htm. Consulta feita em: 22 novembro 2021.

Indo da mais abrangente categoria para a mais básica, teremos então: *Reino > Filo > Classe > Ordem > Família > Gênero > Espécie.*

É através do *sistema classificatório hierárquico binomial de Lineu* que os cientistas servem-se para referirem-se aos organismos vivos, chamando-os por seus *"nomes científicos".*

Cada *espécie* tem seu nome científico binomial, utilizando-se como linguagem científica *o latim.*

Como exemplos desta *nomenclatura científica*, podemos citar alguns casos:

> o *nome científico* do urso polar é *Ursus maritimus;*
>
> o *nome científico* do cachorro doméstico é *Canis lupus familiaris;* e
>
> o *nome científico* do chimpanzé comum é *Pan troglodytes.*

Por sua vez, **o homem moderno é enquadrado cientificamente dentro da espécie *Homo sapiens* ("homem inteligente").**

Na literatura científica considera-se que o *Homo sapiens* é também conhecido como *"pessoa", "gente"* ou *"homem"* e é **"a única *espécie animal de primata bípede do gênero Homo ainda viva"*[241], [242].**

Interessante e oportuno destacar, na definição citada, que *o homem é considerado pela ciência* como *a única* **"*espécie animal*"** e também como *"primata bípede".*

Infelizmente, é assim que inúmeros *trabalhos científicos* consideram *o homem*: simplesmente como mais *um primata bípede* ou *uma espécie animal.*

É importante que este destaque seja feito aqui, uma vez que um dos focos principais deste nosso livro é exatamente sobre a questão de evidenciar *uma necessária distinção entre* homens e *animais*, procurando devolver ao **homem** *a dignidade superior* com que ele merece ser considerado.

* * *

[241] Goodman, M., Tagle, D., Fitch, D., Bailey, W., Czelusniak, J., Koop, B., Benson, P., Slightom, J. *Primate evolution at the DNA level and a classification of hominoids (Evolução dos primatas ao nível do DNA e uma classificação dos hominoides). Journal Mol. Evol.*, 30 (3): 260–6. 1990.PMID 2109087. doi:10.1007/BF02099995.

[242] *Humano.* Disponível em: https://pt.wikipedia.org/wiki/Humano#cite_note-5. Consultado em 24 novembro 2021.

A *ciência* tem classificado taxonomicamente o *ser humano* da seguinte forma[243]:

Domínio:	*Eukaryota*
Reino:	*Animalia*
Sub-reino:	*Eumetazoa*
Filo:	*Chordata*
Subfilo:	*Vertebrata*
Superclasse:	*Tetrapoda*
Classe:	*Mammalia (Mamíferos)*
Subclasse:	*Theria*
Infraclasse:	*Eutheria*
Ordem:	*Primates (Primatas)*
Subordem:	*Haplorrhini*
Infraordem:	*Simiformes*
Superfamília:	*Hominoidea*
Família:	*Hominidae (Hominídios)*
Subfamília:	*Homininae*
Tribo:	*Hominini*
Subtribo:	*Hominina*
Gênero:	*Homo*
Espécie:	*Homo sapiens*
Subespécie:	*Homo sapiens sapiens.*

Quais são as características consideradas, *segundo a ciência*, para que *o ser humano* venha a pertencer a cada uma destas categorias taxonômicas aqui indicadas?[244]

---

[243] *Classificação do Ser Humano no Reino Animal.* Disponível em: https://www.todabiologia.com/zoologia/ classificacao_ser_humano.htm. Consulta realizada em 24 novembro 2021.

[244] *Clasificación Taxonómica del Ser Humano.* Disponível em: https://www.areaciencias.com/biologia/ taxonomia-hombre/. Consulta realizada em 24 novembro 2021.

Somos enquadrados no *Reino Animal* porque temos as seguintes características próprias dos seres vivos deste *Reino*: organização celular eucariota e pluricelular; nutrição heterotrófica; reprodução sexual; somos seres que podemos nos deslocar; as células do homem organizam-se em tecidos e órgãos.

Pertencemos ao *Filo Chordata* porque temos a notocorda, um bastão dorsal flexível que está presente nas fases embrionárias, sendo depois substituído total ou parcialmente pela coluna vertebral. Constitui-se no principal apoio axial do corpo, com a função de fornecer suporte e dar consistência ao corpo, sendo um eixo do esqueleto. Além disso, possuímos simetria bilateral e temos o corpo segmentado.

Por que somos enquadrados na *Classe dos Mamíferos*?

Porque as fêmeas humanas possuem glândulas mamárias, para alimentar os filhos-bebês com o leite materno.

Temos a presença de pelos no corpo, a capacidade de conservar o calor do corpo e somos de sangue quente.

Além disso, temos ainda as seguintes características: reprodução vivípara[245] e fertilização interna; respiração pulmonar; circulação sanguínea; esqueleto constituído por crânio e coluna vertebral; e desenvolvimento de um sistema nervoso complexo.

No táxon[246] subsequente, somos pertencentes à *Ordem dos Primatas* porque temos mãos e pés com cinco dedos, polegares opostos *(isto permite um dedo opor-se ao restante dos dedos)*; podemos juntar um dedo da mão com outro diferente; temos olhos para a frente, com visão estereoscópica; podemos girar o braço ao redor do ombro; podemos dobrar o tronco; e ainda a maior proporção do cérebro.

Somos da *Família Hominidae* porque nesta família estão incluídos os **primatas bípedes** e os **grandes macacos** e somos assim considerados.

Quanto ao *Gênero*, estamos incluídos no grupo *Homo*, que inclui o *ser humano moderno* e seus parentes mais próximos (também do gênero *Homo*), parentes que, sem exceção, estão todos extintos.

Para ilustrar, a seguir vai incluída uma lista das distintas espécies que também pertencem ao gênero *Homo*:

---

[245] *Vivíparo*: em Zoologia, característica dos seres que se desenvolvem no útero materno, envolvidos por placenta.

[246] *Táxon*: é uma unidade taxonômica, sendo essencialmente associada a um sistema de classificação científica. Por exemplo, *Reino* é um táxon, *Ordem* também o é, assim como *Espécie*.

Homo habilis (Homem "hábil");

Homo rudolfensis (Homem do "Lago Rodolfo");

Homo georgicus (Homem da "Geórgia");

Homo erectus (Homem "ereto");

Homo antecessor (Homem "explorador");

Homo cepranensis (Homem de "Ceprano", província de Frosinone, Italia);

Homo floresiensis (Homem de "Flores", Ilha de Flores, Indonesia);

Homo heidelbergensis (Homem de "Heidelberg");

Homo neanderthalensis (Homem de "Neandertal");

Homo rhodesiensis (Homem de "Rodesia");

Homo sapiens (Homem "inteligente", homem "que pensa", o sobrevivente *"Humano Moderno"*).

Finalmente, por que estamos incluídos na *espécie "Homo sapiens"*?

Sapiens significa "inteligente" e **somos os únicos que temos a <u>capacidade de pensar</u>**.

Destaque-se aqui que esta característica **nos torna *verdadeiramente únicos* sobre todos os demais seres vivos**.

* * *

Controvérsias sobre a *taxonomia do ser humano*

Ao enquadrar o ser humano como se fosse *apenas "mais uma das <u>espécies animais</u>"*, compreendemos que a ciência entende o sistema classificatório como uma *"classificação científica"* e, para isso, leva em consideração apenas <u>as características biológicas</u> **do corpo humano**, procurando compará-las com as possíveis semelhanças com os ***corpos biológicos*** <u>*dos seres de outras espécies*</u>.

Destaquemos então que realmente pode haver semelhanças entre o *homem* e *outros seres vivos*, mas <u>tais similitudes ocorrem</u> <u>**apenas no nível dos corpos biológicos**</u>.

Como dissemos, o nome científico do ser humano, *Homo sapiens* (*"homem que pensa"*) foi proposto pela primeira vez pelo próprio Lineu, na sua obra *Systema naturae*, publicada em 1735.

Convém destacar que, naquela época *(século XVIII)*, os conhecimentos científicos eram descomunalmente menores do que *a colossal abrangência da ciência do século XXI.*

Apesar disso, podemos dizer que até hoje a *ciência* ainda não conseguiu desvincular-se desta imprópria simplificação que é o *conceito zoológico do homem,* que infelizmente dura *há mais de 280 anos!*

Na linguagem coloquial em geral é feita a devida distinção entre os *humanos* e os *animais,* contudo, a *ciência* enquadra os *homens* como "_seres_ **_animais pertencentes ao Reino Animalia_**".

De uma certa forma, os gregos antigos já faziam enquadramento semelhante.

Consta que o filósofo e matemático grego Platão *(428 - 348 a.C.)* considerava o homem como um "_animal bípede e sem penas_".

Por seu lado, o filósofo grego do período clássico Aristóteles *(384 - 322 a.C.),* como já afirmado antes aqui, dizia que "*o homem era um _animal político_*" e também "*um _animal_ racional*".

É interessante notar que na *Classe Mammalia* e na *Ordem Primatas,* onde está enquadrado o *ser humano,* estão, também, de igual modo, incluídos *os macacos.*

Merece realce ainda o fato de que na *Família Hominidae,* onde estão incluídos os *homens,* há espécies _realmente animais,_ como os gorilas, os orangotangos e os chimpanzés.

Além disso, na *Tribo Hominini,* na qual está incluído o *homem moderno,* estão igualmente aqueles que a área da *evolução humana* considera como seus *parentes próximos,* os _Australopithecus_ (do latim "*australis*" = "*do sul*", e do grego πίθηκος = "_macaco_"), já extintos.

Desta forma, fica evidenciado que, _para a Ciência, os humanos são_ _"meramente animais"_, assim como os *primatas e grandes macacos,* porém, sendo o *homem moderno* a única espécie remanescente dentro do gênero *Homo,* dado que as outras estão extintas há milhares de anos.

* * *

Quando vemos o homem ser incluído num sistema taxonômico destinado a enquadrar todos os demais seres vivos existentes no Planeta, podemos questionar:

> *Será que o homem deveria, de fato, ser colocado no mesmo nível das espécies vivas animais/vegetais?*

Quais poderiam ser as consequências de tal questionável procedimento?

Há inúmeras opiniões de que esta é uma tremenda inadequação, porque pode contribuir para que se acabe fazendo com que não sejam dados *a devida distinção e o merecido valor superior ao homem* e então não se consiga enxergar *a imensa dignidade que o homem realmente tem*.

As religiões cristãs ensinam que, quando Deus criou tudo o que existe, o homem foi a única criatura para quem Deus disse: *"Eu vou te criar à Minha Imagem e Semelhança"* e assim o fez.

Portanto, o homem carrega em si *"Imagem e Semelhança com Deus"*.

Isto contrasta frontalmente com a tendência de *considerar a criatura humana como um mero animal*, na mesma condição dos bichos e demais seres vivos, ainda que *o homem* seja considerado um *animal racional*.

Deixando claro aqui que, ao fazer tais ressalvas, nada há contra os animais, a quem *o homem* dedica total amor, carinho e respeito.

Daí advém que, se *o homem* pode ser considerado como um *animal*, ele pode, também, ser tratado, como até chega a ocorrer, como os animais muitas vezes são *(inadequadamente)* tratados.

Embora, todos nós sabemos que os animais deveriam ser tratados sempre com total *dignidade animal*.

O *homem* é considerado como *o centro e o ápice do Universo*, mas, com a consideração do homem como *mero animal racional*, existe a tendência de negar-lhe esta destacada e merecida posição.

Deus Infinito criou o Universo e, Ele próprio, colocou *o homem* como *o rei de tudo*.

Por que *o próprio homem* iria então desdignificar-se, desvalorizar-se e rebaixar-se?

No cristianismo ensina-se que *Deus enviou Seu próprio Filho* a este mundo e Jesus Cristo nasceu *como verdadeiro homem*.

Um Deus Se fez homem, tal o amor, a distinção e a consideração de Deus Infinito para com Sua criatura!!!

Nenhuma outra criatura viva mereceu uma distinção tão grandiosa

Nenhuma outra criatura viva é capaz de *fazer ciência*, como *o homem* tem feito.

Nenhuma outra criatura é capaz de *conhecer-se a si mesma* e de *questionar sobre suas próprias origens* e sobre *seu papel dentro do Universo* como *o homem* o faz.

Qual é a espécie de ser vivo que consegue fazer obras de arte tão belas como as da Capela Sistina *(Vaticano)* ou as dos maiores museus e das mais belas catedrais? Qual animal conseguiria esculpir a Pietá[247]? ou o Moisés[248]?

E quanto às obras de arquitetura? Ou aos arranha-céus inteligentes, de muitas dezenas de pavimentos, que existem em vários lugares do Planeta?

Qual *espécie animal* conseguiria desenvolver um conhecimento, uma ciência tão grandiosa como *o homem* desenvolveu?

Qual desenvolveria um supercomputador *(como os que temos hoje)*?

Ou um superavião *(como, p.ex., um Boeing 747, ou um Airbus)*?

Ou espaçonaves que conseguem levar o homem até a Lua?

Ou que conseguem levar robôs a Marte?

Ou estações espaciais como a ISS *(International Space Station)*[249]?

Ou que consegue enviar uma sonda espacial como a *Voyager*[250] para fora do Sistema Solar?

---

[247] *Pietá*: uma das esculturas mais famosas do mundo, feita pelo pintor, escultor, poeta, anatomista e arquiteto italiano Michelangelo Buonarroti *(1475-1564)*, representando Jesus morto nos braços de sua mãe Maria. Fica em permanente exposição na Basílica de São Pedro, em Roma.

[248] *Moisés*: é uma das principais obras do artista renascentista Michelangelo *(já citado)*. Conta-se que após terminar de esculpir a estátua de Moisés, Michelangelo passou por um momento de alucinação diante da beleza da escultura. Bateu com um martelo na estátua e começou a gritar: *"Por que não falas"?* Permanece em exposição permanente na pequena capela de San Pietro in Vincoli, em Roma.

[249] *Estação espacial:* ISS, lançada em 1998 e construída até 2011, é um laboratório e observatório orbitando nosso Planeta numa altitude de aproximadamente 400 km. Foi também planejada para fornecer transporte, manutenção e atuar como base de preparação para possíveis futuras missões para a Lua, Marte e asteroides.

[250] *Voyager:* programa norte-americano de pesquisa espacial da Nasa, iniciado no ano de 1977, com o lançamento de duas missões (Voyager-1 e Voyager-2), objetivando estudar Júpiter e Saturno e suas respectivas luas. A Voyager-1 é o objeto feito pelo homem que está mais distante da Terra, atualmente viajando fora do Sistema Solar, no espaço interestelar.

Tudo isso, e muito mais, são conquistas da *capacidade e do enge-nho humano*.

Unicamente **o homem** foi capaz disso.

Só que *o homem* precisa, muitas vezes, ser corretamente conscientizado sobre o seu inigualável valor, sobre a sua esplêndida inteligência, sobre a sua excepcional grandeza e sobre *a sua incomensurável e incomparável **dignidade***.

* * *

Animalidade e humanidade

Um reconhecido cientista da atualidade é o antropólogo britânico Tim Ingold *(nascido em 1948)*, professor da Universidade de Aberdeen *(Escócia)*. Ele publicou um livro no qual é abordada a questão de diferen-ciar o *homem* do *animal*.[251]

Neste livro o autor, em diversos momentos, trata *o homem* como *"animal"* e quando quer referir-se aos bichos, trata-os como os *"animais não humanos"*.

Percebe-se claramente uma significativa preocupação de fugir do *antropocentrismo*[252], evitando ao máximo dar ao *homem* importância "exces-siva", conforme destaca o próprio Ingold.

Em determinado ponto, o autor indaga:

*"O que é (ou não é) um **ser humano?**"*

Em seguida acrescenta:

*"Talvez a pergunta correta seja: **o que significa "ser humano"?**"*

Em outro ponto, Ingold declara:

A cada geração somos lembrados, como se fosse uma grande descoberta, de que os seres humanos também são animais e que a comparação com os outros animais nos proporciona uma compreensão melhor de nós mesmos.

Enquanto as ações humanas são geralmente interpretadas como produtos de desígnio intencional, as ações dos outros animais - mesmo que ostensivamente semelhantes por

---

[251] Ingold, T. *What is an Animal? One World Archaeology (O que é um Animal? Uma Arqueologia do mundo)*. Routledge Inc. 1994. 190p.

[252] *Antropocentrismo*: concepção filosófica que considera a humanidade como centro do universo, que, por sua vez, é avaliado de acordo com a sua relação com o ser humano.

sua natureza e conseqüências - costumam ser explicadas como resultado automático de um programa comportamental instalado".

Nesta citação, grifei a forma como Ingold refere-se aos bichos ("<u>outros animais</u>"), deixando implícito, como ocorre em vários pontos de seu livro, que <u>considera o homem também como animal</u>.

Em outro ponto do livro, Ingold reprova o filósofo alemão Emanuel Kant *(1724-1804)* numa sua consideração sobre o homem:

O filósofo alemão Emanuel Kant, em 1790, resumiu da seguinte maneira a ortodoxia ocidental:

> "Como único ser dotado de discernimento na face da Terra, **[o homem]** certamente é o senhor da natureza e [...] nasceu para ser seu fim último".

Continua Ingold:

> *"Essa concepção imperialista do "lugar do homem na natureza", com sua negação dogmática de formas não-humanas de discernimento - sem qualquer demonstração empírica - <u>fez um grande mal em sua época</u>".*

Percebemos como Ingold se inquieta contra a ênfase dada por Kant de que **o homem** é o *"senhor da natureza"* e que *"nasceu para ser seu fim último"* e reprova o que ele chama de *"essa concepção imperialista do 'lugar do* **homem** *na natureza'"*.

Assim decorre em vários outros pontos de seu livro, em que procura destacar *o homem como "<u>animal</u>"*, ou refere-se aos *bichos* como *"animais não humanos"*, buscando assim mostrar que há uma certa dificuldade em encontrar a linha separatória (linha chamada por ele de *"Rubicão"*[253]) entre **humanos** e **bichos**:

> *Um tema que me interessa mais de perto é a objeção comumente levantada contra as tentativas de instaurar um Rubicão separando* **<u>os humanos</u>** *das <u>demais espécies do reino animal</u>, e que se baseia na afirmação de que as diferenças entre os seres são mais de grau do que de espécie.*

---

[253] *Rubicão*: era, no tempo do Império Romano, um ribeirão usado como fronteira natural entre a Gália Cisalpina e a Itália. Estando no comando da XIII Legião, o general Caio Júlio César atravessou esta linha fronteiriça e assim violou a lei de Roma, que proibia expressamente a transposição deste *limite natural*. Com isso, o general declarou guerra ao Senado romano e, depois de uma guerra civil, submeteu o Império Romano aos seus intentos de ditador vitalício. Por isso, a expressão *"atravessar o Rubicão"* denota ultrapassar *algum tipo de linha limítrofe* entre dois campos ou situações opostas.

Num outro ponto, Ingold assinala:

> Em comparação conosco, não surpreende que **os chimpanzés não se saiam muito bem como humanos**, mas a semelhança é tão grande que tendemos a encará-los da mesma maneira que Monboddo[254] viu os orangotangos: como **"seres humanos incompletos"**, e não como **"macacos completos"**.

> Vemos uma "criança humana" em cada chimpanzé maduro e por isso o tratamos como se fosse um caso de desenvolvimento interrompido.

Num outro trecho, Imgold ilustra bem seu tratamento do "<u>**homem como animal**</u>":

> Todo cientista tem uma palavra ou expressão favorita com a qual preenche a lacuna na frase

> "o homem se define <u>como um **animal**</u>", garantindo que essa palavra fornece a única chave para o entendimento da essência humana.

> Mas, se fizermos uma lista dessas palavras-chaves, logo veremos que ela se torna muito comprida.

> Sem dúvida "o uso da linguagem" e "racional" encabeçam a lista.

> "Dotados de linguagem", os seres humanos descrevem, especulam, argumentam, fazem piadas e se enganam.

> Eles podem mentir, conjurar coisas e eventos que jamais existiram e, dessa maneira, mostram-se particularmente inquietos com as questões da verdade e da mentira.

> Ao raciocinar sobre o mundo e seus atos nesse mundo, os **seres humanos** também cometem erros; diz-se que "<u>o homem é um **animal** que erra</u>".

> Além disso, **o homem** tem consciência de si e se constrange com a opinião alheia, o que o torna também cônscio da passagem do tempo e da transitoriedade de sua própria vida.

> Procura, então, adaptar-se aos fatos do nascimento, do envelhecimento e da morte dentro de uma ordem atemporal: <u>o homem é um **animal** religioso</u>.

---

[254] *Monboddo:* James Burnett, "Lorde Monboddo" *(1714 - 1799)*, foi um juiz, filósofo e linguista escocês. Em sua obra intitulada *Of the Origin and Progress of Language (Sobre a origem e o progresso da Linguagem)*, publicada entre 1773 e 1792, abordou sobre as continuidades e os contrastes entre os *homens* e os *"outros animais"*.

> Ele é também um formulador de projetos e impõe esquemas simbólicos por ele mesmo elaborados ao mundo dos objetos inanimados para a fabricação de ferramentas e artefatos, aos animais e às plantas para a produção (em vez de coleta) de alimentos e aos demais seres humanos para a construção de regras e instituições da vida social.

Aqui foi citado apenas este autor, o antropólogo Ingold, mas muitos outros, em diversas áreas e disciplinas da investigação científica, apresentam idêntica tendência de considerar "*o homem como animal*" ou, por outro lado, têm em conta os bichos como "*animais não-humanos*", muito provavelmente com o intuito de *tirar o homem da centralidade e da importância inigualável que lhe é de direito.*

Então, podemos nos perguntar: qual seria o objetivo de tirar **o homem** do *seu devido lugar de imensa superioridade*? Por que a tendência de *rebaixar* **o homem** *para o mesmo nível dos* **animais**?

Penso que este fenômeno tem acontecido em função de que muitos dos que estudam **o ser humano** procuram realizar suas investigações focando sua atenção *apenas nos* **aspectos corporais e biológicos** *do* **homem**.

A *ciência*, como sabemos, necessita de dados quantitativos e de variáveis mensuráveis sobre os objetos de seu estudo.

A partir destes dados a *ciência* caracteriza tais objetos, classifica-os, compara-os, distingue-os e encontra padrões.

Porém, **o homem é muito mais do que simplesmente seu corpo biológico.**

Como afirmado pelo próprio antropólogo Ingold em sua obra já citada aqui: "*apenas o homem é dotado de linguagem, razão, intelecto e consciência moral*".

Isto é muito importante e, portanto, merece ser repetido: "***apenas o homem*** *é dotado de linguagem, razão, intelecto e consciência moral.*"

Estas afirmações antropológicas podem ser vistas, até mesmo com palavras muito semelhantes, na citação abaixo, encontrada nos ensinamentos da Igreja Católica[255]:

> O **homem**: com sua abertura à verdade e à beleza, com o seu senso do bem moral, com a sua liberdade e a voz da sua

---

[255] Catecismo da Igreja Católica *(1993)*, n. 33 e 34.

consciência, com a sua aspiração ao Infinito e à felicidade, o homem se interroga sobre a existência de Deus.

Nestas aberturas percebe sinais de sua <u>alma espiritual</u>. Como "semente de eternidade que leva dentro de si, irredutível à só matéria"[256], <u>sua alma não pode ter origem senão em Deus</u>.

O mundo e o homem atestam que não têm em si mesmos nem o seu princípio primeiro, nem o seu fim último, mas que participam do Ser em si, que é sem origem e sem fim.

Assim, por estas "vias", o homem pode alcançar o conhecimento da existência de uma realidade que é a causa primeira e o fim último de tudo, "a que todos chamam DEUS".[257]

As faculdades do homem (inteligência e vontade) o tornam capaz de conhecer a existência de um Deus pessoal.

Mas, para que o homem possa entrar na Sua intimidade, Deus quis revelar-Se ao homem e dar-lhe a graça de poder acolher esta revelação na fé.

Contudo, as provas da existência de Deus podem dispor à fé e ajudar a ver que <u>a fé não se opõe à razão humana</u>.

Este pequeno trecho faz uma ponte muito clara entre a ***ciência*** (que analisa apenas a *"materialidade biológica do corpo humano"*) e a ***fé*** (que exprime a *"<u>espiritualidade humana e a grandeza não-visível do homem</u>"*).

Do trecho citado, salientemos alguns pontos fundamentais para a consideração acerca da **grandeza da dignidade humana**:

a abertura do *homem* à verdade e à beleza;

o seu senso de bem moral;

a sua liberdade e a voz da sua consciência;

a sua aspiração ao Infinito e à felicidade;

a sua interrogação sobre a existência de Deus;

a percepção de sua **alma espiritual**;

a *"semente de eternidade"* que leva dentro de si;

a *origem da alma em Deus*;

a percepção de que *o mundo e o homem participam do Ser divino, que é sem origem e sem fim*;

---

[256] *Gaudium et Spes (1965)*, 18, 1.

[257] São Tomás de Aquino, *Summa Theologica*, 1, 2, 3.

> a capacidade de, pelas *"vias"* citadas, poder alcançar *o conhecimento da existência de DEUS (causa primeira e fim último de tudo)*;
>
> suas faculdades *(inteligência e vontade)*, que o tornam capaz de conhecer a existência de um Deus pessoal;
>
> ao *homem (e só a ele!)*, Deus quer que *ele entre em Sua intimidade* e, por isso, Deus quis revelar-Se e dar-lhe a graça de poder acolher esta revelação, *na fé*.

Sobre *qual outro ser vivo*, dentro do Universo, se pode dizer que desfruta minimamente de qualquer um dos itens listados?

Em relação a cada um dos supracitados itens, poderíamos desenvolver tratados, arrazoados e compêndios, mas, não há necessidade de fazer isso aqui.

Avaliamos que estes pontos citados já são suficientes — embora existam ainda muitos outros — para, com facilidade, conseguirmos diferenciar o que é realmente **o ser humano** e *em quê* e *como* ele se distancia incomensuravelmente dos *animais* e de *qualquer outra parcela da criação*.

Um ponto importante a destacar é que, se os investigadores científicos, estudiosos do **homem**, não conhecerem estes aludidos pontos, eles farão suas análises baseados **apenas na materialidade do corpo biológico do homem** e, assim, tenderão a considerar o **homem** meramente como um ***animal***, como infelizmente tem ocorrido.

É por isso que torna-se fundamental que *o cientista estudioso do* **homem** procure ter conhecimentos não só da *ciência (para tratar da* parte material e natural *do homem)*, mas também da *fé (para tratar dos* aspectos não visíveis do homem)*.

O **homem** é o grande *ponto de conexão entre o divino e o material* e, portanto, entre a *fé* e a *ciência*.

Só o homem consegue fazer *ciência* e, ao mesmo tempo, só ele pode ter *fé*.

Sobre o *fazer ciência*, nunca se viu — e nunca se verá! — um orangotango ou um chimpanzé defendendo uma tese de doutorado ou propondo uma teoria científica.

Sobre o *ter fé*, identicamente nunca se viu — e nunca se verá! — um elefante ou um leão em *atitude consciente* de prece e de louvor a Deus Infinito.

Mas **o homem** sim!

Ele *faz ciência* — e a faz magnificamente! — e, por outro lado, ele sim *(só ele!)* desde há vários séculos constrói catedrais e templos esplêndidos em adoração ao Criador!

Portanto, o fenômeno *"homem no Universo"* não pode ser tratado de forma simplista e reducionista, considerando-o apenas como algo meramente biológico, físico ou químico, como o eletromagnetismo ou a força da gravidade.

Quando uma disciplina do conhecimento, p.ex., a Biologia, examina *o homem* unicamente do ponto de vista científico, suas lentes conseguirão enxergar apenas *as partes visíveis e quantificáveis do homem*.

Mas *o homem é muito mais do que seu <u>corpo</u>*, ou do que seus relacionamentos com seus semelhantes e com o Universo.

Podemos dizer que todo *o conteúdo divino do homem, que não é visível e nem mensurável pela ciência*, bem como seu *potencial de relacionamento com o Infinito*, que, dentro do Universo, **só ele possui (só ele!!!)**, distinguem-no e colocam-no em posição incomparavelmente superior a tudo o mais que há dentro da Criação.

Diante do que foi exposto, voltamos a nos perguntar:

Seria mesmo correto e adequado colocar o homem enquadrado dentro de um sistema taxonômico de seres vivos como o de Lineu ou o de qualquer outro sistema que possa vir a ser desenvolvido?

Ainda uma outra questão:

Seria mesmo correto rebaixar *o homem* à condição de um mero <u>animal racional</u> e depois tratá-lo como qualquer *bicho* ou como qualquer outra espécie viva do Universo?

Nem os filósofos clássicos e nem a filosofia dos últimos séculos conseguiram abarcar *toda a grandiosidade da essência sobrenatural e do destino eterno do homem.*

Mas, nos dias atuais, após tantas e tão grandiosas conquistas científicas e tecnológicas obtidas pelo *homem*, principalmente no último século, estamos finalmente em condições de *reconsiderar* e *corrigir* tudo o que tem sido inadequado até agora.

Não podemos perder a oportunidade de, finalmente, realizar um esforço por encontrar *o verdadeiro ponto de equilíbrio*, que possa permitir ao *homem* a compreensão de *seu sublime, único e insubstituível papel dentro da Criação.*

* * *

A inadequação de incluir o homem na mesma taxonomia dos *seres vivos animais/vegetais*

O sistema taxonômico de Lineu foi feito **_pelo homem_** e *serve para as necessidades e objetivos do* **_homem_**.

Assim, o **ser humano** não deveria ser incluído *dentro* desta taxonomia, como se fosse simplesmente um *animal* ou *um outro ser vivo qualquer*, semelhantemente aos demais seres vivos *ali corretamente incluídos*.

Mesmo porque *o homem é único* e foi ele quem fez o sistema taxonômico para o seu próprio uso e benefício.

Nenhum outro ser vivo teria inteligência ou capacidade para necessitar de um sistema classificatório como o de Lineu.

Mais ainda, nenhum outro ser vivo conseguiria arquitetar um sistema taxonômico dentro do qual pretendesse enquadrar **o ser humano**.

Como temos afirmado, *o homem é único, inigualável, superior, exclusivo, especial, incomparável e, assim,* **_deve ocupar um lugar especial dentro da Criação_**!

Vamos supor que uma família tivesse de mudar residência de uma cidade para outra.

Então, o pai da família, com o objetivo de ter um controle geral e para não passar pelo perigo de vir a esquecer ou de perder algum objeto, faz *um catálogo* contendo todos os pertences de sua casa.

A pergunta que caberia então seria a seguinte: haveria sentido ou cabimento que ele incluísse **_a si mesmo e a seus familiares_** como objetos catalogados?

Vamos considerar mais um exemplo.

Quando vamos a uma grande loja de departamentos, lá existem milhares de produtos.

Certa vez estive numa das grandes lojas de uma rede francesa, especializada em materiais de construção, acabamento, decoração, jardinagem e bricolagem.

Lá, num grande *outdoor*, estava anunciado que trabalham com mais de 500 mil diferentes produtos.

Sem dúvida alguma, os administradores desta loja devem possuir *um catálogo* ou *um programa de computador*, contendo todos os itens disponibilizados, separados por departamentos, tipos, subtipos, fabricantes, estoques disponíveis, preços pagos, preços de venda etc.

Contudo, podemos ter uma certeza: neste catálogo não estarão incluídos *o dono da rede de lojas, nem o gerente e nem os seus funcionários*.

O *catálogo* tem utilidade para efeitos de administração e de controle e quem o utiliza são os gerentes e os funcionários.

Da mesma forma, *o sistema taxonômico de Lineu foi feito **pelo homem** para várias utilidades **do próprio ser humano***.

Esta classificação não consegue, de fato, levar em consideração uma imensidão de *aspectos importantes do homem*, inclusive a possibilidade de que **o *homem* possa ser a grande motivação para a existência do restante da Criação**.

Uma consequência desta citada inadequação tem sido a incapacidade de o *ser humano* sair deste território extremamente limitado em que foi aprisionado: o ***"animal"*** Homo sapiens.

Avaliamos que, principalmente agora, neste primeiro quarto do século XXI, após tantas e tão grandiosas conquistas já obtidas, é momento oportuno de *o homem ser retirado deste esquema taxonômico*, que vem desde Lineu, que limita e diminui impiedosamente a visão do **homem** pelo próprio **homem**.

Este *paradigma*[258], impróprio, infeliz, descabido e inconveniente tabu pseudocientífico, precisa ser corrigido.

O homem é o grande tesouro, a mais magnífica pérola do Universo.

Toda a Criação existe para que, dentro do Universo, possa existir *o homem*.

A ostra é um animal pertencente ao filo *Mollusca* e à classe *Bivalvia*, tendo sua concha dividida em duas valvas, que são unidas através de um ligamento.

A ostra tem a capacidade de produzir *as pérolas*, objetos de alto valor, verdadeiras joias, apreciadas pelos joalheiros.

Nós podemos dizer que, *sem a ostra não há pérola* e, da mesma forma, *sem o Universo, não haveria o homem*.

Creio que nunca é demais e nem suficiente reforçar: ***o ser humano*** foi *(e é!) "uma escolha especial feita por Deus Infinito, Eterno e Criador"*, para

---

[258] *Paradigma:* pressuposto filosófico que orienta os valores e métodos, referência inicial como base de modelos para estudos e pesquisas. Representação de um padrão a ser seguido.

ele *"ser gente"*, *"ser humano"*, *"ser grandioso"*, habitar no seio deste Universo colossal e maravilhoso, como *rei da Criação!*

É preciso resgatar *este imenso significado da nossa existência*, este sentido da nossa presença aqui.

*Não somos meros **"animais racionais"**,* nem somos meras decorrências de um *acaso cego, acaso* este que, segundo a ideia ateia, teria gerado até as leis da natureza.

Destaque importante:
Nós somos criaturas frutos de um Mistério de Amor Divino.

Um Deus-Amor que, por amor, criou e cria tudo e faz de *uma parte de Sua Criação* **alguém** capaz de receber Seu Amor e de poder corresponder ao Seu Amor.

Existimos por decisão de Deus e somos seres muito queridos e infinitamente amados por Deus.

Deus quis aproximar-se tanto do <u>homem</u>, *a ponto de ter-Se tornado* <u>***um homem***</u>, em Jesus Cristo, Seu Filho encarnado.

<u>***Deus quis ser humano*** *para que nós, homens, pudéssemos um dia virmos a ser divinizados.*</u>

Jesus Cristo, Filho de Deus e homem, teve uma mãe, nasceu como um bebê, teve um pai adotivo e uma família.

Teve de aprender a ler e a escrever, comeu as comidas que sua carinhosa mãe lhe fazia, aprendeu o ofício que seu pai lhe ensinou *(carpinteiro)*, amou e orou os textos sagrados, teve amigos e inimigos, ensinou o Evangelho e finalmente foi crucificado *por amor a nós.*

É necessário olhar a história humana dentro do Universo *sob a luz do Amor de Deus.*

Na encíclica *Redemptor Hominis (n.10)*, São João Paulo II inicia de forma assertiva:

"O Redentor do homem, Jesus Cristo, é o centro do cosmos e da história"[259].

---

[259] São João Paulo II: *Carta Encíclica Redemptor Hominis*. 1979. §1. Vaticano. Disponível em: https://www.vatican.va/content/john-paul-ii/pt/encyclicals/documents/hf_jp-ii_enc_04031979_redemptor-hominis.html. Consulta em: 12 janeiro 2022.

Mais à frente, este mesmo documento apresenta uma profundidade de contextualização de grande precisão e vigor:

Cristo, na revelação do mistério do Pai e do Seu Amor, revela plenamente o homem ao próprio homem e descobre-lhe a sua "vocação sublime".

*"Imagem de Deus invisível, Cristo é **o homem perfeito**, que restitui aos filhos de Adão **a semelhança divina**, deformada desde o primeiro pecado".*

*Já que em Cristo a natureza humana foi assumida, sem ter sido destruída, por isso mesmo também em nosso benefício ela foi elevada a uma **"dignidade sublime"**.*

Porque, pela Sua Encarnação, Ele, Jesus Cristo, o Filho de Deus, "uniu-se de certo modo a cada homem".

Trabalhou com mãos de homem, pensou com uma mente de homem, agiu com uma vontade de homem e amou com um coração de homem.

*Nascendo da Virgem Maria, **"Cristo tornou-se verdadeiramente um de nós"**, semelhante a nós em tudo, exceto no pecado.*

Ele, o Redentor do homem.[260]

No parágrafo número 10 deste histórico documento, São João Paulo II assevera:

"O homem não pode viver sem amor.

Ele permanece para si próprio um ser incompreensível e a sua vida é destituída de sentido se não lhe for revelado o amor, se ele não se encontra com o amor, se o não experimenta e se o não torna algo seu próprio, se nele não participa vivamente.

[...]

*Nesta dimensão o homem reencontra **"a grandeza, a dignidade e o valor próprios da sua humanidade"**.*

No mistério da Redenção o homem é novamente "reproduzido" e, de algum modo, é "novamente criado". Ele é "novamente criado"!

[...]

*Se no homem se atuar este processo profundo, então ele produz frutos, não somente de adoração de Deus, mas também de **"profunda maravilha perante si próprio"**.*

---

[260]   Carta Encíclica *Redemptor Hominis*, supracitada, n. 8.

> *Que grande valor deve ter o homem aos olhos do Criador, se "mereceu ter um tal e tão grande Redentor", se "Deus deu o Seu Filho", para que ele, o homem, "não pereça, mas tenha a vida eterna".*
>
> *Na realidade, aquela profunda estupefação a respeito "do valor e da dignidade do homem" chama-se "Evangelho", isto é a "Boa Nova".*
>
> *Chama-se também Cristianismo. Uma tal estupefação determina a missão da Igreja no mundo, também, e talvez mais ainda, "no mundo contemporâneo"".*

No Catecismo da Igreja Católica, parágrafo n. 355, encontramos o seguinte:

> *Deus criou o homem "**à Sua Imagem, à Imagem de Deus o criou**", "homem e mulher os criou" (Gn 1,27).*
>
> *O homem ocupa um lugar único na Criação: ele é "a imagem de Deus"; em sua própria natureza une o mundo espiritual e o mundo material; é criado "homem e mulher"; Deus o estabeleceu em Sua amizade.*

Josemaria Escrivá *(1902-1975)* foi um sacerdote espanhol, canonizado em 2002 por São João Paulo II, autor de várias obras de grande sabedoria.

No livro *É Cristo que passa (parágrafo n. 133)*, escrito por este santo, e no texto intitulado "Quem é o homem? Por quê e para que foi criado?"[261], encontramos:

> *"Esta é a grande ousadia da fé cristã: **proclamar <u>o valor e a dignidade da natureza humana</u>** e afirmar que, mediante a graça, que "nos eleva à ordem sobrenatural", fomos criados para alcançar "<u>a dignidade de filhos de Deus</u>".*
>
> *Ousadia certamente incrível, se não se baseasse no decreto salvador de Deus Pai e não tivesse sido confirmada pelo Sangue de Cristo e reafirmada e tornada possível pela ação constante do Espírito Santo".*

Por qual razão *o homem foi criado com tamanha dignidade*?

Eis a resposta: de todas as criaturas vivas,

só o homem é "capaz de conhecer e amar seu Criador"[262];

---

[261] São Josemaria Escrivá. *Quem é o homem? Por quê e para que foi criado?* Disponível em: https://opusdei.org/pt-br/article/quem-e-o-homem-por-que-e-para-que-foi-criado/. Consulta feita em: 12 janeiro 2022.

[262] *Gaudium et spes* 12, 3.

só o homem é a *"a única criatura na terra* que Deus quis por si mesma"[263];

só o homem é chamado a **compartilhar**, pelo conhecimento e pelo amor, **a vida de Deus.**

Foi para este fim que o homem foi criado, e aí reside a razão fundamental de sua <u>incomensurável dignidade</u>:

*"Que motivo Vos fez constituir o homem **em dignidade tão grande?***

O amor inestimável pelo qual enxergastes em Vós mesmo Vossa criatura, e Vos apaixonastes por ela; pois foi por amor que a criastes, foi por amor que lhe destes um ser capaz de degustar Vosso Bem eterno".[264],[265]

> **O homem é, sem dúvida, incomensuravelmente mais do que os animais e do que qualquer outra criatura do Universo!**

Um dos objetivos deste nosso livro é contribuir para tirar *o homem* destes limites por demais mesquinhos em que tem sido e vem sendo aprisionado.

Quebrar e romper este *infeliz paradigma* vigente até o momento, este tabu tão limitador, humilhador, depreciador e roubador da noção quanto à *"incomensurável beleza e dignidade do ser humano"*, sem dúvida, *"a criatura mais magnífica engendrada por Deus".*

Esta criatura cujo destino é ser um dia *divinizada* e assim *"poder conviver com e em Deus na Glória Infinita, pelo resto da Eternidade".*

Qual seria outro ente criado que pudesse merecer ser elevado a *tão alto grau de dignidade e esplendor?*

* * *

Agora é oportuno expressar aqui o que significa a expressão que diz que *"o homem foi criado à Imagem e Semelhança de Deus".*

---

[263] *Gaudium et spes* 24, 3.

[264] Santa Catarina de Sena, *Il dialogo della Divina Providenza*, 13.

[265] Catecismo da Igreja Católica, parágrafo n. 356.

Novamente, o Catecismo da Igreja Católica *(já citado antes)* nos explica, conforme segue:

> *Por ser à Imagem de Deus, o indivíduo humano tem a digni-dade de* <u>pessoa</u>*: ele não é "apenas* <u>alguma coisa</u>*" ou "um mero* <u>animal</u>*", mas é* **<u>alguém</u>**.
>
> *É capaz de conhecer-se, de possuir-se e de doar-se livremente e de entrar em comunhão com outras pessoas, e é chamado, por graça, a uma aliança com seu Criador, a oferecer-Lhe uma resposta de fé e de amor que ninguém mais pode dar em seu lugar*[266].
>
> **<u>Deus criou tudo para o homem</u>**[267]*, mas o homem foi criado para servir e amar a Deus e para oferecer-Lhe toda a Criação:*
>
> *Quem é, pois, o ser que vai vir à existência cercado de tal consideração?*
>
> *É um* **<u>homem</u>***, grande e admirável figura viva,* **<u>mais precioso aos olhos de Deus do que a Criação inteira</u>***: é o* **<u>homem</u>***, é para ele que existem o céu e a terra e o mar e a totalidade da Criação, e* **<u>é à salvação dele que Deus atribuiu tanta importância, que nem sequer poupou Seu Filho único em seu favor</u>***.*
>
> *Pois Deus não Se cansou de tudo empreender para fazer o* **homem** *subir até Ele, para fazê-lo sentar-se à Sua Direita".*[268],[269]

Continua expondo o texto-mestre da Igreja Católica[270] sobre o que têm em comum *os homens* e por que são diferentes de todos os outros seres da Criação:

> *"Maravilhosa visão que nos faz contemplar o gênero humano:*
>
> *na unidade de sua origem em Deus;*
>
> *na unidade de sua natureza, composta igualmente em todos de* <u>um corpo material</u> *e de* <u>uma alma espiritual</u>*;*
>
> *na unidade de seu fim imediato e de sua missão no mundo;*
>
> *na unidade de seu habitat: a Terra, de cujos bens todos os homens, por direito natural, podem usar para sustentar e desenvol-ver a vida;*

---

[266] Catecismo da Igreja Católica, parágrafo n. 357.

[267] Papa São Paulo VI. *Constituição Pastoral Gaudium et spes*, 12, 1. Promulgada em 1965. Vaticano.

[268] Catecismo da Igreja Católica, parágrafo n. 358.

[269] São João Crisóstomo, *Serm. in Gen.* 2,1.

[270] Catecismo da Igreja Católica, parágrafos n. 360, n. 361.

na unidade de seu fim sobrenatural: Deus mesmo, ao qual todos devem tender;

na unidade dos meios para atingir este fim;

na unidade do seu resgate, realizado em favor de todos por Cristo[271].

Esta lei de solidariedade humana e de caridade, sem excluir a rica variedade das pessoas, das culturas e dos povos, nos garante que <u>todos os homens são verdadeiramente irmãos</u>".

* * *

Afinal, o ser humano é *"um corpo com uma alma"* ou *"uma alma com um corpo"?*

Pierre Teilhard de Chardin *(1881-1955)* foi um padre jesuíta, teólogo, filósofo e paleontólogo francês que tentou construir uma visão integradora entre *ciência* e *teologia*.

Este grande e reconhecido pensador legou para a posteridade uma filosofia que procura reconciliar a *ciência do mundo material* com as *forças sagradas do divino e com sua teologia*.

Um de seus pensamentos que se tornaram famosos cristalizou-se na seguinte frase:

"Não somos seres humanos vivendo uma experiência espiritual, somos seres espirituais vivendo uma experiência humana".

Diante do que refletimos até aqui, agora pode surgir uma significativa pergunta: *"o ser humano é um corpo com uma alma, ou uma alma com um corpo?".*

Vamos basear-nos no Catecismo da Igreja Católica para a resposta:

A pessoa humana, criada à imagem de Deus, é um ser ao mesmo tempo <u>corporal</u> e <u>espiritual</u>.

O relato bíblico exprime esta realidade com uma linguagem simbólica, ao afirmar que "O Senhor Deus modelou o homem com a argila do solo, insuflou em suas narinas um hálito de vida e o homem se tornou um ser vivente"[272].

---

[271] Pio XII, Encíclica *Summi Pontificatus (1939)*, 3; cf. Concílio Vaticano II, *Nostra aetate (1965)*, 1.

[272] *Genesis* 2,7.

> *Portanto, o homem em sua totalidade é querido por Deus*[273].

Afinal, o que é o *corpo*? O *corpo* seria mau?

> *O corpo do homem participa da "dignidade da imagem de Deus": ele é "corpo humano" precisamente porque é animado pela "alma espiritual", e é "a pessoa humana inteira" que está destinada a tornar-se, no Corpo de Cristo, o Templo do Espírito*[274]:

> *"Unidade de corpo e de alma", o homem, por sua própria condição corporal, sintetiza em si os elementos do mundo material, que nele assim atinge sua plenitude e apresenta livremente ao Criador uma voz de louvor.*

> *Não é, portanto, lícito ao homem desprezar a "vida corporal"; ao contrário, deve estimar e honrar seu corpo, porque criado por Deus e destinado à ressurreição no último dia".*[275],[276]

> ***"Se soubesses o que vales!..."*** *É São Paulo quem te diz: "foste comprado 'pretio magno' - por altíssimo preço".*

> *E depois continua: "Glorificate et portate Deum in corpore vestro" – "glorifica a Deus e traze-O em teu corpo""*[277].

Podemos ainda perguntar: o que é a <u>alma</u>? Para que serve? De onde vem?

É no depósito da fé da Igreja Católica que podemos buscar as respostas para estas perguntas:

> *"Muitas vezes o termo <u>alma</u> designa na Sagrada Escritura a "vida humana", ou a "pessoa humana inteira".*

> *Mas, designa também "o que há de mais íntimo no homem e o que há nele de maior valor", aquilo que mais particularmente o faz ser **imagem de Deus**: "alma" significa o princípio espiritual no homem*[278].

> *A <u>unidade da alma e do corpo</u> é tão profunda que se deve considerar a alma como a "forma" do corpo*[279]; *ou seja, <u>é graças à alma espiritual que o corpo constituído de matéria é um corpo humano</u>*

---

[273] Catecismo da Igreja Católica, parágrafo n. 362.

[274] *Cf.* 1 Epístola de São Paulo aos Coríntios 6,19-20; 15,44-45.

[275] *Gaudium et spes* 14, 1.

[276] Catecismo da Igreja Católica, parágrafo n. 364.

[277] São Josemaria Escrivá. *Caminho*, n. 135. Ed. Quadrante, São Paulo (S.P.). 11ª. edição. 2016. 349p.

[278] Catecismo da Igreja Católica, parágrafo n. 363.

[279] *Cf. Concilio de Viena, ano 1312; DS 902.*

e vivo; o espírito e a matéria no homem não são "duas naturezas unidas", mas a união deles forma "uma única natureza".

A Igreja ensina que <u>cada alma espiritual é diretamente criada por Deus</u>[280] - não é "produzida" pelos pais - e é imortal[281]: ela não perece quando da separação do corpo na morte e se unirá novamente ao corpo na ressurreição final".

Finalizando, citamos uma reflexão de São Josemaria Escrivá, que aprofunda as inclusas ponderações sobre *alma, corpo, espírito, unidade do gênero humano* feitas anteriormente:

Esta é a vontade de Deus, a vossa santificação...

Que cada um saiba usar o seu <u>corpo</u> santa e honestamente, não se abandonando às paixões, como fazem os pagãos, que não conhecem a Deus.

Pertencemos totalmente a Deus, <u>de alma e de corpo</u>, com a carne e com os ossos, com os sentidos e com as potências.

Rogai-Lhe com confiança: Jesus, guarda o nosso coração!

Um coração grande, forte, terno, afetuoso e delicado, transbordante de caridade para contigo, a fim de servirmos a todas as almas.

O nosso corpo é santo, templo de Deus, conforme precisa São Paulo".[282]

---

[280]   Cf. Pio XII, *Encíclica Humani generis (1950); DS 3896; Paulo VI, Credo do Povo de Deus, 8.*

[281]   Cf. *Concilio de Latrão V, ano 1513; DS 1440.*

[282]   São Josemaria Escrivá. *Amigos de Deus*, n. 177. Ed. Quadrante, São Paulo (S.P.). 2ª. edição. 2016. 320p.

8

ÍCONES FALSOS DO *EVOLUCIONISMO* X *ENSINO*

Nem tudo no evolucionismo é de *aceitação geral*

John Corrigan "Jonathan" Wells *(nascido em 1942)* é um investigador e escritor norte-americano de significativa notoriedade, autor dos best-sellers *Icons of evolution: Science or Myth? (2000)*[283] e *Zombie Science: More Icons of Evolution* (2017)[284].

Tem dois PhDs, um em Biologia Molecular e Celular *(Universidade da Califórnia, em Berkeley)* e outro em Estudos da Religião *(Universidade de Yale)*.

É membro sênior do Centro de Ciência e Cultura do Instituto Discovery *(já citado antes aqui)* e já trabalhou como biólogo pesquisador de pós-doutorado na Universidade de Califórnia, em Berkeley.

Foi também professor de Biologia na Universidade Estadual da Califórnia em Hayward. Continua a dar palestras sobre *"evolucionismo e controvérsias quanto ao ensino desta teoria"*.

Este investigador e autor argumenta no livro *Icons of evolution* que

> [...] uma relevante quantidade de argumentos usados em livros didáticos de Biologia, especificamente no que se refere a *"fundamentos do evolucionismo"*, são enunciados distorcidos, grosseiramente exagerados ou patentemente falsos.

Wells alega que *"a teoria evolucionista darwiniana está em desacordo com as evidências científicas"* e, assim, *"não tenho a menor dificuldade de expor com veemência **meu posicionamento abertamente contrário ao ensino desta teoria na educação pública"**.*

---

[283] Wells, J.C. *Icons of evolution: science or myth? why much of what we teach about evolution is wrong (Ícones da evolução: ciência ou mito? por que muito do que ensinamos sobre evolução está errado)*. Regnery, Washington D.C.. 2000. 338p.

[284] Wells, J.C. *Zombie Science: More Icons of Evolution (Ciência Zumbi: mais ícones da Evolução)*. Discovery Institute Press, Seattle, WA: 2017 235p.

No livro *Icons of evolution*, Wells cita *fundamentos basilares do Evo-lucionismo* que são por muitos pensadores considerados como errados e inaceitáveis — por isso, ele os denomina como *"ícones falsos"*.

No entanto, estes "fundamentos inadequados" **vêm sendo ensinados há décadas nas escolas como se fossem corretos**, apesar das inúmeras e insistentes críticas em contrário.

Abaixo, os *"seis ícones falsos"* combatidos por Wells:

1   *o experimento Miller-Urey* (relacionado com a frustrada ten-tativa de explicação da *origem da vida via "evolução química"*);

2   a *árvore da vida de Darwin* (de acordo com a teoria de Darwin, todas as espécies vivas seriam descendentes modificadas provenien-tes de outras espécies anteriores e o desenho esquemático destas descendências seria semelhante ao dos ramos de uma árvore);

3   *os embriões de Haeckel* (segundo Darwin, "semelhanças embrio-nárias" seriam evidências de "descendência comum");

4   *as mariposas salpicadas* (mariposas pigmentadas teriam evo-luído por seleção natural em função do surgimento de novas condições de atmosfera mais esfumaçada causadas pela revolução industrial, na Inglaterra);

5   *as moscas-das-frutas de quatro asas* ("mutações genéticas" forneceriam matéria-prima para a evolução);

6   *a evolução humana* (conforme postulam os darwinistas, se conseguirem comprovar a *evolução humana*, desde *primatas* até o *homem moderno*, então ficaria provado que a *teoria evolucionista* seria correta).

* * *

Defensores do evolucionismo expuseram em vários artigos[285] críticas ferozes contra o livro *Icons of evolution* e, desta forma, Wells, em resposta,

---

[285]   Martin, L.D. *"An Iconoclast for Evolution?" (Um iconoclasta da Evolução?). The World & I* (February, 2001): 241-246.

Coyne, J.A. *"Creationism by Stealth" (Criacionismo por dissimulação). Nature* 410 (April 12, 2001): 745-746.

Pigliucci, M. *"Intelligent Design Theory" (Teoria do Design Inteligente). BioScience* 51:5 (May, 2001): 411-414.

Scott, E.C. *"Fatally Flawed Iconoclasm" (Iconoclasmo fatalmente falho). Science* 292 (June 22, 2001): 2257-2258.

escreveu um artigo[286] em que expõe os argumentos para combater o que, segundo ele, são *"os ensinamentos errados do evolucionismo"*:

> *Argumentei, em meu livro, que uma teoria que distorce siste-maticamente as evidências não é boa ciência empírica -* **talvez nem mesmo possa ser chamada de "ciência"**.
>
> *Na verdade, o darwinismo tem todas as armadilhas de uma "religião secular".*
>
> *"Seus sacerdotes" perdoam uma infinidade de pecados em seus postulantes - manipulando dados, exagerando os resultados, apresentando suposições como se fossem conclusões – mas, nunca absolvem o "pecado da descrença"".*

Neste seu artigo-defesa, Wells rebate as desaprovações impetuosas dirigidas pelos seus críticos aos já citados *"seis ícones falsos"*.

Estes fundamentos errados (*"os ícones"*), apesar de existirem há muito tempo, com inúmeras vozes qualificando-os como inadequados, *mesmo assim vêm sendo incluídos nos livros didáticos* há vários anos e continuam a ser incluídos mesmo nos dias atuais.

Primeiro *"ícone falso do evolucionismo"*: o experimento Miller-Urey

Conforme qualificado no livro *Icons of evolution*, Wells arremete impla-cavelmente, reiterando que: *"tal experimento não conseguiu, de forma alguma, comprovar que a vida poderia de fato ter surgido via "evolução química""*.

No entanto, este experimento foi e ainda é muito utilizado como argumento da *teoria evolucionista "nos livros didáticos"* para confundir, afirmando que a *vida* teria surgido a partir de *materiais inorgânicos*.

Assim, continua Wells: *"A primeira forma de vida"* que, depois, segundo Darwin, viria a dar origem à *"árvore de espécies"* não pode ser considerada originária da matéria por *"evolução química"*, que significaria *"matéria"* dando origem à *"vida"*.

Ussery, D. *"The Stealth Creationists"* (Os criacionistas furtivos). *Skeptic* 8:4 (2001): 72-74.

Rudolf, A. & Raff, R.A. *"The Creationist Abuse of Evo-Devo"* (O Abuso Criacionista do Evo-Devo). *Evolution & Development* 3:6 (November-December, 2001): 373-374.

Padian, K. & Gishlick, A. *"The Talented Mr. Wells"* (O talentoso Mr. Wells). *The Quarterly Review of Biology* 77:1 (March, 2002): 33-37.

[286] Wells, J.C. *Critics Rave Over Icons of Evolution: A Response to Published Reviews* (Críticos elogiam Ícones da Evolução: uma resposta às críticas publicadas). 2001. Disponível em: https://www.discovery.org/a/1180/. Acessado em: 13/10/2021.

Com base nisso, Wells irrompe com vigor:

> *"Admito que ignoro completamente como deve ter sido "a origem da vida no Universo", mas, é certeza absoluta que todo mundo também o ignora.*
>
> *Então, devemos nos perguntar: não é hora de admitirmos nossa ignorância diante de nossos alunos, em vez de continuarmos a dar-lhes a impressão de que o experimento Miller-Urey mostra como os blocos de construção da vida poderiam ter se originado na Terra primitiva?"*

Segundo *"ícone falso do evolucionismo"*: a suposta *"árvore da vida"* proposta por Darwin

Wells contesta este conjecturado fundamento *evolucionista* denominado *"árvore da vida"* com vigor, baseando-se em citação do próprio livro de Darwin[287]:

> *Se a teoria da evolução fosse correta, então a história da vida começaria com "uma única espécie ancestral original", divergindo em duas espécies diferentes, depois em gêneros diferentes, famílias diferentes e assim por diante - com as principais diferenças aparecendo apenas após milhões de gerações".*

Sobre isso, continua Wells:

> *O desenho esquemático representativo dos acima aludidos inter-relacionamentos entre espécies seria como o de uma "árvore ramificada", a que Darwin chamou de "grande árvore da vida".*
>
> *No entanto, quando as espécies animais aparecem pela primeira vez no registro fóssil, no início do período geológico conhecido como Cambriano (ocorrido entre 570 - 500 milhões de anos) - fenômeno denominado "explosão cambriana"[288] -, a maioria das principais diferenças, como os planos básicos do corpo (ou "filos"), já estão presentes.*
>
> *Como então dizer que "uma espécie evoluiu de outra por mudanças lentas ao longo do tempo"?*

---

[287] Darwin, C. *The origin of Species.* Capítulo X. (Neste capítulo de seu livro, Darwin reconheceu que se a *árvore filogenética* não ocorresse, isto representaria grande dificuldade para sua teoria).

[288] *"Explosão Cambriana"*: foi o aparecimento relativamente rápido, em um período que seria curto para o *evolucionismo*, dos *filos* mais importantes de seres vivos, durante o *período Cambriano (há cerca de 530 milhões de anos)*, conforme encontrado no registro fóssil.

> Então, o próprio Darwin reconheceu que isso era um grande e sério problema para sua teoria".

Terceiro *"ícone falso do evolucionismo"*: os embriões de Haeckel[289]

Segundo Wells, Darwin acreditava que os embriões de vertebrados *"são muito semelhantes, mas tornam-se, quando totalmente desenvolvidos, amplamente diferentes".*

Então, ele concluiu que isso não era apenas *evidência de "ancestralidade comum"* – mas era *"de longe a mais forte classe de fatos a favor do evolucionismo".*

Contudo, destaca Wells, que é embriologista de vertebrados: *A afirmação de que os embriões de diferentes espécies de vertebrados são mais semelhantes em seus estágios iniciais está totalmente errada.*

Para Wells, uma das evidências mais usadas pelo evolucionismo — a de que *"os embriões de vertebrados seriam semelhantes em seus estágios iniciais"* — não é, definitivamente, correta porque tais embriões não são, decisivamente, semelhantes.

Corroborando seus argumentos, Wells cita, entre outros, o embriologista americano William Whitney Ballard *(1906-1998)*, do Dartmouth College, que escreveu:

> [...] é apenas por meio de *truques semânticos* e de *seleção subjetiva de evidências, dobrando os fatos da natureza*, que se pode argumentar que os primeiros estágios dos embriões de vertebrados são mais semelhantes do que seus adultos.

Quarto *"ícone falso do evolucionismo"*: mariposas pigmentadas x seleção natural

Fotos destes insetos pousados em troncos de árvores têm sido utilizadas com elevada frequência nos livros didáticos como ilustrações para sustentar a ocorrência de um dos principais fundamentos da teoria evolucionista, a *"seleção natural de Darwin".*

---

[289] *Embriões de Haeckel:* segundo Wells, na década de 1860, o darwinista alemão Ernst Heinrich Philipp August Haeckel *(1834-1919)*, biólogo, naturalista, filósofo, médico, professor e artista, fez desenhos de embriões de vertebrados para ajudar a popularizar a teoria de Darwin, tendo cometido distorções. Segundo contemporâneos de Haeckel citados por Wells, ele falsificou seus desenhos e interpretou erroneamente o ponto médio de desenvolvimento como primeiro estágio, distorcendo os embriões neste ponto para fazê-los parecer muito mais semelhantes do que realmente o são.

Segundo estes livros, na Inglaterra havia mariposas brancas, mas, com o advento da revolução industrial *(1760-1840)*, estas mariposas teriam se tornado escuras, para adaptarem-se ao novo ambiente mais escuro.

O motivo causador desta mudança teriam sido as fábricas da "revolução industrial" *(1760–1820)*, cuja fumaça teria provocado uma atmosfera mais esfumaçada.

Então, para os defensores da teoria, as mariposas escuras apareceram por acaso e, por terem a capacidade de se camuflar melhor, teriam sido *"selecionadas"*, em comparação com as mariposas brancas.

Estas, por destacarem-se mais nos cenários escuros, acabavam sendo mais visíveis e assim eram mais perseguidas e mais comidas pelos predadores.

De acordo com a suposição *evolucionista*, antes da revolução industrial a forma clara estava adaptada à camuflagem, quando as mariposas brancas pousavam nos troncos cobertos de líquens.

Quando a poluição aumentou, os líquens desapareceram fazendo com que as mariposas claras ficassem destacadas nos troncos escurecidos pela fumaça industrial, podendo, então, ser mais facilmente identificadas pelos predadores.

Desta forma, com a menor predação, as mariposas pigmentadas *(escuras)* conseguiam reproduzir-se mais, aumentando então sua frequência.

Porém, posteriormente ficou demonstrado que as mariposas pigmentadas praticamente não ficam expostas nos troncos das árvores: durante o dia, elas preferem ficar nas copas das árvores, mais protegidas.

Portanto, também este argumento acabou não prevalecendo.

Quinto *"ícone falso do evolucionismo"*: as moscas-das-frutas de quatro asas

Deixemos Wells expor sua argumentação:

> De acordo com o *"neodarwinismo"* (a forma moderna da teoria de Darwin, que incorpora a *"transmissão mendeliana de caracteres"*), a evolução resulta principalmente de dois fatores: a *"seleção natural"*, que atua sobre as variações já presentes em uma população, e as *"mutações genéticas"*, que

supostamente fornecem novas variações, que se tornam matérias-primas para a evolução.

Como a *"seleção natural"* favorece variações que beneficiam o organismo e tende a eliminar aquelas variações que o prejudicam, *"apenas mutações benéficas podem fornecer matéria-prima para a evolução".*

Para mostrar como as mutações genéticas podem fornecer matéria-prima para a evolução anatômica, *"muitos livros de biologia apresentam imagens de uma mosca-da-fruta de quatro asas".*

As moscas-das-frutas normalmente têm *"duas asas"* e *"dois balanceadores"* - minúsculos apêndices atrás das asas que permitem ao inseto estabilizar-se durante o vôo.

Um geneticista habilidoso, entretanto, pode combinar três mutações de DNA separadas para produzir uma mosca na qual os balanceadores são transformados em um segundo par de asas de aparência normal.

Como alguns insetos têm quatro asas em vez de duas, a mosca-das-frutas de quatro asas parece, à primeira vista, fornecer evidências de como um tipo de inseto evoluiu para outro.

No entanto, como indiquei no livro *"Icons of Evolution"*, as moscas-das-frutas com quatro asas de aparência normal não ocorrem na natureza; *"elas devem ser produzidas em um moderno laboratório de genética".*

Além disso, as asas extras não têm músculos, então a mosca mutante é uma aleijada e tem grande dificuldade para voar ou para acasalar.

Fora do laboratório, esta *"seleção natural"* a eliminaria rapidamente.

Longe de ser matéria-prima para a evolução, *"a mosca-das-frutas de quatro asas"* é um beco sem saída evolutivo.

[...] creio podermos dizer que esta minha crítica ao "ícone falso da mosca de quatro asas" torna-se ainda mais relevante se considerarmos que essa parte do meu capítulo foi revisada antes da publicação por ninguém menos que Edward Bok Lewis (1918-2004), o geneticista estadunidense ganhador do Prêmio Nobel de Fisiologia e Medicina (1995), que fez as primeiros quatro moscas-das-frutas de quatro asas.

[...] definitivamente, mutações que afetam a formação e a segmentação do eixo não podem fornecer matéria-prima para a evolução.

Sexto *"ícone falso do evolucionismo"*: a suposta *"evolução humana"*

A ideia dos evolucionistas é a de que, se ficar provado que realmente houve a evolução de *primatas* para *hominídeos* e depois dos *hominídeos* para o *homem moderno*, então, isso poderá ser usado como argumento muito forte para corroborar a *teoria evolucionista*.

Aqui também devolvo a palavra a Wells, pois sua argumentação é bastante clara e objetiva:

> As pretendidas evidências da *"evolução humana"* sempre serão escassas em comparação com as supostas evidências buscadas em outras espécies.
>
> Experimentos envolvendo mutação e seleção que podem ser realizados com bactérias, animais e plantas, não podem ser feitos com humanos, porque seriam impraticáveis e antiéticos.
>
> Portanto, as supostas evidências dos processos de evolução necessariamente terão de vir de outros organismos que não dos seres humanos.
>
> "Fósseis" de vertebrados terrestres são comparativamente poucos e distantes entre si, e fósseis de criaturas semelhantes a *macacos*, que supostamente teriam evoluído para *humanos*, são tão raros que sua descoberta costuma ser anunciada com grandes destaques nas primeiras páginas dos jornais.

Ainda citando Wells:

Henry Gee, redator-chefe de ciências da revista científica "*Nature*", escreveu em 1999[290]:

> *"Os intervalos de tempo que separam os fósseis são tão grandes que não podemos dizer nada definitivo sobre sua possível conexão por meio de ancestralidade e descendência".*

---

[290] Henry, G. *Search of Deep Time: Beyond the Fossil Record to a New History of Life (Busca por Tempos Distantes: Além do registro fóssil para uma nova história de vida)*. New York: The Free Press, Comstock Books. 2000. 272p.

Continua Wells:

> Embora Gee acredite na teoria de Darwin, ele reconhe-ceu que *"o registro fóssil não pode corroborar a suposta evolução humana"*.

> Gee concluiu: *"Pegar uma linha de fósseis e afirmar que eles representam "uma linhagem" não é uma hipótese científica que pode ser testada, mas uma afirmação que carrega a mesma validade de uma "história para dormir" - divertida, talvez até instrutiva, mas não científica"*.

> Eu iria mais longe do que Gee e apontaria que uma série de fósseis é tão consistente com o *"Intelligent Design"* [291] quanto com a *"evolução darwiniana"*.

> Mesmo se tivéssemos um registro fóssil completo de todos os animais que viveram antes do advento dos seres humanos, isso não seria suficiente para estabelecer que o último evoluiu do primeiro por meio da *"descendência com modificação"*.

> Este ponto foi inadvertidamente ilustrado pelo biólogo da Ohio State University, Tim Berra (nascido em 1951), em seu livro de 1990, *"Evolution and the Myth of Creationism"* [292].

> Berra comparou o registro fóssil (usado para estudos da suposta "evolução humana") a uma série de modelos de automóveis: *"Se você comparar um Corvette 1953 com um Corvette 1954, lado a lado, depois comparar um modelo 1954 com um 1955 e assim por diante, a "descendência com a modificação" é esmagadoramente óbvia. Isso é o que os paleoantropólogos [pessoas que estudam as origens humanas] fazem com os fósseis"*.

> Mas, todos nós sabemos que os automóveis são projetados, então a analogia de Berra deixa claro que uma sequência de formas fósseis poderia ser explicada tanto pelo *"Intelligent Design"* quanto pela *"evolução darwiniana"* ou por outra teoria.

> [...] em outras palavras: *"meras semelhanças" não são evidências de ancestralidade ou de descendência; elas são igualmente compatíveis com o "Intelligent Design"*.

---

[291] *Intelligent Design*: teoria contrária à *teoria do evolucionismo*, argumentando que as complexidades do Universo e de toda a vida sugerem a ação de uma *causa inteligente* na forma de um Criador Supremo.

[292] Berra, T.M. *Evolution and the Myth of Creationism: A Basic Guide to the Facts in the Evolution Debate (Evolução e o mito do criacionismo: um guia básico para os fatos no debate sobre a evolução)*. Stanford University Press, 1990. 220p.

É por isso que os evolucionistas primeiro assumem a teoria de Darwin, a fim de obter uma história evolutiva, para só depois analisarem os fósseis (isto equivale à chamada "circularidade da paleoantropologia").[293]

Como Gee reconheceu, no entanto, *"tal história não pode ser testada e, portanto, não tem mais validade científica do que uma história para dormir"*.

Por fim, Wells reforça: *"[...] posso até ignorar muitos aspectos das origens humanas, mas estou convicto de que os fósseis, por si só, não são suficientes para demonstrar descendência com modificação"*.

* * *

Uma grande batalha de Wells é que, apesar dos grandes questionamentos sobre os *"ícones falsos"* já aqui discutidos, "a maioria dos livros de Biologia", entretanto, dá a falsa impressão de que estas questões já estão resolvidas.

Wells preocupa-se afirmando que os *evolucionistas* não conseguiram rebater com razoabilidade mínima e aceitável os *"ícones falsos"* que ele apresentou e dizem que os referidos ícones *"são apenas coisinhas ínfimas e pequenas imprecisões, omissões e simplificações que, não seriam suficientes para invalidar a teoria evolucionista"*.

Contudo, Wells contra-argumenta:

> Se os *"ícones da evolução"* fossem realmente apenas *"coisinhas ínfimas de livros didáticos"*, a resposta adequada dos biólogos evolucionistas deveria ser a de corrigi-los e depois deixar as publicações corretas e irrepreensíveis.

> No entanto, se ano após ano, tais correções não são realizadas, obviamente, não estaríamos mais lidando com um *"erro ínfimo dos livros didáticos"*, mas com um esforço sistemático para promover a *teoria evolucionista*.

---

[293] *"Circularidade da paleontologia"*: em 1982, Keith Thomson observou que "embora "encontrar ancestrais" seja a *"prova"* dos paleontólogos tradicionais, *"tais"* eventos *"não podem ser testados pela montagem de séries de fósseis sem descontinuidades, porque a hipótese evolucionária é superficialmente tão poderosa que qualquer série razoavelmente graduada de formas pode ser considerada como tendo legitimidade. Na verdade, há circularidade na abordagem que primeiro assume algum tipo de relação evolutiva e, em seguida, monta um padrão de relações, a partir do qual argumenta que a relação deve ser verdadeira""*. (Thomson, K.S. *The meanings of evolution (Os significados da evolução)*, American Scientist, 70 [1982]: pp. 529-530).

Por que continuam a defender os *"ícones falsos"*?

Deixemos ainda com Wells:

> Os evolucionistas dizem que *"o que vemos com os ícones da evolução é que alguns exageram grosseiramente ou distorcem a verdade, enquanto outros são patentemente falsos"*.

> No entanto, estes erros são encontrados ano após ano *"em quase todos os livros didáticos que tratam da teoria da evolução"* e, invariavelmente, acompanham outros materiais que promovem essa teoria.

> Quando alguém aponta que os exemplos dos livros didáticos deturpam os fatos, os darwinistas não se apressam em corrigi-los.

> Em vez disso, correm para defendê-los.

> Não sou eu, mas meus críticos que retratam os *"ícones da evolução"* como *"erros inocentes"* - e eles fazem isso para me fazer parecer estúpido, dizendo que supostamente *"tento desacreditar uma teoria inteira por causa de alguns erros isolados"*.

> Em meu livro, entretanto, argumentei que os ícones refletem mal na teoria da evolução <u>precisamente porque não são erros isolados</u>.

> Quando meus críticos defendem os erros apontados pelo livro *"Ícones"* - como vimos antes -, eles refutam seu próprio argumento de que os ícones são *"simplesmente erros miúdos de livros didáticos"*.

> E quando meus críticos defendem-se dos *"ícones"*:

> negando a realidade da *"explosão cambriana"*;

> distorcendo os fatos da embriologia dos vertebrados;

> deturpando os locais de pouso normais das mariposas salpicadas;

> ignorando os efeitos prejudiciais das mutações anatômicas nas moscas-das-frutas;

> fingindo que os fósseis sozinhos podem estabelecer ancestrais - relacionamentos descendentes, eles substanciam ainda mais meus argumentos de que os *"ícones falsos da evolução"* são partes de um esforço sistemático para exa-

gerar, distorcer ou mesmo falsificar as evidências, visando sustentar a teoria darwiniana.

Por ser de significativa importância argumentativa, a seguir baseio-me ainda em Wells.

Existem dois elementos básicos na *teoria darwinista*:

1. a noção de que *"todos os seres vivos compartilham ancestrais comuns"*;

2. a noção de que as diferenças nos seres vivos são devidas principalmente à *"seleção natural agindo em variações aleatórias, com mutações genéticas fornecendo novas variações"*.

Os *darwinistas* muitas vezes afirmam que o primeiro elemento é tão bem corroborado que teríamos razão em chamá-lo de *"fato"*, enquanto o segundo é reconhecido como uma *"teoria"*, geralmente bem apoiada, mas ainda debatida em seus detalhes.

A julgar por linhas de evidência,

A *ancestralidade comum* dos principais grupos de animais *não é um "fato"* e nem mesmo é uma *"hipótese bem fundamentada"*.

Quanto aos supostos processos de evolução, *seleção natural* e *variação aleatória*: todos os casos observados de *"seleção natural"* (como os pássaros tentilhões citados por Darwin, outro ícone discutido livro *Icons of evolution*) mostram apenas pequenas mudanças *dentro das espécies existentes*, como as mudanças que os criadores domésticos têm observado há séculos. Ora, isto é *"microevolução"* e não *"macroevolução"*!!!

Não há evidências de que a *"seleção natural"* pode transformar *galinhas* em *perus*, muito menos transformar *bactérias* em *animais*, o que seria *"macroevolução"*.

Além disso, como vimos, o mutante anatômico mais amplamente anunciado — "a mosca da fruta de quatro asas" — é *um beco sem saída evolucionário*.

A *"seleção"* e a *"mutação"* foram estudadas mais extensivamente em *bactérias*, porque é possível fazer experiências com milhões de organismos e em milhares de gerações em um tempo relativamente curto.

No entanto, como o bacteriologista britânico Alan H. Linton *(nascido em 1925)*, Professor Emérito de Bacteriologia da Universidade de Bristol *(Reino Unido)*, escreveu recentemente:

> Ao longo de 150 anos da ciência da bacteriologia, **não há evidências de que uma espécie de bactéria tenha se transformado em outra...** como não há evidências de mudanças de espécies entre as formas mais simples de vida unicelular, não é surpreendente que não haja evidências de evolução de células procarióticas [isto é, bacterianas] para células eucarióticas [isto é, de plantas e animais], sem falar em toda a gama de organismos multicelulares superiores.[294]

* * *

Implicações do *evolucionismo*

Em cima de tudo o que foi exposto, Wells arremata:

> Por tudo o que foi dito até aqui, não é preciso ser popperiano[295] para ver que essa não é uma boa ciência empírica - e *"talvez nem mesmo seja ciência"*.
>
> É preciso destacar: *"não é segredo que o darwinismo tem **implicações sérias"***.
>
> Como escreveu o etólogo, biólogo evolutivo e escritor britânico Richard Dawkins *(nascido em 1941)*, da Universidade de Oxford, em 1986: ***"Darwin tornou possível ser um ateu intelectualmente realizado"***.[296]
>
> E como Daniel Dennett, da Tufts University, escreveu em 1995: ***"A teoria de Darwin é um "ácido universal" que***

---

[294] Alan H. Linton (Emeritus Professor of Bacteriology, University of Bristol, U.K.). *In: The Times Higher Education Supplement* (April 20, 2001), p. 29.

[295] *Popperiano:* refere-se ao autor austro-húngaro Karl Raimund Popper *(1902 - 1994)*, um dos maiores filósofos da ciência do século XX, conhecido pela sua proposição de que o *método científico* (ou seja, o modo de fazer ciência) deve basear-se no *falsificacionismo*.

Falsificacionismo: significa que, nas ciências empíricas, uma teoria científica, nunca poderá ser provada, mas poderá ser falsificada *(= refutada)*, significando com isso que "tal teoria deve poder ser testada por experimentos decisivos".

[296] Dawkins, R. *The Blind Watchmaker: Why the Evidence of Evolution Reveals a Universe Without Design (O relojoeiro cego: porque a evidência da Evolução revela um Universo sem Design).* New York: W. W. Norton & Company, 1986, p. 6. 496p.

corrói *"o tecido de nossas crenças mais fundamentais",
especialmente a crença em Deus".*[297]

Como estudante de graduação em teologia, no final dos
anos 1970 e início dos anos 1980, aprendi que

*[...] as implicações antirreligiosas do darwinismo influenciaram profundamente
os teólogos modernos.*

Mesmo com uma experiência de graduação em ciências apenas, no
entanto, eu já sabia que *"as evidências a favor do darwinismo não eram
tão sólidas quanto os teólogos pareciam pensar".*

Se o darwinismo fosse uma *"ciência sólida",* suas implicações antirreligiosas seriam *(em minha opinião)* inevitáveis.

Porém, quanto mais eu aprendia, mais me parecia que o darwinismo
era apenas *"filosofia materialista", antiquada e disfarçada de "ciência
empírica moderna".*

Por causa de **suas profundas e danosas consequências para a religião, para a ciência e para a cultura**, decidi dedicar minha vida a criticar
o darwinismo e a destruir seu *"domínio sobre nosso sistema educacional".*

Essa foi, e ainda é, minha motivação. Eu nunca escondi isso.

A questão é: quão relevante é a minha motivação?

Um promotor *(acusador)* zeloso pode estar comprometido em der-
rubar o crime organizado, mas seu compromisso pode ser motivado por
uma série de coisas — como, por exemplo, pela causa de uma devoção
íntegra à justiça, ou por um desejo egoísta de promoção pessoal.

Uma vez que ele está no tribunal, no entanto, a única coisa que
realmente importa são as *"evidências".*

Os advogados de defesa da máfia podem atacar as motivações do
promotor-acusador o quanto quiserem, mas, se eles não puderem refutar
os fatos por ele apresentados, os mafiosos podem vir a ser condenados.

Também na ciência, o que importa são as *"evidências".*

Os defensores do *darwinismo* costumam afirmar que *"nada na biologia faz sentido, exceto à luz da evolução".*

---

[297] Dennett, D.C. *Darwin's Dangerous Idea: evolution and the meanings of life (A ideia perigosa de Darwin: evolução
e o sentido da vida).* New York: Simon & Schuster, 1995. 586p.

Mas isso é como um advogado de defesa *(no caso, o advogado de defesa de mafiosos)* dizendo a um júri que *"nada faz sentido, exceto à luz de seus próprios argumentos"*.

Em última análise, o júri deve chegar a seu veredicto com base nos _fatos_ que têm diante de si *(e não nos argumentos dos mafiosos)*.

Assim também é na ciência.

Nada na Biologia faz sentido, exceto à luz das **"evidências"**.

É por isso que *"os falsos ícones da evolução"* continuam a ser defendidos *(apesar de poderem ser facilmente derrubados)* com tanto vigor pelos adeptos do *evolucionismo"*.

Diante deste amplo contexto contrário, Wells declara:

> Nunca defendi a remoção da *evolução* do currículo de Biologia *(como acusam contra mim alguns dos meus críticos)*, mas, certamente sou a favor da **_revisão de livros didáticos que deturpam a verdade_**.

> Na verdade quero que os alunos aprendam mais sobre a *evolução* do que os *darwinistas* gostariam que eles soubessem - especialmente os *argumentos* e as *evidências* contra ela.

De fato, verificamos que **aos estudantes é ensinado o evolucionismo "praticamente como uma verdade" e não** como **"uma possível teoria ainda em estudo e em avaliação"**.

Então, jovens recebem, em geral, estes ensinamentos de uma forma acrítica e, na grande maioria dos casos, passarão o restante de suas vidas imaginando que aquilo que aprenderam *(erradamente!!!)* pode ser considerado como fato verdadeiro e inquestionável.

Entre as inúmeras consequências negativas às pessoas impactadas com este "ensino inadequado do *evolucionismo*", ocorrerá que, durante suas vidas, ao terem contato com assuntos influenciáveis pelas *tendências evolucionistas*, tais pessoas irão incorporar em suas áreas de atuação, e até mesmo em sua forma de crer, "aqueles ensinamentos incorretos que receberam durante seu período escolar".

Assim,

> [...] é de suma importância que torne-se possível rever a forma de "ensino escolar de assuntos relacionados com Biologia".

É necessário deixar claro que

> *O evolucionismo é uma "forma hipotética (portanto, ainda em estudos científicos) de explicação para a origem da vida e para a origem das espécies vivas", mas não é a única.*

É necessário expor quais são as críticas associadas a esta hipotética explicação do *evolucionismo*, para que os estudantes possam, ao longo de suas vidas, desenvolver "suas próprias e independentes maneiras de enxergar".

Finalmente, Wells, em seu livro *"Ícones da evolução"*, levanta uma outra questão, esta relacionada com o **uso de verbas públicas para pesquisas científicas**:

> Pesquisa — mesmo pesquisa sobre *evolução* — não é uma coisa ruim.

> Mas, como vimos em vários dos *"ícones da evolução"*, os dados são frequentemente usados para apoiar *a teoria da evolução*, **"mesmo quando a contradizem"**.

> A pesquisa é boa, mas *"deturpar as evidências para sustentar a teoria darwiniana"* - ou qualquer outra teoria - é ruim, e os cidadãos não devem ser forçados a pagar por isso.

> De acordo com os padrões éticos já utilizados na comunidade científica, cientistas que distorcem deliberadamente as evidências devem ser desqualificados quando solicitam recursos públicos para suas pesquisas.

> Muitas vezes ocorre que, além de acabarem apoiando *pesquisas darwinianas (muitas vezes sem o saberem)*, os contribuintes acabam também por apoiar universidades e sistemas de escolas públicas, onde *"seus filhos estão recebendo informações inadequadas sobre as evidências da evolução"*.

Como contribuintes, acho que é legítimo que os cidadãos questionem como seu dinheiro está sendo usado.[298]

* * *

Diante dos ferozes ataques desferidos pelos *defensores do darwinismo*, que o acusavam de ser perverso por seus embates contra os *"ícones falsos"* já citados, Wells defende-se:

> Se *"opor-se ao **ensino errado de ciências**"*, bem como *"lutar para a correção de deturpações nos livros didáticos de Biologia"*, *é ser prejudicial, então realmente sou um homem perverso, como meus acusadores dizem.*
>
> Se *"exigir veracidade em pesquisas científicas e no ensino com recursos públicos"* é ser prejudicial, então realmente sou um *homem perverso, pois é isso que faço e que continuarei fazendo.*

Dada a importância do assunto, é oportuno terminar com outra colocação de Wells[299]:

> Se os darwinistas pudessem mostrar que minhas críticas aos *"ícones da evolução"* são injustificadas ou se parassem de tentar defendê-los de maneira desajeitada e simplesmente conseguissem substituí-los por evidências melhores, eu desistiria da minha luta.
>
> Mas, os darwinistas não podem defender adequadamente os seus *"ícones"* e não podem dar-se ao luxo de abandoná-los.

É assim mesmo que *a ciência deveria funcionar*?

Wells:

> Eu acredito na *evolução darwiniana* como contrapartida natural da reprodução doméstica - isto é, como uma explicação para *"mudanças limitadas **dentro das espécies existentes (ou seja, microevolução)**"*.
>
> Confesso, entretanto, que não acredito na *evolução darwiniana* **como uma *"explicação geral para a origem e diversificação de todos os seres vivos (ou seja, macroevolução)"*.**

---

[298] Wells, J.C. *Icons of Evolution: science or myth?* Já citado anteriormente neste capítulo.

[299] Wells, J.C. *Critics Rave Over Icons of Evolution...* Já citado anteriormente.

Se minha descrença deve-se à ignorância, é apenas porque não aprendi uma *"tradição investigativa"* que manipula estatísticas para provar algo que é claramente falso.

E se minha descrença é devida à estupidez, é apenas porque eu não entendo o *"valor probatório"* de usar a *teoria da evolução "para explicar 'evidências' que não a suportam"*.

Se a *evolução darwiniana (como uma explicação geral para a origem e diversificação de todos os seres vivos)* fosse verdadeira, então seria uma maldade rejeitá-la.

Mas, como podemos saber se a *evolução darwiniana* é verdadeira?

Na ciência, a verdade ou a falsidade de uma teoria é determinada, em última instância, pela **comparação com as evidências** - e não pela *"reafirmação peremptória da teoria, apesar das evidências contrárias"*, e não por atacar pessoas que ousam duvidar dela.

O caso está agora perante o júri.

O júri inclui cerca de **90% dos americanos que não acreditam no darwinismo**, mas que são obrigados a pagar pelo domínio do nosso sistema educacional pelo ensino do evolucionismo a qualquer custo e de todas as maneiras.

E — o mais importante — o júri inclui estudantes, a grande maioria dos quais *(de acordo com as pesquisas)* **quer ouvir <u>os dois lados</u> da crescente controvérsia sobre a teoria de Darwin**.

Sabemos que este júri pode ser influenciado por um tempo por críticas preconceituosas publicadas pelos defensores do darwinismo em revistas científicas de prestígio ou por suas tentativas cada vez mais feias de assassinato de caráter.

Em última análise, no entanto, o júri decidirá o caso com base nas *evidências científicas*.

"Afinal, nada na Biologia, nem mesmo a evolução faz sentido, exceto à luz das evidências".

---

* * *

Finalizando o presente capítulo, devo dizer que, após tê-lo escrito, inicialmente eu tinha decidido não incluí-lo neste livro.

Porém, uma das minhas grandes preocupações tem sido há muito tempo relacionada com o problema do *"ensino irrestrito do evolucionismo" (apesar das inúmeras controvérsias!!!)* em nossas escolas e universidades.

Somem-se às inquietações quanto ao *polemizado ensino do evolucionismo* as severas **consequências adversas** por ele causado sobre as vidas dos alunos e também sobre a cultura e a vida da sociedade.

Depois, relendo o que eu já tinha escrito, vi que ali havia um conjunto pertinente de elementos fundamentados que podem vir a favorecer a reflexão sobre a adequabilidade *(ou não!!!)* do *ensino do evolucionismo*.

Assim, acabei concluindo que devia, sim, manter aqui este capítulo, a fim de que outras pessoas, que eventualmente também tenham as mesmas preocupações, possam ter bases fundamentadas, desassombradas, corajosas e firmes para suas reflexões e, desta forma, venham a somar ações profícuas rumo à adequação do questionável *"ensino irrestrito do evolucionismo"*.

Que a verdade e o senso de retidão vençam.

* * *

9

A INCOMENSURÁVEL *DIGNIDADE DO HOMEM*

Deus

Na cosmovisão cristã, **Deus** é o centro, a origem e a sustentação de *tudo o que existe.*

Se Deus não existisse, nada existiria, porque tudo só pode existir EM DEUS.

Foi Deus que tudo criou e é Ele que tudo mantém na existência.

Se Deus não conseguisse realizar tudo o que realizou e realiza, Ele não seria Deus.

Deus, que Se revelou ao povo hebreu desde Abraão *(~ 1.800 a.C.),* passando por Isaac, Jacó, pelas 12 tribos de Israel, pelos profetas, pelos juízes e reis, até que, na plenitude dos tempos, *enviou Seu próprio Filho, Jesus Cristo.*

Depois de Jesus Cristo, Deus continuou a ser cultuado por meio da Igreja Católica, das denominações cristãs advindas do protestantismo e também do islamismo, até o presente.

Existem hoje, aproximadamente, no nosso Planeta:

- 14,5 milhões de judeus
- 1,6 bilhão de muçulmanos
- 1,4 bilhão de católicos
- 1 bilhão de evangélicos.

Assim, totalizam-se aproximadamente *4 bilhões de crentes em Deus* nas grandes religiões monoteístas judaico-cristãs, correspondendo a cerca de 55% da população mundial.

Para os crentes no *Deus judaico-cristão-islâmico,* **Ele é o Criador e o Mantenedor de tudo o que existe.**

Visitando Deus

Deus é Belíssimo!

Não há palavras humanas que possam descrever *tudo o que Deus é*, mesmo porque *Deus é Infinito* e nós, humanos, somos *criaturas finitas*.

Mas, o que podemos saber sobre Deus?

Deus é o Primeiro e o Último. Deus é o Começo e o Fim de tudo[300].

Deus é Único.

Só existe *um* Deus e não pode haver outro, um só Deus, por natureza, por substância e por essência.[301]

Deus é Eterno.

Deus não teve começo e jamais terá fim.

Deus sempre existiu e sempre existirá. Para Deus não existe a variável *"tempo"*.

Nós, humanos, sim, estamos dentro da bolha do *"tempo"*, e, assim, precisamos desta variável *(o tempo)* para medir a duração dos acontecimentos.

Mas *Deus observa tudo incessantemente* — mesmo o que para nós seja *passado* ou *presente* ou *futuro*.

Para Deus não existe passado e nem futuro, Ele é a duração sem limite e tudo para Ele está num eterno *"presente"*.

Por isso, o nome de Deus é *"Eu sou"*.

Moisés[302] *(1391-1271 a.C.)* foi o libertador do *povo hebreu* (o *"povo de Deus"*), depois que este povo tinha permanecido escravo dentro do Egito por cerca de quatrocentos anos.

Quando Deus chamou Moisés para esta missão libertadora, este perguntou como devia falar quando lhe perguntassem o nome de quem o enviara.

A resposta de Deus foi: *"Eu sou aquele que sou"*. E Deus continuou: *"Você falará assim: "EU SOU enviou-me até vocês"*.[303]

---

[300] Is 44,6; Catecismo da Igreja Católica (CIC), 198.

[301] CIC, 200, 201.

[302] *Moisés*: nasceu no Egito, provavelmente no final do século XIV a.C., em uma família de hebreus, tendo sido criado na corte do faraó egípcio; mas, depois tornou-se o libertador do povo hebreu, conduzindo este povo desde o Egito até a *"Terra Prometida"* (território geográfico que hoje é o país de *"Israel"*).

[303] Ex 3, 1-15.

Vemos que Deus autodefine-Se como *"EU SOU"*, com o verbo SER no tempo verbal *presente do indicativo*, confirmando Sua eternidade e imutabilidade.

Deus, por ser Eterno, não conjuga o verbo *ser* no passado e nem no futuro.

"EU SOU" revela Sua eternidade, mas também Sua essência e Sua autoexistência.

Deus *que é*, dá *o ser* a todos os seres.

Nenhum *ser*, animado ou inanimado, pode existir sem que Deus tenha-lhe dado *(e continue dando-lhe, incessantemente) o ser, o existir.*

Deus é o Mantenedor na existência de tudo o que existe.

As estrelas, as galáxias e todas as demais criaturas do Universo existem e continuam existindo apenas porque Deus as criou *(tirou-as do "nada", "ex nihilo")* e continua *dando-lhes existência.*

Se num determinado momento Deus decidisse que uma estrela ou um planeta, por exemplo, deveriam deixar de existir, imediatamente estes desapareceriam.

Nós também deixaríamos de existir se num determinado momento Deus não mais quisesse que existíssemos.

Mas, *Deus é Amor, ama-nos com amor infinito* e, assim, *continua mantendo-nos na existência.*

Nós, seres humanos, só existimos *por participação* no *Ser de Deus*[304] e, assim, é preciso amá-Lo de todo coração, com toda a alma, com todo o espírito e com todas as forças[305].

Diante de um Deus tão grandioso, atraente e misterioso, nós, homens, descobrimos nossa pequenez e nossa completa dependência dEle.

Portanto, Deus merece toda nossa reverência, adoração e respeito.

Deus é três vezes Santo e transcende o mundo e a história.

Foi Ele quem fez o céu e a Terra e os mantém na existência.

Deus é Imutável, Permanente, Ingastável, não envelhece e não passa.

Em Deus não há sombra de variação, *Ele é **"Aquele que é"*** desde sempre e para sempre, e é assim que permanece *sempre Fiel* a Si mesmo e às Suas promessas[306].

---

[304] At 17, 28.

[305] CIC, 202.

[306] CIC, 212.

Deus é a plenitude do Ser e de toda Perfeição, sem origem e sem fim.

Ao mesmo tempo que todas as criaturas recebem dEle todo o seu ser, só Ele é *o Seu próprio ser, e é por Si mesmo tudo o que é*[307].

Deus é Pai.

Esta *paternidade de Deus* tem dois aspectos: o primeiro é que Deus é a *origem primeira* de tudo; e o segundo aspecto é que a Sua *autoridade* é transcendente[308].

A paternidade divina também leva à constatação de que, como Pai, há *uma intimidade entre Deus e as criaturas que Ele mais ama*, ou seja, nós, os homens.

Em todas as Suas obras Deus sempre revela benevolência, bondade, graça, amor, confiabilidade, constância, fidelidade, verdade[309].

Só Deus criou o Universo, livremente, diretamente, sem nenhuma ajuda.[310]

Nenhuma criatura tem a capacidade inigualável e o poder infinito necessário para *"criar"* no sentido próprio da palavra *"criar"*, isto é, o produzir e o *dar ser* àquilo que não o tinha de modo algum, ou seja, o chamar à existência *"ex nihilo"*.[311]

Só Deus é Onipotente, Todo-Poderoso. Se Deus não tivesse capacidade para fazer o que fez e o que faz, Ele não seria Deus.

Só Deus pôde *criar o Universo e tudo o que nele existe!* — por isso, tudo pode ser chamado de *"a Criação"*.

Só Deus pôde *fazer existir a partir da "não-existência" (do "nada")*.

Só Deus pode fazer o Universo *continuar existindo e funcionando como tem funcionado, como está funcionando e como continuará a funcionar, numa harmonia e numa beleza indizíveis*.

Em Deus encontram-se a origem, a fonte, a manutenção e o futuro do *existir*.

Consequentemente, tudo o que existe, *"inclusive o ser humano"*, tem *única, exclusiva e tão-somente a Deus* como origem, permanência atual e futura.

---

[307] CIC, 213.

[308] CIC, 239.

[309] CIC, 214.

[310] CIC, 317.

[311] *"ex nihilo"*: expressão latina que significa *"a partir do nada"*. Cf. Denzinger-Schönmetzer 3624; CIC, n. 318.

Portanto, em Deus, *e somente nEle*, pode estar *(e está!)* o sentido e o valor da existência de tudo o que existe:

> *"Deus criou o mundo para manifestar e para comunicar a Sua Glória. Que as Suas criaturas participem da Sua Verdade, da Sua Bondade e da Sua Beleza, é a glória para a qual Deus as criou".*[312]

> *"Deus, que criou o Universo, o mantém na existência pelo Seu Verbo (a Segunda Pessoa da Santíssima Trindade), "este Filho que sustenta o Universo com o poder de Sua Palavra" (Hb 1,3) e pelo Seu Espírito Criador, que dá a vida.*

> *A Divina Providência são as disposições pelas quais Deus conduz com sabedoria e amor todas as criaturas até o seu fim último".*[313]

Estes axiomas expostos constituem o fundamento dos desdobramentos relacionados com *a incomensurável dignidade do ser humano* dentro de tudo o que existe.

No extraordinário e colossal teatro do Universo, é preciso contextualizar o palco dentro do qual o homem está inserido e no qual ele é *ator, autor, diretor* e *plateia*.

É preciso dizer aqui que a Criação não é uma *"obra acabada"* saída da Vontade de Deus. Assim, *"a obra da Criação está em permanente construção"*.

O homem é *ator* e *autor* na medida em que desempenha o papel de *"participar ativamente da obra criativa de Deus"*.

Ele é *diretor* quando percebe que tem *inteligência* e *capacidade* para colocar sua criatividade, engenho e imaginação em tudo o que faz.

O homem é *plateia* na medida em que observa e também se beneficia de tudo o que é feito e acontece ao seu redor.

No livro do Gênesis, encontramos: *"Deus criou o homem à Sua imagem, à imagem de Deus o criou, homem e mulher os criou".*[314]

Assim, podemos dizer:

i. <u>o ser humano ocupa um lugar único na Criação</u>; *ele foi criado "à imagem e semelhança de Deus";*

ii. *na sua própria natureza, o homem une o mundo espiritual e o mundo material;*

---

[312] CIC, 319.

[313] CIC, 321.

[314] Gn 1, 27.

iii. *é criado "homem e mulher"; e*

iv. *Deus o estabeleceu na Sua amizade.*[315]

*De todas as criaturas visíveis existentes dentro do Universo, **o homem é a única criatura "capaz de conhecer e de amar o seu Criador".***[316]

*O ser humano é "a única parcela dentro do Universo que **Deus quis por si mesma".***[317]

Só o homem é chamado a compartilhar, pelo conhecimento e pelo amor, da vida de Deus. Foi para este fim que o homem foi criado, e aí reside a razão fundamental da sua incomensurável dignidade.[318]

A este propósito, Santa Catarina de Sena *(1347–1380 d.C.)*, doutora da Igreja, disse:

"Que motivo Vos fez, Senhor Deus, constituir o homem em dignidade tão grande?

O amor inestimável pelo qual enxergastes em Vós mesmo a Vossa criatura, e Vos apaixonastes por ela; pois, foi por amor que a criastes, foi por amor que lhe destes um ser capaz de degustar o Vosso Bem eterno".[319]

O Catecismo da Igreja Católica expõe com objetividade e clareza *como o homem destaca-se em relação a tudo o mais que há na Criação*:

> *"Por ter sido criado "à imagem de Deus", o indivíduo humano tem a dignidade de "pessoa": ele não é apenas "alguma coisa", mas "alguém".*
>
> *É capaz de conhecer-se a si próprio, de possuir-se e de doar-se livremente e de entrar em comunhão com outras pessoas, e é chamado, por graça, a uma aliança com seu Criador, a oferecer-Lhe uma resposta de fé e de amor, que ninguém mais pode dar em seu lugar".*[320]

"Deus criou tudo para o homem"[321], mas o homem foi criado para servir e amar a Deus e para oferecer-Lhe toda a Criação, conforme assevera São João Crisóstomo:

---

[315] CIC, 355.

[316] GS 12, 3.

[317] GS 24,3.

[318] CIC, 356.

[319] Santa Catarina de Sena: *In*: *"O diálogo"*, 13. Livro disponível em: https://docero.com.br/doc/e0n1e8e. Acesso: 09 fevereiro 2022.

[320] CIC, 357.

[321] GS 12, 1.

> *"Quem é, pois, o ser que vai vir à existência cercado de tal consideração?*
>
> *É o homem, grande e admirável figura viva, <u>mais precioso aos olhos de Deus do que a Criação inteira</u>: é o homem, é para ele que existem o céu e a Terra, o mar e a totalidade da Criação.*
>
> *É à salvação dele que Deus atribuiu tanta importância, que não poupou nem sequer Seu Filho único em seu favor.*
>
> *Pois Deus não Se cansou de tudo empreender para fazer o homem subir até Ele, a fim de fazê-lo sentar-se à Sua direita".*[322]

Graças à origem comum, *o gênero humano forma uma unidade*, pois Deus *"de um só fez toda a raça humana" (At 17,26)*[323].

Sobre *a unidade da humanidade (quanto à sua origem em Deus)*, o Papa Pio XII expõe cristalinamente:

> *"Maravilhosa visão que nos faz contemplar o gênero humano:*
>
> *na unidade da <u>sua origem em Deus</u>;*
>
> *na unidade da sua natureza composta igualmente em todos de <u>um corpo material</u> e de <u>uma alma espiritual</u>;*
>
> *na unidade do seu fim imediato e da sua missão no mundo;*
>
> *na unidade do seu habitat: a Terra, de cujos bens todos os homens, por direito natural, podem usar para sustentar e desenvolver a vida;*
>
> *na unidade do seu fim sobrenatural: Deus mesmo, ao qual todos devem tender;*
>
> *na unidade dos meios para atingir este fim;*
>
> *na unidade do seu resgate, operando em favor de todos por Cristo".*[324]

O Catecismo da Igreja Católica continua: *"Esta lei de solidariedade humana e de caridade", sem excluir a rica variedade das pessoas, das culturas e dos povos, nos garante que todos os homens são verdadeiramente irmãos".*[325]

Ainda o Catecismo:

> *"A Criação tem a sua bondade e a sua perfeição próprias, mas <u>não saiu completamente acabada das Mãos do Criador</u>.*

---

[322] São João Crisóstomo, *Serm. in Gen. 2,1*; CIC 358.

[323] CIC, 360.

[324] Papa Pio XII, Carta Encíclica *"Summi pontificatus"*, n.29 (Vaticano, 1939).

[325] CIC, 361.

> *Ela é criada "em estado de caminhada" ("in statu viae") para uma perfeição última a ser ainda atingida, para a qual Deus a destinou.*
>
> *Chamamos de Divina Providência as disposições pelas quais Deus conduz a Sua Criação rumo a esta perfeição".*[326]

O arcabouço conceitual relativo à Criação *(= o Universo)* pode ser sintetizado nos seguintes principais elementos:

Deus (Criador e origem)

⇩

Criação

⇩

ser humano inteligente (querido por Deus Criador)

⇩

ação de Deus Providente

(rumo a uma perfeição geral última a ser atingida)

Este arcabouço fornece as respostas para quaisquer das *"grandes perguntas existenciais do homem" (de onde viemos? quem somos? o que estamos fazendo aqui? para onde iremos?...).*

Assim, podemos dizer que só é possível ter uma ideia sobre *a imensidão da dignidade do ser humano* quando conseguimos enxergá-lo fazendo parte de um esquema grandioso como o do arcabouço conceitual acima incluído.

No entanto, quando a *Ciência* se ocupa do ser humano, ela *não tem como incluir Deus* em seus modelos conceituais.

Em geral, as grandes questões na área de *Ciência e Fé* acabam ocorrendo em função de que a *Ciência* tem como domínio *apenas os "elementos materiais"* e os *"processos/fenômenos de natureza física"* do Universo.

Mas, como sabemos, **Deus não é do domínio do visível/físico** e, portanto, não pode ser contido dentro do nosso raciocínio científico humano.

Se assim não fosse, Deus não seria Deus, pois Ele é Infinito, sendo que os nossos raciocínios humanos são limitados, porque nós somos finitos.

Definitivamente, a *Ciência* não pode *(e jamais poderá!)*, com seus métodos, abarcar e abordar Deus em toda a Sua Infinitude e Grandiosidade.

---

[326] CIC, 357.

Deus é infinitamente maior e está infinitamente acima de qualquer *ciência humana.*

Assim sendo, a *Ciência* não pode, não consegue e *nem deve tentar* negar ou confirmar *a existência de Deus.*

Deus não é do campo e nem da abrangência do que é científico.

Voltando à questão do *homem*, nossa premissa é que *a Ciência por si só* não consegue estudá-lo *em toda a sua grandeza e plenitude*, justamente porque os métodos científicos não têm como considerar os *aspectos espirituais do homem.*

De fato, como foi dito, o método científico trabalha apenas com *processos e fenômenos "físicos e materiais".*

Mas, podemos dizer que é principalmente *"na sua parte espiritual"* que reside *a grandeza e a dignidade do ser humano.*

Como foi dito antes, o homem é <u>corpo</u> e <u>alma</u>, ou seja, *biologia* e *espírito*:

> "A pessoa humana, *criada à imagem e semelhança de Deus*, é um ser ao mesmo tempo *corporal* e *espiritual*.

O relato bíblico exprime esta realidade com uma linguagem simbólica, ao afirmar que

> "O Senhor Deus modelou o homem com a argila do solo, insuflou nas suas narinas um hálito de vida e o homem se tornou um ser vivente" (Gn 2,7).
>
> Portanto, *o homem na sua totalidade é querido por Deus".*[327]

O teólogo, filósofo e paleontólogo francês, o padre jesuíta Pierre Teilhard de Chardin *(1881 - 1975)*, em relação à *"espiritualidade do homem"* disse certa vez: *"Não somos seres humanos vivendo uma experiência espiritual. Somos seres espirituais vivendo uma experiência humana".*[328]

O que dá *vida* ao homem é a sua *alma.*

Muitas vezes o termo *alma* designa na Sagrada Escritura a *vida* humana[329] ou a *pessoa* humana inteira[330].

---

[327] CIC, 362.

[328] Chardin, P.T. O fenômeno humano. Ed. Cultrix. 1988. 404p.

[329] Cf. Mt 16, 25-26; Jo 15,13.

[330] Cf. At 2, 41.

Mas, designa também o que há de mais íntimo no homem[331] e o que há nele de maior valor[332], aquilo que mais particularmente o faz ser *"imagem de Deus"*: *"alma"* significa *"o princípio espiritual do homem"*.[333]

A *unidade da alma e do corpo* é tão profunda que se deve considerar a *alma* como *"forma"* do corpo[334]; ou seja, é graças à alma espiritual que o *corpo* constituído de matéria é *um corpo humano e vivo*; o espírito e a matéria no homem não são duas naturezas unidas, mas a união deles forma *uma única natureza*.[335]

A Igreja Católica ensina que *cada alma espiritual é diretamente criada por Deus*[336] - não é *"produzida"* pelos pais — e *é* <u>imortal</u>: ela não perece quando da separação do corpo na morte, e *se unirá novamente ao corpo quando da ressurreição final*.[337]

Importante destacar que *o corpo do homem* participa da sua dignidade de *"imagem de Deus"*: ele é *corpo humano* precisamente porque é animado pela *alma espiritual*, e é *a pessoa humana inteira* que está destinada a tornar-se, no Corpo de Cristo, *o Templo do Espírito Santo*.[338]

Em relação à *unidade de corpo e de alma do homem*, o Papa São Paulo VI, ressaltou:

> <u>Unidade de corpo e de alma</u>, *o homem, por sua própria condição corporal, sintetiza em si os elementos do mundo material, que nele assim atinge sua plenitude e apresenta livremente ao Criador uma voz de louvor.*
>
> *Não é, portanto, lícito ao homem desprezar a vida corporal; ao contrário, deve estimar e honrar seu corpo, porque criado por Deus e destinado à ressurreição no último dia.*[339]

O ser humano é a única parcela dentro do Universo que **tem a capacidade do conhecimento de Deus e a quem Deus abre a possibilidade de um convívio eterno e ilimitadamente feliz.**

---

[331] Cf. Mt 26, 38; Jo 12, 27.

[332] Cf. Mt 10, 28; 2Mc 6, 30.

[333] CIC, 363.

[334] Cf. Concílio de Viena, 1312; DS 902.

[335] CIC, 365.

[336] Cf. Pio XII, encíclica *"Humani generis"*, 1950: DS 3896; SPF 8.

[337] Cf. 1Co 6, 19-20; 15, 44-45; CIC, 366.

[338] *Quem é o homem? Por quê e para que foi criado?* Disponível em: https://opusdei.org/pt-br/article/quem-e-o-homem-por-que-e-para-que-foi-criado/. Consulta em 21 novembro 2021.

[339] Papa São Paulo VI: Constituição Pastoral *Gaudium et Spes*, sobre *A Igreja no mundo atual*. Dezembro, 1965. n. 14, 1.

Criado *à imagem de Deus*, chamado a conhecer e a amar a Deus, o homem procura a Deus e *não se sente plenamente feliz enquanto não O encontra.*

O homem tem *sede de Deus.*

Deus, em Sua Sabedoria e Amor, dá *"pistas" (vias)* para que o homem O encontre:

A natureza ao seu redor, com sua ordem e beleza, é uma destas vias:[340]

> *Interroga a beleza da Terra, interroga a beleza do mar, interroga a beleza do ar que se dilata e se difunde, interroga a beleza do céu... interroga todas estas realidades.*
>
> *Todas elas te respondem: "olha-nos, somos belas!"*
>
> *A sua beleza é uma profissão ("confessio").*
>
> *Essas belezas, sujeitas à mudança, quem as fez senão o Belo ("Pulcher"), não sujeito à mudança?*[341]

O ser humano é outra das citadas *vias:*

> *Com sua abertura à verdade e à beleza, com o seu senso do bem moral, com a sua liberdade e com a voz da sua consciência, com a sua aspiração ao Infinito e à Felicidade, "o homem se interroga sobre a existência de Deus".*
>
> *Nestas aberturas, ele percebe sinais da sua "alma espiritual".*
>
> *Como "semente de eternidade que leva dentro de si, irredutível à frugalidade da matéria", sua alma não pode ter sua origem senão em Deus".*[342]

Continua o ensinamento da Igreja Católica, conforme o seu *Catecismo* e com Santo Tomás de Aquino:

> *O mundo e o homem atestam que não têm em si mesmos nem o seu princípio primeiro e nem o seu fim último, mas sim que "participam do Ser em si", que é sem origem e sem fim.*
>
> *Assim, por estas "vias", o homem pode aceder ao conhecimento da existência de uma realidade que é a causa primeira e o fim último de tudo, "e que todos chamam Deus"*[343],[344].

---

[340] GS 18, 1; *cf.* 14,2. CIC, 32.

[341] Santo Agostinho: *Serm.* 241, 2.

[342] CIC, 33.

[343] Sto. Tomás de Aquino, *Summa Theologica, I, 2,3.*

[344] CIC, 34.

Continua explicando o *Catecismo*:

> *As faculdades do homem (inteligência e vontade) o tornam capaz de conhecer a existência de um Deus pessoal.*
>
> *Mas, para que o homem possa entrar na Sua intimidade, Deus quis revelar-Se ao homem e dar-lhe a graça de poder acolher esta revelação na fé.*
>
> *Contudo, as provas da existência de Deus podem dispor à fé e ajudar a ver que a fé não se opõe à razão humana.*[345]

Com estas exposições apresentadas acima pretendemos ter salientado que *o homem* possui *faculdades* e *qualidades* que *"o tornam incomensuravelmente maior"* do que todas as demais parcelas componentes da Criação, seja no reino animal, ou no reino vegetal, ou no reino mineral.

Discurso sobre *a dignidade do homem*

Dentre todas as partes componentes do Universo, seria o homem *uma parcela especial?*

Se ele for mesmo especial, *por que o homem seria assim tão incomensuravelmente extraordinário?*

Por que *o homem* consegue realizar coisas magnificentes?

Outros entes do Universo conseguiriam equiparar-se ao *homem?*

De fato, é indiscutível que *o homem* é uma criatura **de inigualável grandiosidade** e **de incomparável dignidade** dentro do Universo.

Contudo, por uma série de circunstâncias, *"o próprio homem vem perdendo, principalmente nos últimos séculos, a consciência de seu imenso valor"*, da sua extraordinária excelência, da sua inigualável nobreza e da sua incomparável respeitabilidade.

Hoje, mais do que nunca antes, é urgente e imprescindível que *o homem* volte a conseguir reconhecer *a grandeza e a dignidade de sua condição de homem*, como *o ser mais valioso dentro da Criação*.

Sem dúvida alguma, para que possa valorizar *sua incomensurável dignidade*, é preciso que *o homem saiba quem ele é*, é necessário *o autoconhecimento*.

Quando uma pessoa acredita que pode atingir metas grandiosas, mesmo assim não é fácil consegui-lo.

---

[345] CIC, 35.

Mas, se não acreditar nessa possibilidade, é então que não atingirá mesmo *aquelas nobres metas.*

No mundo moderno, repleto de meios de comunicações, muito tem sido dito do quanto *o homem* pode *descer* em sua dignidade e isto pode ter contaminado sua autoconfiança, dificultando ainda mais as chances dele *poder subir.*

Assim, agora é preciso que se trabalhe na direção contrária, mostrando *o quanto o homem pode galgar em altitude.*

Ao invés de destacar com letras garrafais os feitos negativos e perniciosos, se a partir de agora se começasse a evidenciar com o devido destaque as proezas, as conquistas e os heroísmos, suas incríveis capacidades e possibilidades, certamente isto iria produzir efeitos extremamente positivos na recuperação da confiança, no incentivo ao crescimento *rumo ao mais alto ponto de excelência do ser humano.*

O *bem* incentiva o *bem.*

A autoconfiança gera segurança, instiga e encoraja *para o alto.*

O homem é capaz de feitos grandiosos.

É preciso reforçar no homem a noção sobre o quão grande ele pode chegar a ser.

Platão *(428 - 348 a.C.)* dizia que *"cultivar a memória dos heróis é um ato necessário, para que o homem se assegure de quão grandioso ele pode chegar a ser".*

Dignidade deriva do termo latino *"dignus"* e do protoindo-europeu *"dikine",* que significam "reconhecer a posição a que realmente se pertence dentro do Universo".

No caso do homem, significa reconhecer-lhe o devido, justo e merecido lugar de destaque a que ele faz jus dentro do vasto panorama cósmico.

Dignidade e *respeito próprio* correlacionam-se.

Para que alguém respeite-se a si próprio, é fundamental que *conheça-se a si próprio.*

Giovanni Pico della Mirandola *(1463-1494)*[346] foi um erudito, filósofo neoplatônico e humanista do Renascimento Italiano[347] e sua obra mais conhecida foi o *"Discurso sobre a dignidade do homem".*

---

[346] Giovanni Pico della Mirandola. *De Hominis Dignitate. Oratio ex Joannis Pici Mirandulensis, Concordiae Comitis. (Sobre a Dignidade do Homem. Discurso de João Picco della Mirandola, Conde da Concórdia).* Tradução anotada e comentada por Antonio A. Minghetti. Editora Fi. Porto Alegre, RS. 2015. 177p.

[347] *Renascença Italiana:* período de grandes mudanças e conquistas culturais que ocorreram na Europa, entre o século XIV e o século XVI. Este período marca a transição entre a Idade Média e a Idade Moderna.

Nesta, ele ressalta: "Li nos escritos árabes que, interrogado Abdala Sarraceno[348], sobre qual fosse o espetáculo mais maravilhoso do mundo, respondeu ele que nada via de mais admirável do que o homem".

Continua Pico della Mirandola: "Eu concordei: realmente o homem é o vínculo de todas as criaturas, familiar aos anjos (...); porque a agudeza dos sentidos, o poder da razão e a luz do intelecto são características que lhe permitem ser intérprete da natureza e intermédio entre o tempo e a eternidade".

* * *

Conforme relata Galvão *(2016)*[349], na década de 1960 percebeu-se que animais antropoides *(orangotangos, chimpanzés, gorilas)* tinham capacidade de comunicação no bando, por meio de ruídos e de sons, e que isso podia ser quase como uma cultura, que era, inclusive, passada para os filhotes.

Então, o psicólogo Roger Fouts[350] e sua esposa Deborah resolveram fazer uma experiência radical: levaram uma filhota de chimpanzé, batizada de *Washoe*, para dentro de sua casa e a criaram, comunicando-se com a macaquinha através do *"código ALS americano"*, língua gestual usada para comunicação com surdos-mudos.

Washoe chegou a dominar cerca de cento e cincoenta sinais deste código.

Ela se expressava sobre várias coisas como:

> *"Washoe, comida"*
>
> *"Washoe, passear"*
>
> *"Washoe, dormir"*
>
> *"Washoe, carinho".*
>
> *[...]*

Verificou-se então que o vocabulário de *Washoe* era basicamente constituído de palavras relacionadas *às suas necessidades básicas e desejos imediatos.*

---

[348] Abdala Sarraceno: grande sábio árabe do século XII.

[349] Galvão, M.H. Palestra *"Discurso sobre a Dignidade do homem – Pico della Mirandola – Livre arbítrio"*, realizada na Escola de Filosofia Nova Acrópole, Brasília (D.F.), documentada em vídeo. Disponível em: https://www.youtube.com/watch?v=ltSAnQKVkIU. Visualizado em 16 de novembro de 2021.

[350] Roger S. Fouts *(nascido em 1943)*: pesquisador norte-americano de primatas, cofundador e codiretor do *"Chimpanzee and Human Communication Institute"*, de Washington, D.C.. Também foi professor de psicologia na Central Washington University.

Por mais inteligente que fosse e por mais treinada que *Washoe* pudesse ter sido, estas poderiam ser as melhores expressões a que poderia chegar um animal.

Conforme pondera a Professora Galvão, já citada, nunca ocorreu *(e nem poderia ter ocorrido)* que *Washoe* tivesse manifestado alguma vez preocupações como:

> *"Washoe, justiça!"*
>
> *"Washoe, fraternidade universal!"*
>
> *"Washoe, de onde viemos?"*
>
> *"Washoe, para onde vamos?"*.

Não era de se esperar que *Washoe* manifestasse *preocupações existenciais* como estas.

Percebe-se que nestes *territórios mais profundos do existir* pode estar localizado um limiar entre *o ser animal* e *o ser humano.*

Quem ultrapassa este limiar é o *humano.*

As *pedras* pertencem ao reino mineral, são duras e resistentes; as *plantas* são do reino vegetal, fazem fotossíntese, armazenam energia e alimentam; e os *animais* mantêm-se, movimentam-se e procriam pelo instinto de sobrevivência e de perpetuação da espécie.

Estes são princípios e leis do adequado, apropriado, harmonioso e correto funcionamento da natureza.

Mas, o *homem,* <u>*um ser superior*</u>, o que acrescenta para além de tudo isso?

A *superioridade do homem* manifesta-se sobretudo por agregar valores, virtudes e sabedoria.

Mas, se os homens não gerarem *valores, virtudes* e *sabedoria,* o que pode acontecer?

A *sociedade humana* começa a entrar em colapso.

Por exemplo, a fome que existe hoje no mundo não é provocada pela falta de alimentos, mas sim por falta dos valores *fraternidade e generosidade.*

Para que tudo permaneça harmonioso dentro do Universo e para que tudo possa funcionar como as inúmeras peças e engrenagens de um relógio, é preciso que cada parte, cada ser, *cumpra seu papel conforme sua natureza.*

Aqui vale uma reflexão: nos dias atuais, quando contemplamos o vasto e conturbado cenário do mundo que aí está, será que podemos afirmar que o homem está, *realmente,* desempenhando em plenitude *os valores, as virtudes e a sabedoria que lhe caberiam?...*

Não estaria acontecendo que *a humanidade em sua plenitude de condição humana* estaria perdendo a noção de "sua verdadeira natureza"?...

Poderíamos, talvez, dizer que a humanidade está cavando para si mesma *um grande abismo existencial,* um perigoso desequilíbrio geral e até mesmo ecológico?...

Se assim estiver acontecendo, vale muito a pena uma outra reflexão: como podemos trabalhar para fazer cessar a derrocada e então mudar a tendência decadente, convertendo a tendência negativa para o rumo contrário, em direção a "uma humanidade cada vez mais equilibrada, mais harmoniosa e mais ciente de sua grandiosidade humana"?

Sem a menor dúvida, precisamos investir muito em superar a *falta de humanidade,* em subjugar com virtudes e com sabedoria a crescente *falta de humanidade* que vem instalando-se na sociedade.

Pico della Mirandola considera que o Universo *(o mineral, o vegetal, o animal, o humano e os corpos celestes)* está em contínuo movimento e em ininterrupta evolução.

Mas, *o homem* tem um privilégio em relação a todos os demais componentes do cosmos: o ser humano tem *a liberdade e o livre arbítrio.*

O *homem* pode *escolher* e *decidir* "o que quer ser".

Sobre isso, assim se expressa o citado filósofo: "Então, refleti e compreendi porque **o homem** é o mais feliz de todos os seres vivos, digno de toda admiração, e que lugar lhe coube na ordem universal, invejável não só para os animais, mas até para os anjos".

Uma *planta,* por exemplo, não pode, num determinado dia, escolher que não quer fazer fotossíntese.

Ela é determinada pelas leis de funcionamento universal a fazer fotossíntese e não tem a liberdade de não fazê-la.

Esta *planta,* como todas as outras, não tem *livre arbítrio.*

Um *animal* também não tem como não satisfazer sua necessidade instintiva de sobreviver e de procriar para a manutenção da espécie.

Ele não tem capacidade de *querer livremente* e, assim, *é completamente determinado pelo seu instinto animal.*

Nem mesmo os corpos celestes, *as estrelas*, assevera Pico della Mirandola, têm a capacidade ou a liberdade de virem um dia a decidir por não exercerem *seus papéis naturais*.

Eles têm suas respectivas órbitas, seus peculiares brilhos e demais características astrofísicas e jamais poderão "desobedecer" a isto.

Até mesmo os *anjos*, que podem ser colocados entre as mais elevadas criaturas, não têm a liberdade para virem um dia a decidir por não querer exercer seu papel e sua posição de anjos.

No entanto, **o ser humano** *pode decidir praticamente tudo, dentro de seu livre arbítrio*.

Se ele decidir ser bom e generoso, sua vida seguirá esta decisão e ele concederá assistência e atitudes donativas em favor do próximo e da natureza que o cerca.

No entanto, se *o ser humano* decidir ser ambicioso, ganancioso e duro de coração, as pessoas próximas a ele sentirão os efeitos disso.

Em suma, *o ser humano* pode decidir tanto ir *para cima (virtudes e dignidade)* quanto *para baixo (vícios e decadência)*.

Se o *homem* quiser comportar-se de maneira pura e luminosa como um anjo, ele pode; assim como pode também partir para o lado oposto.

O *homem* tem à sua disposição uma grande abertura e uma enorme amplitude de possibilidades.

O nível de liberdade e o espectro de possibilidades abertas ao *homem*, **só o homem os tem**.

Tudo isso, segundo Pico della Mirandola, ***"é a grande beleza da condição humana"***.

Nada e ninguém dentro da Criação é assim!

Disse ainda Pico della Mirandola:

> Compreendi porque **o homem é um grande milagre e um ser digno de toda admiração**.
>
> Quando o Sumo Pai criou, segundo leis de arcana sabedoria, este mundo como o vemos, augustíssimo templo da divindade, criou os seres celestiais e incontáveis animais de espécies inferiores.

Como explana muito bem a Professora Galvão *(2016)*, já citada anteriormente, a fonte de grande inspiração dos filósofos renascentistas, como o foi Pico della Mirandola, era Platão, que propôs a *Teoria das Ideias*.

Segundo esta Teoria, as ideias teriam sido criadas lá em cima, no plano mental de Deus, e depois teriam se refletido aqui embaixo. Aqui seria uma sombra, uma projeção das ideias perfeitas de Deus.

Desta forma, todos os seres tendem a evoluir *(para cima)*, querendo corresponder a essa *ideia divina perfeita* que os criou.

Assim, imaginemos *"uma pedra perfeita"* — então, as pedras teriam de ir evoluindo para esta perfeição mineral.

Imaginemos *"vegetais perfeitos"* — os vegetais em geral teriam de ir evoluindo em direção a esta perfeição vegetal.

Tudo visando corresponder à *ideia perfeita* com que foram criados.

Enquanto, os seres refletirem aqui embaixo distorcidamente, esta distorção fará com que estes seres tenham *ansiedade de aperfeiçoamento*, até que um dia, tudo chegará ao maior plano de perfeição e então será possível um *"casamento"* com tal perfeição, com os seres tornando-se expressão lapidar da *ideia perfeita* que os gerou.

Será quando a ideia lá de cima e o *homem que está aqui embaixo* se abraçarão. O *homem aqui embaixo* refletirá perfeitamente a ideia que o criou.

Ponto em que o homem fará exatamente o que *"a ideia perfeita" (divina)* espera dele. É quando o homem quer ser *humano pleno* e se realiza e se satisfaz com isso.

No fundo e ao cabo, isto corresponderá, de um lado, ao *idealismo* (o homem procurando realizar o seu *"ideal em plenitude"*) e então querendo *crescer e desenvolver-se até o máximo que a condição humana permite (para beneficiar o Universo e a humanidade à volta de si)*; ou, no outro polo, corresponderá ao *existencialismo* (o homem que quer *apenas e simplesmente existir*, com o máximo prazer e o mínimo esforço).

Em última análise, conforme Galvão, tudo o que passa pelo pensamento humano pode ser traduzido em *idealismo (*"quero servir"*)* ou em *existencialismo (*"quero ser servido"*)*.

Assevera ainda Pico della Mirandola:

> Mas, ao terminar (a Criação), Deus desejou que houvesse alguém capaz de compreender a razão de tão grande obra, que amasse a beleza e admirasse a sua grandeza.
>
> Por isso, como Moisés e Timeu atestam, pensou por último em criar o homem.

... *"alguém capaz de compreender..."* refere-se à capacidade de *consciência reflexiva* do homem, à sua capacidade de se ver, de se autoanalisar e de conseguir dizer:

> *"eu existo!"*
>
> *"de onde vim?"*
>
> *"para onde vou?"*
>
> *"o que é o Universo?"*.

- Refere-se à sua capacidade *(só o homem a tem!)* de *conseguir admirar* a extraordinária beleza, a admirável unidade e a indizível harmonia do Universo...

É a *consciência reflexiva* que permite ao homem o encontrar-se no meio do todo, o olhar-se de fora para dentro de si mesmo *("eu tenho um corpo, mas não sou apenas esse corpo")*...

Isto é um ponto alto e grandioso da Criação e é verificado em todas as tradições.

Importante: quem é o *único ser* que tem esta capacidade?

É o homem! O ser humano!...

Nenhum outro ser dentro do Universo tem a *consciência reflexiva*.

Galvão *(2016)* fornece excelente explicação para entendermos melhor este aspecto:

> Consideremos ao nosso lado um cãozinho perfeitamente alimentado, limpo, dormindo e com todos os seus instintos atendidos.
>
> Agora suponhamos que, de alguma maneira, conseguíssemos incutir nele a "consciência reflexiva".

Ao acordar, certamente ele perguntaria:

> *"de onde vim?"*
>
> *"para onde vou?"*
>
> *"por que os cães morrem?"*.

A *"consciência reflexiva"* tem um custo alto, mas dá ao homem a possibilidade de procurar respostas e de entender os "grandes porquês" e o amplo contexto em que vive.

A vida, a morte, o macio, o resistente, o luminoso, o escuro, o agradável, o doloroso, ... todos como igualmente necessários.

O homem foi criado com a capacidade para entender tudo isso, o todo, a unidade e a complementariedade dos opostos.

Deus criou o homem com capacidade para entender a si próprio, o sentido do Universo e também que fosse capaz de entendê-Lo em alguma medida.

Agora é necessário continuar mais uma vez com Pico della Mirandola:

> Mas, não teria sido digno da Paterna Potência (de Deus) não Se superar, como se fosse inábil, na Sua última obra.
>
> Estabeleceu, portanto, àquele a quem nada tinha de próprio (a criatura humana) que tivesse características comuns a tudo o que tinha sido dado parcialmente aos outros.
>
> Assim, colocou o homem no meio do mundo e lhe disse:
>
> *"- Ó Adão, não te dei lugar determinado, nem aspecto inteiramente próprio, nem tarefa específica, a fim de que escolhas, tu mesmo, o lugar, o aspecto e a tarefa que desejares, segundo o teu parecer e a tua decisão.*
>
> *A natureza bem definida dos outros seres é refreada por leis por nós (Deus) prescritas.*
>
> *Tu, pelo contrário, não constrangido por nenhuma limitação, determiná-las-ás para ti, segundo teu arbítrio, o qual te entreguei".*

Isto equivale a dizer:

> *"(Homem), você pode se lançar lá no mais profundo abismo, você pode ser inerte como uma pedra,... - mas, **você pode também subir até as mais sublimes alturas!"***

Para Deus, *o homem é a Sua obra-prima!*

Então, nesta obra Deus não poderia falhar e, assim, ***deu tudo ao homem***, coroando-o com ***o livre-arbítrio***.

Quão sublime, mas quão custoso é ao homem o *livre-arbítrio*!

Ao mesmo tempo em que o *livre-arbítrio* dá ao homem *liberdade*, confere-lhe também *incomensurável responsabilidade*.

Ambas as coisas — *liberdade e responsabilidade* — andam sempre juntas.

Para o *ser humano* evoluir ele tem de fazer *escolhas conscientes e livres*.

Mas para cada *escolha* há uma *consequência* e a *consciência* é a pedra de toque da evolução humana.

Quando o homem escolhe, sem coação, fazer um ato virtuoso, ele cresce. E vice-versa.

Confúcio[351] dizia:

> *"O **homem** é um intérprete dos decretos do céu, que se tornam leis da terra, quando o homem é pontífice, quando ele exerce a sua vontade e liberdade, querendo ser **humano**".*

O *homem* traz os decretos do céu, as leis universais, e as transforma em leis da Terra.

O homem tem essa capacidade de ser *ponte entre o céu e a terra*.

Se o *homem* não for *esta ponte*, quem, dentro do Universo, fará este papel?

Se as *leis do céu* não se transformarem em *leis da terra*, as *leis da terra* virão de onde?

É preciso *ter a cabeça no céu* e *os pés na terra* para fazer esta ponte.

Conforme canta e proclama Pico della Mirandola:

> Ó suma liberalidade de Deus Pai, ó admirável felicidade do Homem!
>
> Só a ele é concedido ser aquilo que quer ser.
>
> Os animais, ao nascerem, trazem consigo do ventre materno tudo o que depois serão.
>
> Os seres celestiais sempre foram o que serão eternamente.
>
> Ao **homem** nascente, o Pai conferiu sementes de toda a espécie e, segundo a maneira de cada um ao cultivá-las, nele crescerão e darão os seus frutos.
>
> Poderá ser passivo como uma planta ou violento como uma besta.

---

[351] *Confúcio:* nascido entre 552 a.C. e 489 a.C., foi um pensador e filósofo chinês. A filosofia de Confúcio sublinhava uma moralidade pessoal e governamental, os procedimentos corretos nas relações sociais, a justiça e a sinceridade.

Um *animal*, após nascer já se sabe como deverá ser: se feroz, se manso... ele terá de cumprir com a *programação instintiva* vinda com a sua natureza.

O *homem*, porém, como reflete Galvão, *é sempre um mistério*.

Platão dizia que *"dentro do **ser humano** existe um animal amarrado com um homem"*.

O *animal* quer ir na direção dos seus próprios interesses e instintos animais e, por seu lado, o **homem** quer ir na direção dos interesses de *homem*.

Porém, estão amarrados fortemente e só podem andar juntos. Para ir numa determinada direção, um terá de arrastar o outro.

Quem conseguirá arrastar o outro para onde pretende ir?

Platão mesmo responde: *"Aquele que estiver mais forte"*...

Sem dúvida, estará mais forte aquele que estiver melhor alimentado dentro da pessoa.

Ou seja, quais são *"as sementes"* que esta pessoa mais cultiva?

As sementes *animais* ou as *humanas*?

Como a pessoa cultivará as sementes do *humano*, se ela nem sabe bem o que é *o humano*?

É aqui, novamente, o ponto em que torna-se oportuno destacar o **quanto é necessário esclarecer sobre <u>o quão digno é o homem</u>**.

O *ser humano* precisa, urgentemente, saber da *sua incomensurável dignidade*, para que possa cultivá-la.

Só assim mais e mais pessoas crescerão na *dignidade humana*, virtude tão esquecida e incompreendida nos dias atuais.

Quanto mais pessoas estiverem galgando *os degraus da dignidade*, mais a sociedade irá tornando-se, crescentemente, *mais humana* e *muito melhor*.

O que é *"o humano"*?

Qual é a sua *essência*?

É necessário voltarmos a ficar curiosos sobre *a condição humana*.

É preciso refletirmos profundamente sobre o *"Conhece-te a ti mesmo!"* [352]

---

[352] *"Conhece-te a ti mesmo!"* (*"γνῶθι σεαυτόν"*, em grego; *"Nosce te ipsum"*, em latim): uma das máximas délficas inscritas no Templo de Apolo, em Delfos (Grécia antiga).

E ainda no que dizia Píndaro[353]: *"Sê quem és, sabendo!"*

É tempo de abrir o grande cofre de *possibilidades e de potencialidades do homem.*

Olhar lá no interior para ver *as riquezas imensas que habitam **dentro de nós**.*

Ainda citando Giovanni Pico della Mirandola:

> Se usar de raciocínio, *(o homem)* elevar-se-á a *"ser celeste"*.
>
> Mas, se usar do intelecto, poderá elevar-se à categoria de *"anjo"* e *"filho de Deus"*.
>
> E, se ainda assim, continuar descontente, poderá recolher-se, tornando-se **espírito uno com Deus**, Aquele que está acima de todas as coisas.

Por tudo isso vemos o quanto *o homem pode subir!*

Até mesmo ao ponto de *"poder tornar-se uno com Deus"*!

Para entendermos melhor, Galvão *(2016)* ilustra isto com uma figura muito gráfica e didática: imaginemos que estamos numa praia e passamos o dedo na areia e fazemos dois sulcos.

Observando a cena, veremos dois sulcos *(que são também areia)* e as superfícies entre eles e ao redor deles são igualmente areia.

Porém, momentaneamente estes elementos estão diferenciados.

O que queremos dizer com isso?

Tudo ali na cena é areia.

Algumas coisas estão ali na cena diferenciadas, mas *"tudo é areia"*... ou seja, podemos dizer que todas as multiplicidades são, de certa forma, *unas com Deus.*

Assim também o homem, que pode superar todas as multiplicidades e conseguir *chegar a ser **uno com Deus**!*

Ora, isso é muito grandioso e belo!

Contudo — é de pasmar! —, o espectro de possibilidades é ainda mais amplo.

---

[353] *Píndaro (520 - 438 a.C.)*: também conhecido como como "Píndaro de Cinoscefale" ou "Píndaro de Beozia", foi um poeta grego, autor de *Epinícios* ou *Odes Triunfais*. A ele se atribui também a célebre frase *"Homem, torna-te no que és"*.

Della Mirandola dizia que:

> [...] quando observamos o "reino mineral", encontraremos desde uma pedra bruta até um diamante;
>
> quando contemplamos o "reino vegetal", descobrimos desde uma gramínea até uma frondosa e gigante árvore;
>
> no "reino animal", vai desde um minúsculo inseto até um majestoso leão.
>
> Que imensa e rica variedade!
>
> Quando consideramos os **seres humanos**, eles são muito semelhantes.
>
> A diferença não é tanto externa, mas sim **"dentro"**.
>
> Do ponto de vista do desenvolvimento da alma, o homem pode ter uma "alma mosquito" ou uma "alma leão".

Com isto Mirandola quis dizer que, no caso do *ser humano*, a variedade está no *"dentro"*.

A variedade que os outros seres mostram no *"fora"*, *o homem* a tem no *"dentro"*.

Por isso, este magnífico sábio também disse:

> Quem não admirará este fascinante camaleão *(o homem)*?
>
> Não é a casca que faz a planta, mas a sua natureza entorpecida e insensível;
>
> não é o couro que faz a besta, mas a alma bruta e sensual;
>
> não é a forma circular que faz o céu, mas a reta razão;
>
> nem é a separação do corpo que faz o anjo, mas a inteligência espiritual.

Novamente, com isso o sábio quis dizer que *a embalagem* não define a beleza nem *o valor do produto no interior dela*.

Quantas vezes compramos um produto que tem uma bela *embalagem*, mas, ao abrir e utilizar o produto, verificamos que o mesmo não corresponde àquilo que esperávamos!

Conta-se que, na Grécia antiga, certa vez Tales de Mileto[354] participava de uma roda na qual estavam os sábios refletindo sobre *"o que é o ser humano?"*

---

[354] *Tales de Mileto:* filósofo pré-socrático, astrônomo, matemático, engenheiro e comerciante da Grécia Antiga, fundador da Escola Jônica.

Em determinado momento, chegaram à conclusão de que *"o homem seria um ser bípede, cujo corpo não é coberto nem de pelos e nem de penas"*.

Tales não concordou com isso e foi para casa, onde tomou uma galinha, depenou-a, e depois foi colocá-la no meio daquela roda dizendo:

> *"Se a definição de ser humana é aquela que foi aqui propalada, aqui está um ser humano"*.
>
> *Embalagem* não define *conteúdo*.

Assim também *o homem*: ele é *uma forma* com *potencial humano*.

Aliás, *um potencial* em geral não realizado plenamente e, assim, **necessitando sempre e continuamente de desenvolvimento**.

Da mesma forma, pensando em termos de *humanidade*, a *condição humana* ainda não está plenamente realizada e, assim, é **um potencial necessitando grandemente de desenvolvimento, de cultivo e de impulsão.**

Mais uma vez, é oportuno trazer a voz de Mirandola:

> [...] de tal modo que, abusando da indulgentíssima liberalidade de Deus Pai, não tornemos nociva, ao invés de salutar, a livre escolha *(livre-arbítrio)* que Ele nos concedeu.
>
> Que a nossa alma seja invadida por uma sagrada ambição de não nos contentarmos com as coisas medíocres, mas de buscarmos as mais altas, de nos esforçarmos por atingí-las, uma vez que, **querendo-o, tudo é possível.**

O *homem* tem um *potencial* enorme, mas *ele precisa escolher* <u>**desenvolver este potencial**</u>.

Que o *livre-arbítrio* não se torne para ele uma maldição.

Nos Hinos Órficos[355] há uma estrofe que diz: *"Pobres seres humanos, seres de um dia, mortais por opção"*.

"Mortais por opção", quer dizer, podendo atingir os mais altos píncaros, no entanto, podem também tornar-se *"seres de um dia"*.

Para ilustrar sobre este ponto, Galvão *(2016)* pontua graficamente que, em certa oportunidade, um mestre caminhava com seus discípulos e por ali passou um bandido que roubou a carteira deste mestre.

---

[355] *Hinos Órficos:* são um conjunto de oitenta e sete poemas hexamétricos utilizados nos cultos órficos pré-clássicos, compostos no final da era helenística *(323 - 33 a.C.)* ou início da era imperial romana *(27 a.C. - 395 d.C.)*; foram atribuídos ao poeta lendário Orfeu, mas, provavelmente foram escritos por vários poetas.

Os discípulos logo disseram: *"Mestre, queres que vamos correndo atrás do bandido para recuperar a sua carteira?"*

O mestre respondeu com calma: *"Não, fiquem tranquilos. Eu podia dar tanta coisa para aquele homem, no entanto, ele, coitado, só quis a carteira!"*

Assim também *na vida humana.*

A *vida bem vivida*, exercida com altos valores e preciosas buscas, pode trazer tanta sublimidade ao *homem*... mas, se ele distrair-se com os *bens materiais* e com os *prazeres humanos*, ele só estará levando dela a insignificante e desnecessária *"carteira"* das coisas insignificantes...

O *homem* tem diante de si, ao longo da vida, um universo de opções, mas, suas escolhas sempre dependerão do bom uso do seu *livre-arbítrio*.

O *livre-arbítrio*, quando mal administrado, é realmente um grande fardo.

Que o *homem* não torne num castigo e numa prisão este incomensurável privilégio a ele dado por Deus.

Mirandola dizia ainda que:

> O famoso *"Conhece-te a ti mesmo!"* incita e exorta ao conhecimento da natureza na sua totalidade, de que o homem é vínculo e quase síntese.
>
> *"Quem, de fato, conhece a si mesmo, tudo em si conhece"*, como escreveu Platão.

Platão dizia que *"o homem é uma síntese da natureza"*. Dentro dele existe a compreensão do todo.

Ou seja, o *homem* é a grande e preciosa chave do Universo, pois Deus fê-lo *"à Sua Imagem e Semelhança"*.

Assim, diante da grande preocupação relativa à questão ambiental e social pela qual passa o nosso Planeta, podemos dizer que o acidente ecológico da humanidade é a grande falta de *"homens plenamente desenvolvidos em seu potencial humano"*.

Só este *homem* de potencial humano plenamente desenvolvido entenderá *seu verdadeiro lugar no Universo*, bem como *seu dever moral para com o Universo*, de tal modo que os que vierem depois dele, ao verem o que ele fez em sua vida, possam dizer: *"Aqui passou **um ser humano pleno!**"*

Um sábio dizia que *"a diferença entre um tronco de madeira e um barco de madeira é que o barco tem remos e pode navegar contra a corrente"*.

Os *remos* do *homem* são o seu *autoconhecimento*, a *consciência de seu grandioso potencial* e a sua *decisão de desenvolver totalmente o seu magnífico potencial*.

Então, termina triunfalmente Pico della Mirandola:

> Os milagres do espírito são maiores do que os do céu...
>
> Nada há de mais grandioso sobre a terra do que **o homem**, nada de mais grandioso no homem do que seu *espírito* e sua *alma*.
>
> Eleva-te até eles e estarás elevando-te para além do céu.[356]

Só o homem é chamado, pelo amor, a compartilhar *a vida de Deus*!

O santo espanhol São Josemaria Escrivá *(1902-1975)* resume em uma frase[357] o que estamos destacando ao longo deste nosso livro:

> Esta é a grande ousadia da fé cristã: proclamar ___o valor e a dignidade da natureza humana___ e afirmar que, mediante a graça, que nos eleva à ordem sobrenatural, fomos criados para alcançar ___a dignidade de "filhos de Deus"___.
>
> Ousadia certamente incrível, se não se baseasse no decreto salvador de Deus Pai e se não tivesse sido confirmada pelo ___Sangue de Cristo___ e reafirmada e tornada possível pela ___ação constante do Espírito Santo___".

Nesta frase estão bem resumidos e evidenciados os seguintes pontos:

> "proclamar *o valor e a dignidade da natureza humana*": sim, inegavelmente *a natureza humana* é dotada de *incomensurável valor e dignidade*. É, portanto, fundamental que o *homem* torne-se plenamente consciente desta sua excelência dentro do Universo;
>
> "*mediante a graça*[358], que ___nos eleva à ordem sobrenatural___": pela graça dada por Deus, *o ser humano* não se torna Deus, mas ___é divinizado___;

---

[356] Mirandola, G.P. *Disputaciones Adversus Astrologiam Divinatricem* (*Debates contra as advinhações da astrologia*). *Revista Portuguesa de Filosofia*, 5 (4):449-450 (1949).

[357] Escrivá, J. *É Cristo que passa*, n.133. Quadrante Editora. 2009. 312p.

[358] "*Graça*": no campo da teologia, corresponde a um dom, um presente oferecido sobrenaturalmente, portanto, concedido por Deus, visando *a salvação do homem*.

"*fomos criados para alcançar **a dignidade de filhos de Deus***": nenhuma outra parcela da Criação, **a não ser o homem**, "*criado à Imagem e Semelhança de Deus*", mereceu a distinção especial e única de poder tornar-se "***filho de Deus***"!

"*ousadia certamente incrível, se não se baseasse no decreto salvador de Deus Pai e se não tivesse sido confirmada pelo Sangue de Cristo*". Aqui é preciso subdividir para entender melhor:

"*decreto salvador de Deus Pai*": o próprio Deus *quis* a salvação do *homem*;

"*confirmada pelo Sangue de Cristo*": Jesus Cristo, por Sua própria vontade, *quis* vir ao mundo *como um homem*, a fim de, mediante a Paixão e a Cruz, carregar toda a culpa humana e, assim, redimir a humanidade;

"*tornada possível pela ação constante do Espírito Santo*": o Espírito Santo é a Terceira Pessoa da Santíssima Trindade. Portanto, as três pessoas da Santíssima Trindade, **Deus Trino**, quiseram e executaram todo o grandioso e belo *projeto de salvação*.

Os argumentos relacionados à **incomensurável dignidade do homem dentro da Criação** são inúmeros, mas avaliamos que podemos resumi-los nos pontos expostos a seguir:

Deus ama tanto o ser humano, que veio a este mundo *como um homem igual a todos os homens (com exceção do pecado)*, Jesus Cristo, com a missão de redimir e salvar o gênero humano. Nenhuma outra parcela da Criação foi privilegiada com tão grande distinção.

Para executar a salvação do *gênero humano*, Deus arquitetou um *plano de salvação* que durou cerca de dois mil anos, formando um povo, desde Abraão[359], povo do qual saiu Jesus Cristo.

Examinando este *longo e belo **projeto de salvação***, verifica-se que *nenhum ser humano teria sido capaz de arquitetar algo tão grandioso*.

Este projeto teve duração de aproximadamente vinte séculos, contou com a participação de patriarcas e de inúmeros líderes e profetas e, ao longo de todo o caminhar do povo de

---

[359] *Abraão:* patriarca bíblico, que viveu por volta de 1.800 a.C., o qual recebeu diretamente de Deus a missão de dar início à formação de um numeroso povo, a partir do qual deveria nascer Jesus Cristo, Filho de Deus *feito homem*, Salvador e Redentor da humanidade.

Deus, fica claramente visível a ação da Mão Divina fazendo concretizar tudo rumo à vinda do Salvador da *humanidade*.

Todo este **projeto de salvação**, de tão longa duração, está descrito pormenorizadamente nos livros bíblicos do Antigo Testamento, escritos pelas penas de vários autores, que viveram em diferentes épocas e, no entanto, é impressionante notar a unidade e a coerência da linha mestra que conduz todos os acontecimentos em direção à vinda do Redentor.

Jesus Cristo, Filho de Deus, deu Sua Vida pela salvação do *homem* e, depois de Sua ressurreição e ascensão, Ele deixou a Igreja Católica para continuar, ao longo dos séculos, a realizar a salvação de *todos os homens,* de todos os lugares e de todos os tempos.

Esta Igreja é a única instituição de *aproximadamente 2 mil anos de idade*, que sobrevive e deverá durar até o final dos tempos, justamente por ser obra da Mão Divina.

Jesus Cristo instituiu a Eucaristia, Sacramento no qual está presente Seu Corpo, Seu Sangue, Sua Alma e Sua Divindade, para alimentar, salvar e santificar o *ser humano* e, assim, o homem possa ir sendo, ao longo de sua vida, *divinizado*.

Na conclusão do plano de salvação será realizado um julgamento final e todos aqueles que tiverem aderido à *santidade ensinada no Evangelho de Jesus Cristo* receberão o prêmio definitivo de poderem mergulhar no seio de Deus.

Estes, *divinizados*, poderão então conviver com Deus na felicidade divina infinita pelo resto da eternidade;

Só ao ser humano foi reservado o galardão de poder, um dia, vir a conviver com Deus, no seio de Deus e ter como prêmio a eternidade.

* * *

Cada item acima referido poderia ser desenvolvido pormenorizadamente, porém isto exigiria um espaço de que aqui não dispomos.

Contudo, podemos ressaltar, mais uma vez, a excelente síntese contida no pensamento de São João Crisóstomo:

O homem é mais precioso aos olhos de Deus do que a criação inteira: ... é para ele que existem o céu e a Terra e o mar e

> a totalidade da Criação, e é à salvação dele que Deus atribuiu tanta importância, que nem sequer poupou Seu Filho único em seu favor.
>
> Pois Deus não cessou de tudo empreender para fazer o homem subir até Ele e fazê-lo sentar-se à Sua Direita.[360]

Isto pode ser complementado com o ensinamento contido no *Catecismo da Igreja Católica*:

> **<u>Só o homem</u>** é chamado a compartilhar, pelo conhecimento e pelo amor, **<u>a vida de Deus</u>**.
>
> <u>Foi para este fim que o homem foi criado</u>, e **aí reside a razão fundamental da sua dignidade**.[361]

São Josemaria Escrivá também ressalta:

> **Ó homem, se soubesses o que vales!...**
>
> *É São Paulo quem te diz:* **foste comprado "<u>pretio magno</u>" - por máximo preço.**
>
> *E o mesmo São Paulo depois continua:* **"<u>Glorificate et portate Deum in corpore vestro</u>" - glorificai a Deus e trazei-O em vosso corpo (1Co 6, 20)".**[362]

* * *

Ainda um ponto significativo a ser considerado: a *Ciência*, pelos seus métodos e conjunturas que lhe são próprios, *não tem como, sozinha, abranger todos os aspectos espirituais e sobrenaturais do homem.*

Só quando a *Ciência* junta-se à *Teologia*, que, aí sim, <u>*ambas, juntas,*</u> têm condições de analisar adequadamente *a incomparável grandeza e a incomensurável dignidade da criatura humana.*

Neste sentido, disse, com toda profundidade e discernimento, o então Papa, hoje São João Paulo II:

> A <u>fé e a razão</u> ("<u>*fides et ratio*</u>") constituem como que as duas asas pelas quais o espírito humano se eleva para a contemplação da verdade.

---

[360] São João Crisóstomo. *Sermão sobre o Gênesis* 2,1. Disponível em: https://facbel.edu.br/wp-content/uploads/2020/08/Patristica-vol.-23-Sao-Joao-Crisostomo.pdf. Acesso: 22 março 2022.

[361] CIC, 356.

[362] São Josemaria Escrivá. *Caminho*, n.135. Quadrande Editora. 2016.

> Foi Deus quem colocou no coração do homem o desejo de conhecer a verdade e, em última análise, de O conhecer a Ele, para que, conhecendo-O e amando-O, <u>possa chegar também à verdade plena sobre si próprio</u>.[363]

Assim como um pássaro não consegue atingir as maiores altitudes possíveis de voo, se tiver uma só asa, assim também *o homem* só conseguirá compreender **toda a altitude de sua dignidade** se, para isso, utilizar *as duas asas* de que dispõe: *a razão (ciência)* e *a fé (transcendência)*.

* * *

---

[363] Papa João Paulo II, In: Carta Encíclica *Fides et Ratio*. Roma, setembro 1998. n.1.

10

O HOMEM É INCOMENSURAVELMENTE MAIS DO QUE *SAPIENS*

Nós, seres humanos, somos a única parcela do Universo que tem capacidade inteligente e, assim, temos *perguntas existenciais* que ainda não foram respondidas pela *ciência*.

O presente livro foi escrito com o objetivo de mostrar em que ponto *a nossa ciência* está no que se refere aos *conhecimentos humanos* sobre:

- o *Universo* em que vivemos;

- o surgimento da *vida* no Universo;

- o surgimento das inúmeras *espécies vivas* existentes *(afinal, foi por "evolucionismo" ou por "criacionismo"?)*;

- o surgimento do *homem*;

- as *teorias científicas (elas explicam tudo mesmo?)*;

- a inadequação de *classificar o homem* no mesmo sistema de classificação dos demais seres vivos;

- as impropriedades básicas do *evolucionismo*;

- a incomensurável **dignidade do ser humano**.

Então, fizemos uma corajosa *viagem* pelas teorias científicas *(sobre o Universo, a vida, a diversidade das espécies vivas e o próprio homem)*, visando dar uma clara ideia sobre a forma como a ciência enfoca este magnífico ser que habita neste Universo maravilhoso e misterioso.

Assim, depois da grande e épica *"viagem"* que fizemos ao longo deste livro, agora é o momento agradável em que nos sentamos juntos ao redor da mesa e então podemos ir contemplando calmamente o *"álbum das fotos"* registradas ao longo do fascinante percurso por nós viajado.

Nestas *"fotos"* estão resumidos os momentos mais marcantes da nossa bela e corajosa jornada, a fim de possibilitar uma visão abrangente e de conjunto do todo.

Em nossa *"viagem"* passamos por nove *"lugares principais"* (= os *"nove capítulos"* anteriores ao presente capítulo deste livro).

Podemos dizer que *este capítulo 10* é o próprio *álbum*, que *resume* e *enfeixa as fotos* de todos os *nove capítulos* precedentes, para fornecer uma visão ampla e panorâmica do todo.

Desta forma, as *"fotos"* serão mostradas a seguir conforme as *nove etapas da viagem* e, nelas, procuraremos *resumir* as impressões principais deixadas por cada um dos *"nove assuntos visitados"*.

Obs.: Não serão incluídas aqui neste último capítulo citações de bibliografias e nomes de autores, uma vez que estes dados já foram apresentados anteriormente.

As afirmações contidas neste *capítulo 10* são resumos das explanações abarcadas no decorrer dos capítulos precedentes. Portanto, se o(a) leitor(a) quiser explicações mais detalhadas sobre determinado *assunto aqui abordado*, poderá ir encontrá-las lá no correspondente capítulo.

* * *

"Fotos" do Capítulo 1
"Afinal, quem somos nós, os seres humanos?

Nós, *homens*, ainda somos um *mistério* para *nós mesmos*.

Esta nossa *"viagem"* foi, na verdade, uma reflexão em relação ao *ser humano*, em *duas de suas principais dimensões*:

1. a incomensurável *"dignidade do homem"*;

2. a sua missão *"única, inigualável e insubstituível"* dentro do Universo.

Registro importante: a *"máquina fotográfica"* que utilizamos durante toda a *viagem* tinha *duas lentes especiais*: as do binômio *ciência e fé*.

De fato, este binômio é fundamental para o entendimento do *ser humano no Universo*.

Um dos grandes objetivos desta nossa *viagem* foi o de crescer no conhecimento dos *"fundamentos verdadeiros e últimos da realidade"*, visando com isso ajudar a humanidade a encontrar e a viver bem sua missão neste nosso magnífico, mas ainda *"misterioso Universo"*.

Contextualização: o *Universo* pode ser comparado a um grande *"trem"* e nós, os seres humanos, estamos viajando nele, num vagão chamado *"Via Láctea"*, numa repartição chamada *"Sistema Solar"*, num setor chamado *"Planeta Terra"*.

O *trem universal* está a uma grande velocidade.

Para onde?

Por quê?

Até quando?

(...)

Quem pode nos dar as *respostas* para tantas *perguntas?*

Diante destas questões, nós, ao longo de nossas vidas, temos duas opções:

podemos *"simplesmente viajar"*, sem fazer *perguntas*;

podemos *fazer perguntas... refletir sobre elas... procurar... pesquisar...*

Neste livro, nós escolhemos a segunda opção: queremos *perguntar, refletir, pesquisar...* e, quando possível, apresentar *respostas...*

Não temos certeza se vamos chegar a *respostas definitivas...* mas, *pensar* e *refletir* são características próprias do *ser humano* e foi isso o que quisemos fazer.

Só o *homem inteligente* é capaz de perceber *sua própria existência* e é também capaz de querer saber sobre qual é *a sua missão* dentro do *"trem universal"*.

Neste amplo contexto, a *ciência* tem o objetivo de ser *um farol que ilumina o caminho do homem* em sua *"busca pela Verdade e pela verdadeira felicidade"*, anseios inscritos no íntimo do *ser humano*.

No entanto, não sabemos bem o porquê, mas ao longo dos séculos *o homem científico* tem, de certa maneira, muitas vezes, *desvalorizado a noção de sua própria essência*, da sua própria *grandeza* e da sua própria *dignidade*, principalmente quando considera-se a si mesmo como *"um mero animal"* chamado *"sapiens"... "Homo sapiens"*.

Para a *ciência*, desde a proposição do sistema de classificação dos seres vivos por Lineu, no século XVIII, os *humanos* são considerados como *"meros animais"* incluídos na mesma categorização *dos primatas e dos grandes macacos.*

Nos últimos séculos, a *ciência* e a *tecnologia* tiveram avanços imensos, como nunca antes havia ocorrido na história da humanidade, e, assim, agora temos muito mais elementos e condições para aproximarmo-nos cada vez mais da *verdade...*

Então, a tese central deste livro é a de que as coisas não são bem assim (*homem* como *"mero animal"*), pois **o homem é incomensuravelmente mais do que "sapiens".**

> **O homem é a parte mais valiosa do Universo!**

* * *

> **"Fotos" do Capítulo 2**
> **O nosso Universo extraordinário e misterioso**

O único lugar onde podemos existir e viver é *o nosso Universo.*

Século XXI: telescópios espaciais, observatórios astronômicos, supercomputadores, sofisticados modelos matemáticos e físicos, grande arsenal de instrumentos de alta tecnologia.

Contudo, utilizando o melhor da nossa tecnologia hoje disponível, se nos aventurássemos a *viajar para fora do Sistema Solar*, para chegarmos nas proximidades da estrela Proxima Centauri *(que é a mais próxima de nós, situada a cerca de 4,22 anos-luz)*, demoraríamos cerca de 40 mil anos! Totalmente inviável no momento!

Portanto, **por muitos séculos ainda**, teremos de **viver** *aqui na Terra!*

Por isso, **precisamos aprender a cuidar bem dela**, para podermos viver bem, por muito tempo ainda, *__aqui__*!

Universo e *matéria*:

A *matéria* é compacta mesmo? ou é *"vazia"*?

Se conseguíssemos adentrar num *átomo*, veríamos que o *núcleo* tem cerca de 10^{-15} m, ou seja, um fentômetro.

Os *elétrons* não têm dimensão que possa ser medida; eles movem-se em redemoinho num "espaço vazio" um trilhão de vezes maior do que o *volume do núcleo do átomo.*

Portanto, só uma trilionésima parte do átomo está preenchida por "matéria" (ou seja, pelo *núcleo*).

Mas mesmo isso seria muita generosidade, pois o *núcleo* também não é um *corpo sólido.*

Sobre o *"vazio da matéria"*, vejamos o que disse o físico Grichka Yourievitch Bogdanoff:

> Partamos de algo visível: *"uma gota d'água".*
>
> Ela é composta de aproximadamente um trilhão de bilhões de moléculas, cada uma delas medindo algo como 10^{-9} metro.
>
> Penetremos nessas moléculas: vamos descobrir ali átomos muito menores, cuja dimensão é da ordem de 10^{-10} metro.
>
> Mas continuemos nossa viagem às *"infimidades" (ao micro Universo).*
>
> Cada um desses átomos é composto de um núcleo ainda menor *(10^{-14} m)* e de elétrons "gravitando" ao redor do núcleo.
>
> Mas, nossa exploração não pára por aí.
>
> Um novo salto, e eis-nos no cerne do núcleo: agora, ali encontramos uma quantidade de partículas: *"os núcleons" (dos quais os mais importantes são os "prótons" e os "nêutrons"),* extraordinariamente pequenos, com dimensão de apenas 10^{-15} m.
>
> Chegamos ao final da nossa viagem? Trata-se da fronteira extrema, abaixo da qual não há mais nada?
>
> De modo algum.
>
> A partir de meados do século XX, foram descobertas partículas ainda menores, os *"hádrons"*, *que, por sua vez, são compostos de entidades infinitesimais, que atingem o "tamanho" inimaginável de 10^{-18} m: os quarks!!!""*

Pois é! Estas *"fotos"* são fascinantes, não são?!

Então, afinal, de que é feita a *"matéria"*?

Mas a questão é que só viemos a descobrir estas suprarreferidas *"maravilhas das infimidades"* há bem menos de um século!

Isto não faz repensar as *"antigas mundivisões"*? *(na antiguidade não havia tais conhecimentos)*.

Dimensões e *origem do Universo*:

Nosso Universo tem dimensões *macro (da ordem dos yottametros, 10^{24} metros)* e também estruturas *micro*, na casa dos yoctômetros *(10^{-24} metros)*.

As mundivisões da antiguidade estavam circunscritas aos conhecimentos que se conseguia desenvolver com a *"ciência e a tecnologia"* de que dispunham em *"naquelas"* antigas épocas.

Os *paradigmas*, as *visões de mundo* e as *teorias* necessitam, muitas vezes, serem adaptadas com o avançar do tempo, conforme o engenho e a inteligência humana vão conquistando *"novos conhecimentos"*, *"novos territórios científicos e tecnológicos"*.

Até a década de 1930 o conhecimento científico sobre o Universo era bastante limitado e restringia-se apenas às estrelas que se conseguia observar *"com tecnologia daquela época"*, a algumas galáxias mais próximas e então a extensão de Universo conhecida era de aproximadamente *uns 30 mil anos-luz*.

Hoje a ciência estima que o Universo tenha *quase 14 bilhões de anos-luz*.

Mas, após a conquista de tantos avanços científicos e tecnológicos, principalmente nos últimos cem anos, talvez tenhamos de admitir, *mesmo hoje*, que:

"a humanidade encontra-se <u>ainda</u> diante de uma escuridão não muito menor do que a que se encontravam os filósofos pré-socráticos (~ século V a.C.) ou quaisquer outros sábios da antiguidade".

Entre as várias *teorias* que buscam explicar a *origem do Universo*, a de maior receptividade é a do *"Big-Bang"*.

Mas <u>*existem várias outras teorias*</u>, mostrando que em muitos aspectos o nosso Universo é **extraordinário**, mas, sem dúvida, é **ainda um grande mistério** para nós, *humanos*.

O que podemos dizer é que o *Universo* é como um *motor*: com toda a sua engenhosidade, não há quem não admita que, sem dúvida, este *motor* deve ter sido construído por *"alguém"*; ele não tem capacidade de autocriar-se, de auto-organizar-se e de auto-manter-se; as forças cegas e sem direção da natureza jamais teriam a capacidade de construí-lo.

Conclusão: pelo que foi refletido até aqui fica claro que, na altura destas *primeiras décadas do século XXI*, a despeito de todos os extraordinários desenvolvimentos obtidos nos últimos cem anos, **ainda hoje *"a nossa ciência"* não tem *respostas indubitáveis* para perguntas relacionadas à *"origem do Universo"*.**

Dúvidas: será que tais respostas estariam mesmo *apenas* no domínio da *"nossa ciência"*? será que *apenas* a *ciência* deveria buscá-las?

* * *

"Fotos" do Capítulo 3

O surgimento da vida no Universo

ainda é um mistério inexplicado

O nosso Universo tem *vida!*

O nosso Planeta tem *vida*!

Existiria *vida* em outros planetas do nosso Universo?

Ainda não sabemos. Talvez um dia venhamos a saber.

Mas a grande e inevitável pergunta é: *"como surgiu a vida dentro do nosso Universo?"*

Aristóteles *(século IV a.C.)* imaginava que *a vida* surgia por *"geração espontânea"*.

Esta ideia vigorou por mais de vinte séculos, até que Pasteur *(1822 - 1895)*, com seus experimentos conseguiu, definitivamente, refutá-la e decretou:

"Vida só pode surgir de vida."

Mas neste ponto surge então outra questão relevante: *se seres vivos só podem nascer a partir de outros seres vivos preexistentes, pela biogênese:*

Como então teria surgido o primeiro ser vivo do Universo?

A *ciência*, até meados do século XIX, era muito incipiente e não tinha como dar contribuições efetivas nesta área.

Teorias foram propostas:

- *panspermia (a vida teria vindo do espaço)*;

- *Oparin-Haldane* e a *"evolução química"* (a *vida* teria surgido a partir de *materiais inorgânicos*);

- *Mundo RNA (o Ácido Ribonucleico teria sido a primeira forma de vida?)*.

Mesmo diante de todo o avanço da ciência de hoje, nenhuma destas *teorias* consegue sustentar-se.

E o que dizer da *incrível fita do DNA?*

Cada pessoa tem em seu corpo aproximadamente 102 bilhões de quilômetros de DNA!... cada milímetro de fita DNA é constituído de 300 milhões de átomos!... e tudo funcionando, em atividade plena e constante, em todo o comprimento dos 102 bilhões de quilômetros, sem parar!

Diante disso, convém citar aqui o assombro e o fascínio de um autor:

> *"De onde veio o DNA?*
>
> *Mesmo diante das maravilhas da vida e do DNA, os "materialistas ateus" insistem em dizer:*
>
> *- "A Criação é um mito".*
>
> *- "Plantas, animais e homens não foram 'criados', formaram-se por si".*
>
> *- "A vida na Terra teve início de uma 'primeira célula viva, que teria sido formada por geração espontânea', de maneira prodigiosa, não porém miraculosa".*
>
> *- "Os 'restos fósseis de seres vivos pré-históricos' demonstram a verdade científica da evolução biológica".*
>
> *Durante a segunda metade do século XIX, <u>com a quase incipiente ciência de que se dispunha naquela época</u>, essas hipóteses poderiam parecer verdadeiras.*
>
> *Mas, tão fabulosamente complexa, organizada de maneira a aturdir os engenheiros e os cientistas da automação, a "célula viva" (que só veio a ser melhor conhecida a partir da segunda metade do século XX) não podia, de forma alguma!, ter-se formado sozinha, por forças do acaso.*
>
> *De onde então veio toda essa incrível organização?*

Hoje, no século XXI, sabemos que a célula de um ser vivo existente na face da Terra se autoconstrói usando os próprios projetos de construção, as próprias informações técnicas e a própria programação, como estão gravadas nas fitas DNA.

De onde vieram esses "projetos", essas "informações", esses "programas sumamente complexos"?

De onde veio esse código (DNA)?

Milhares de RNAs especializados trabalham na célula, executando fielmente as ordens que recebem das fitas DNA.

Honestamente, seria possível afirmar (como se pensava no século XIX) que tudo derivou da simples aproximação de moléculas com quatro ou cinco átomos cada uma, sob a ação energética de raios ultravioletas solares ("evolução química")?

Honestamente, seria possível demonstrar que essa obra de inteligência sobre-humana é devida à não-inteligência, à "idiotia do acaso cego"?

Honestamente, seria possível afirmá-lo, mesmo contra toda evidência, somente para quem fosse completamente obcecado pelo fanatismo do "materialismo marxista ateu", e para quem assumisse, por razões de comodidade, uma atitude decididamente anticientífica".

Diante de tudo isso, é muito mais correto reconhecer:

"Efetivamente, ainda não sabemos como surgiram as primeiras células vivas."

Certa vez, perguntaram ao bioquímico belga Christian de Duve *(1917-2013)*, Prêmio Nobel de Medicina de 1974, em relação ao ponto em que estava *a ciência* quanto à *compreensão sobre a origem da vida,* ao que o eminente cientista respondeu: *"Não estamos em ponto algum, **na verdade nada sabemos!**".*

Mesmo sendo adepto do *evolucionismo,* Sir Fred Hoyle *(1915-2001)* declarou em certa oportunidade: *"A probabilidade de que formas de vida superiores tivessem surgido "por obra do acaso" é a mesma que existiria para que um tornado, atingindo um depósito de ferro velho, pudesse produzir um avião Boeing 747, a partir das peças ali existentes".*

Numa outra oportunidade, o mesmo Sir Fred Hoyle, juntamente com o astrônomo e matemático cingalês Chandra Wickramasinghe *(1939),* deram uma ideia do tamanho da improbabilidade de *a vida ter surgido por acaso*: eles estimaram que *a probabilidade de ocorrer por acaso uma combinação de moléculas com capacidade de produzir a mais simples forma de vida é de* **1 em $10^{40.000}$** *(ou seja, uma possibilidade em 10 seguido de 40 mil zeros)*!

Ora, sabemos que, em Estatística, **probabilidades menores do que 1 em 10^{50} são consideradas** como *"probabilidade de ocorrência zero"*.

Concluindo:

Origem da vida no Universo: um tema amplo e inevitavelmente polêmico, ainda muito longe de uma *resposta científica conclusiva*, mesmo contando com todos os avanços da *ciência moderna*.

Hipótese da "evolução química": *"as dificuldades sob o ponto de vista científico são ainda intransponíveis, de modo que, para o estado atual da ciência, 'evolução química' aparece como fenômeno sumamente improvável"* (Artigas).

* * *

> *"Fotos" do Capítulo 4*
> ***Como surgiram as diversas espécies vivas?***
> *criacionismo?... evolucionismo?...*

Até aqui vimos que, *mesmo para a avançada ciência do século XXI, "as origens do Universo e da vida"* ainda são um mistério.

Honestamente falando, muito pouco conhecemos sobre estas *origens*.

Mas, agora nós nos imaginamos percorrendo a Terra e observando a imensa riqueza da *biodiversidade dos organismos vivos*: **milhões de *espécies*!**

Um estudo realizado por pesquisadores do Canadá chegou à estimativa de que existe o impressionante número de *aproximadamente nove milhões de espécies de seres vivos* em nosso Planeta!

Agora, a grande pergunta que se põe então é: "como surgiram *tantas espécies de seres vivos?*

Até meados do século XIX, a concepção predominante, que respondia a esta pergunta, e aceita quase por unanimidade, era a de que Deus, Eterno e Onipotente, foi o Criador de tudo o que existe (*o criacionismo*).

Mas, a partir de 1859, ganhou relevo o *evolucionismo*, teoria proposta pelo naturalista inglês Charles Darwin.

Desde então grandes polêmicas começaram a surgir entre o *evolucionismo* e o *criacionismo*.

A *ciência* considera que é inconcebível, *cientificamente falando*, que se possa aceitar *uma explicação não racional (= "não científica") para a origem de tudo.*

Assim, a *ciência* defende o *evolucionismo*, alegando que "esta sim, seria uma *teoria científica* e cientificamente defensável".

Segundo esta *teoria*, durante milhões de anos, as primeiras células rudimentares surgidas numa *"sopa primordial"* proveniente de uma suposta *"evolução química"* teriam originado o *primeiro ser vivo*, ao qual foi dado o nome de *"LUCA"* (da sigla em inglês para *"Last Universal Common Ancestor"*, o *"Mais Velho Ancestral Comum Universal"*), cujo surgimento supostamente teria ocorrido há aproximadamente 3,5 bilhões de anos.

Contudo, o *evolucionismo* não tem respostas para *lacunas* importantes, como a questão do surgimento da *primeira vida* — ainda que tente apoiar-se na *"evolução química"* — e também em relação à imensa dúvida quanto ao suposto *"ancestral comum"* (o *"LUCA"*, anteriormente referido).

É preciso que se diga que se tem notado, nos últimos anos, um movimento de cientistas que haviam trabalhado por longo tempo com o *evolucionismo*, os quais vêm crescentemente abandonando esta *teoria*.

Um destes dissidentes argumentou:

"Charles Darwin tentou explicar uma questão monumental fazendo uma suposição básica – "todas as formas de vida descendem de um ancestral comum" – e acrescentou dois processos simples que qualquer um pode entender: a "variação aleatória hereditária" e a "seleção natural".

A partir desses ingredientes simples, concebidos para operar cegamente por centenas de milhões de anos, ele conjurou mudanças que parecem o desdobramento deliberado de um grande plano, projetado e executado com gênio sobre-humano.

Mas, há uma pergunta inevitável: será que "a natureza" poderia, realmente, ter tirado de seu chapéu <u>a invenção da vida</u>, ou <u>o surgimento de formas de vida cada vez mais sofisticadas</u> ou ainda, em última análise, <u>o aparecimento da mente humana</u> (até onde sabemos, "única no cosmos",) – <u>sem nenhuma estratégia além de tentativa e erro, pelo acaso cego?</u>

Simplesmente através da acumulação cega e irracional de pequenas mudanças?!!

É uma ideia deveras improvável!

Contudo, a teoria de Darwin baseia-se nisso para explicar como tudo poderia ter acontecido.

*No entanto, há muitas razões para duvidar se esta teoria poderia mesmo responder às perguntas difíceis e explicar o surgimento de **novas espécies** (ou seja, a "**macroevolução**").*

> *Honestamente, a "origem das espécies" (macroevolução) é exatamente o que Darwin não consegue explicar! (Gelernter)*

Em relação aos *questionamentos ao evolucionismo*, que vêm crescendo significativamente, um episódio de grande repercussão, iniciado em 2001, foi o movimento *"A scientific dissent from Darwinism" ("Uma Dissidência Científica ao Darwinismo")*.

Neste movimento, cerca de mil cientistas de vários países, a maioria com PhD, assinaram um manifesto, no qual revelam-se *contrários ao evolucionismo*, com o documento destacando o seguinte depoimento:

> *"Somos céticos quanto às alegações da capacidade de "mutações aleatórias" e da "seleção natural" para explicar a complexidade da vida".*

David Berlinski *(nascido em 1942)*, filósofo e educador americano, pós-doutor em matemática e em biologia molecular, autor do livro *"The Deniable Darwin" ("O contestável Darwin")*, foi um dos signatários do supracitado manifesto. Corajosamente, ele ponderou:

> *"A teoria da evolução de Darwin é o "grande elefante branco" do pensamento contemporâneo. É uma teoria volumosa, quase completamente inútil e, infelizmente, objeto de veneração supersticiosa".*

Segundo Artigas, há certezas parciais de *evoluções limitadas ("microevolução")*, porém, é preciso salientar que:

> *"não há, nem de longe, evidências ou convicções de uma evolução universal de grande escala ("macroevolução")".*

Infelizmente o *evolucionismo* trouxe e ainda traz *sérias consequências* na direção da *desconsideração de Deus como Criador*, implicando muitas vezes em tendências ateias e chegando ao ponto, como afirmam alguns autores, de que para os adeptos desta tendência não haveria diferença ontológica entre o *homem* e um *cavalo* ou um *orangotango*.

Verifica-se então que *as consequências* de um Universo regido por *processos naturais aleatórios* tenderiam sempre na direção de *diminuir a sublimidade da dignidade humana*.

* * *

"Fotos" do Capítulo 5
O homem no Universo

"O homem dentro do Universo": este é ainda um dos maiores enigmas para o próprio homem.

A questão referente a dar respostas para perguntas relacionadas ao *homem (como foi a sua origem?, qual é a sua natureza?, qual é a finalidade da existência do homem dentro do Universo?* etc.) pode ser enquadrada entre as nossas maiores pendências e há muitos séculos estamos *em permanente busca* sobre isso.

Quando falamos sobre *origem do homem*, geralmente são consideradas duas opções:

a. a descrição da *Criação (Gênesis)*;

b. a *Teoria da Evolução* de Darwin.

Estas duas opções têm sido, muitas vezes, colocadas em confronto, gerando grande quantidade de polêmicas no campo do binômio *ciência x fé*.

Nós sabemos que na verdade não existe a necessidade de *conflito* entre ciência e fé, pois *a ciência* ocupa-se em obter conhecimentos sobre as leis que regem o funcionamento da *natureza*, do *universo físico*, enquanto que a *religião (a fé)* foca no relacionamento do *homem com Deus*.

Então, podemos dizer que uma área deve *complementar* a outra.

Mas, quanto ao *surgimento do homem*, como *a ciência* tenta explicar?

Para a ciência, o homem teria surgido segundo as suposições da linha da *teoria darwiniana*, naquilo que é denominado de *"a teoria da evolução humana" (TEH)*.

Segundo a *TEH*, *pré-australopitecos* são considerados como o início da suposta evolução em direção ao *homem*.

Os *pré-australopitecos*, conforme a *TEH*, teriam sido o primeiro grupo surgido após o "ramo" dos *mamíferos primatas*, considerando a *árvore filogenética* de espécies.

Tinham modo de vida arborícola e a espécie *Sahelanthropus tchadensis* é considerada o ancestral mais antigo da *suposta linhagem humana*.

Esta espécie foi descrita *a partir de um crânio* encontrado no deserto de Chad *(África)*, datado de aproximadamente 6,5 a 7 milhões de anos.

Assim, em função disso, calcula-se que o suposto desenvolvimento evolutivo da *espécie humana* deva ter começado há *aproximadamente sete milhões de anos*.

A *TEH* vem procurando evidências para suas proposições desde a segunda metade do século XIX por meio de *fósseis*.

Porém, *fósseis* não são fáceis de se encontrar.

A quantidade de *fósseis* já encontradas é relativamente pequena e, sobre esta escassez, declara um paleoantropólogo:

> *"Você poderia colocar todos os fósseis até hoje encontrados na carroceria de um caminhão, se não se importasse de embaralhá-los.*
>
> *A escassez não seria tão ruim se os ossos estivessem distribuídos uniformemente pelo tempo e pelo espaço geográfico, mas claro que não estão.*
>
> *Eles aparecem aleatoriamente, em geral da forma a mais enlouquecedora.*
>
> *Contudo, é "com base nesses tipos de peças fragmentárias" que se tenta reconstituir a história evolutiva de toda a espécie humana!!!*
>
> *[...]*
>
> *Na falta de indícios seguros, os cientistas precisam fazer suposições com base em objetos encontrados por perto dos fósseis descobertos, mas estas podem não passar de adivinhações audazes.*
>
> *Se você correlacionar a descoberta de ferramentas com a espécie de animal mais comum nos arredores, às vezes terá de concluir*

que ferramentas-de-mão primitivas foram quase todas produzidas por "antílopes"!

O que podemos dizer é que a *teoria da evolução humana* está passando por *uma quantidade imensa de questionamentos.*

Sabemos que há mais de um século, os antropólogos procuram, em várias partes do mundo, *fósseis* de indivíduos que supõem terem sido *ancestrais* do *homem moderno.*

Porém, um artigo publicado na revista *National Geographic,* em 2004, compara, com muita didática, *o registro fóssil* a *"um filme da evolução, no qual 999 de cada 1000 fotogramas*[364] *desaparecem".*

Então, se, de um total de "100 fotogramas" do *registro fóssil, 95* mostram que os animais não evoluíram de uma espécie para outra, pode-se perguntar: por que os paleontólogos organizam os restantes *"5 fotogramas"* de modo a parecer que foi isso que aconteceu na *suposta evolução?*

Mas a suprarreferida comparação continua:

"Imagine que você encontrou 100 fotogramas de um filme que originalmente possuía 100.000 fotogramas.

Como você conseguiria saber o enredo completo do filme a partir dos "100 fotogramas encontrados"?

Ainda mais: e se apenas 5 dos 100 fotogramas pudessem ser organizados de acordo com o que você imaginou, enquanto que os restantes 95 contassem uma história bem diferente?

Seria razoável afirmar que sua ideia original estava correta o bastante baseando-se apenas naqueles 5 fotogramas?

Seria o caso de você ter colocado aqueles 5 fotogramas numa determinada ordem só porque aquela sequência era a que melhor se encaixava com a sua teoria?

Não seria mais razoável permitir que os outros 95 fotogramas também influenciassem sua opinião?"

Sobre isso, é o escritor Richard Morris quem nos dá uma resposta:

"Aparentemente, os paleontólogos adotaram o conceito ortodoxo de "mudança evolucionária gradual" (ou seja, uma espécie teria evoluído gradualmente a partir de outra espécie ancestral). Assim, apegaram-se ferrenhamente a este conceito, mesmo quando descobriram evidências do contrário.

---

[364] *Fotograma:* um filme pode ser comparado a uma sequência de milhares de fotos individuais. Então, cada foto seria um *"fotograma".*

Eles tentaram então interpretar os indícios fósseis com base em ideias evolucionistas pré-aceitas".

Henry Gee corrobora:

> *"Afirmar que <u>uma sequência de fósseis</u> representa <u>uma linhagem</u> não é uma hipótese científica que pode ser comprovada, mas uma afirmação que tem o mesmo valor de uma "história de ninar" – incrível e até talvez instrutiva, mas <u>não científica</u>".*

<u>Uma séria preocupação</u>: apesar de tantas controvérsias e polêmicas, as proposições da TEH *vêm sendo ensinadas* nos museus de história natural, nos documentários televisivos, nas salas de aulas e constam nos livros didáticos *como se fossem "verdades comprovadas e inquestionáveis"*!

Há muitos anos e em praticamente todos os países estes *procedimentos questionáveis* vêm sendo repetidos desta mesma forma.

As consequências destas práticas discutíveis nas cabeças e nos comportamentos dos alunos, das pessoas e das sociedades, nós não temos como mensurar.

Nos museus de história natural, por exemplo, são mostrados cenários (dioramas) representando os supostos *hominídeos* em seu conjecturado meio doméstico.

Apesar de serem baseadas em *"suposições hipotéticas"*, as cenas ali ilustradas passam ao público visitante a impressão de que teria sido realmente daquela forma que as coisas ocorreram.

Ou seja, passa-se, aos visitantes dos referidos museus, a provável impressão de *"verdade comprovada"*, quando, na realidade, aquelas cenas não passam de *suposições hipotéticas*.

Assim, é oportuno levantar alguns questionamentos extremamente importantes:

> - Quantos milhares de pessoas passam mensalmente, nestes museus, diante dos supracitados dioramas relacionados com a *suposta evolução humana*?

> - De todo este considerável público, quantos conseguirão imaginar que os cenários ali vistos são *hipotéticos* e não *fatos realmente comprovados*?

> - Até que ponto influências e convicções possivelmente equivocadas podem estar sendo incutidas a partir destes

cenários evolucionistas, nas mentes e nos pensamentos dos observadores?

- A partir destes cenários, quantas fotos, vídeos e reportagens são depois publicados em livros didáticos, documentários, programas de televisão, jornais e em variados meios divulgativos?... materiais que, por sua vez, irão influenciar mais uma outra grande quantidade de pensamentos?...

- Quais são os impactos influenciadores que estes cenários produzem, de fato, nas cabecinhas das crianças?... e para os adolescentes e jovens?...

Creio que, lamentavelmente, nunca foram feitas reflexões e avaliações realistas sobre estas *inquietantes questões.*

Não pretendo tecer considerações nem a favor e nem contra o uso de tais recursos, mas creio que torna-se importante alertar para *uma necessária reflexão quanto aos impactos* (positivos? negativos?) que estes podem estar causando na sociedade.

E o que dizer sobre o *"ensino do evolucionismo"?*

Wells *(citado em capítulos anteriores)* é um autor de renome, que tem-se posicionado de modo extremamente crítico quanto ao modo como vem sendo realizado *tal ensino.*

Um dos principais pontos combatidos por Wells são *os livros didáticos usados em salas de aula* para o ensino da Biologia, os quais **há muitos anos trazem vários erros conceituais,** fazendo com que o *darwinismo* continue sendo fomentado, mesmo que fundamentando-se *em narrativas completamente desacreditadas e incorretas.*

Tendo por base estudos demonstrativos de que muitos conceitos do *evolucionismo "estão completamente ultrapassados e anacrônicos",* Wells chegou a utilizar, para o ensino do evolucionismo, o termo *"ciência-zumbi"*[365].

Wells defende também que *"os dogmas materialistas evolucionistas corromperam a* ciência moderna, *tentando desesperadamente fechar as portas para quaisquer explicações alternativas que se conflitem com "os interesses do evolucionismo".*

Sustenta ainda este autor, em relação ao *evolucionismo,* que é urgente uma *mudança de paradigma,* o que já deveria ter ocorrido há muito tempo.

---

[365] *"Ciências-zumbis"*: termo cunhado por Wells, significando *ciências* que, mesmo contendo *sérios erros,* continuam vagando por muitas e muitas gerações, até hoje inclusive, sem que tais erros sejam minimamente contestados.

E quanto à questão *"macroevolução e microevolução x evolução humana"*?:

- Quando *evolucionistas* defendem que deve ter havido evolução de um *primata* (que teria sido o suposto *"elo perdido"*) para surgir, de um lado da árvore filogenética, os *macacos*, e, do outro lado da árvore, os *hominídeos*, isto seria **macroevolução**, uma vez que envolveria transformações de *determinadas espécies* para *outras espécies*.

- *Fósseis anteriores aos hominídeos* não podem ser considerados ossos de *espécies* que vieram a transformar-se em *espécies hominídeas*.

- *Espécies não hominídeas* não possuíam *"código genético humano"* e, portanto, não poderiam, segundo a ciência atual, transformar-se em *espécies hominídeas (tais transformações seriam "macroevolução")*.

- Por seu lado, *espécies hominídeas* possuíam *"código genético humano"* e, portanto, poderiam, ao longo do tempo, se estimuladas por situações ambientais, evoluir até o *homem moderno (isto seria "microevolução")*.

- portanto, quaisquer árvores filogenéticas desenhadas com estes tipos de evolução (*não-hominídeos => hominídeos*) estariam supondo ter sido possível a <u>macroevolução humana</u> — ou seja, transformações de *espécies não hominídeas* para *espécies hominídeas*.

No entanto, como foi fartamente argumentado anteriormente — com base em vários autores —, <u>*no estágio atual da ciência,*</u> **<u>não é possível aceitar a macroevolução</u>**.

Reiterando: *a hipótese da* **macroevolução humana** *não tem como ser aceita* — pelo menos por enquanto, no estágio em que a *ciência* está nos dias de hoje.

Não temos como saber se no futuro, próximo ou distante, esta hipótese poderá vir a ser viável.

No momento atual, porém, a hipótese da <u>*macroevolução humana*</u> *é implausível.*

No entanto, a **<u>microevolução humana</u>**, ou seja, <u>*hominídeos com genética humana*</u> evoluindo crescentemente em sua inteligência e habilidades, até chegar ao *homem moderno* - isto sim é plausível e, portanto, cientificamente aceitável, mesmo já, nos dias atuais.

Corroborando o que foi dito, Artigas *(autor citado anteriormente)* afirma que a sucessão geralmente suposta *"Australopitecos => Homo habilis => Homo erectus => Homo sapiens"* é **um quadro incompleto e com grande quantidade de elementos duvidosos.**

Este autor destaca ainda que "o procedimento de assinalar estas *dificuldades evolutivas* não objetiva imputar qualquer prejuízo científico à *TEH*, mas, ao contrário, pretende questionar e subsidiar *o progresso fundamentado e verdadeiro da ciência".*

Diante deste cenário, a avaliação que se pode fazer é a de que a *ciência* deve procurar focar seu crescimento a partir do ponto em que *os primeiros humanos* dentro do Universo — conhecidos e reconhecidos como tal —, provavelmente, tenham sido o *Homo neanderthalensis e seus coetâneos,* há cerca de *duzentos mil anos.*

O que teria vindo *antes destes possíveis ancestrais?*

Como teriam surgido, *há cerca de duzentos mil anos,* estes *hominídeos?*

A resposta mais honesta a estas questões é:

> *"[...] mesmo com a ciência que temos hoje, com todos os avanços já disponíveis, por enquanto não sabemos como teriam surgido os primeiros hominídeos com código genético humano."*

* * *

> ### *"Fotos" do Capítulo 6*
> ### *Teorias científicas e sua transitoriedade*

A *ciência* é um meio de *o homem* crescer no entendimento do Universo físico e material em que vive.

A *ciência* tem como um de seus principais objetivos o de gerar conhecimentos *para o homem* poder viver em harmonia com a natureza e em plenas condições de sustentabilidade, visando sua sobrevivência dentro deste maravilhoso Universo e *"desempenhando sua missão, por um futuro muito longo".*

No capítulo 6 deste nosso livro, nós procuramos dar aos leitores algumas ideias de como a *ciência* busca o crescimento dos conhecimentos humanos usando *o método científico* e tratamos com um pouco mais de foco sobre *as teorias científicas*.

Nos capítulos *dois* a *cinco* nós pudemos ver sobre as ideias principais relacionadas com as *origens (do Universo, da Vida, das Espécies Vivas, do Homem)* e verificamos que, apesar dos esforços da *ciência,* **em todos estes assuntos existem ainda <u>muito mais dúvidas do que certezas</u>**.

Esta afirmação pode surpreender?

Sem dúvida, mas é preciso olhar a ciência em perspectiva e procurando contemplar todo o panorama do que já foi conquistado até o momento.

Sem dúvida, as conquistas científicas do homem foram muitas e grandiosas até os dias de hoje. Mas, há ainda uma quantidade colossal de coisas a serem descobertas.

Na *ciência*, é relativamente muito pouco, até o ponto da nossa atualidade, o que *pode ser considerado como "cientificamente comprovado"*.

Até agora é muito pouco o que pode ser classificado como *"fato"*. Por isso, *uma grande quantidade de assuntos* em estudo pela ciência ainda circula pelos territórios das *"teorias"*.

Na *ciência* os conceitos de *teoria, fato* e *hipótese* são necessariamente muito bem embasados e não podem ser usados inadequadamente.

Isto posto, é fundamental reafirmar que não se pode assumir que uma *teoria* seja tratada como *"fato incontestável"*, assim como um *fato* não poderia ser referido como *teoria* ou *hipótese*.

Existiram, no passado, *teorias* que, mesmo incorretas, perduraram por séculos.

Um exemplo é a *"teoria da geração espontânea e da origem abiogenética da <u>vida</u>"*, que vigorou desde Aristóteles *(século IV a.C.)* até o século XIX d.C., quando os experimentos de Pasteur *(1822-1895)* conseguiram refutá-la definitivamente.

Outra teoria que vigorou por muitos séculos, *mesmo que incorreta*, foi a do *geocentrismo* — como descrito neste nosso livro, no capítulo sobre o Universo:

- desde Aristóteles *(384 - 322 a.C.)*, com sua *teoria teocêntrica*, acreditava-se que a Terra era o centro do Universo (*"geos"* = Terra; por isso, *geocentrismo* era o nome desta *teoria*);

- foi somente nos séculos XV e XVI d.C., com o astrônomo polonês Nicolau Copérnico *(1473-1543)* e depois com o astrônomo e engenheiro florentino Galileu Galilei *(1564-1642)*, portanto, aproximadamente 19 séculos depois de Aristóteles, que se chegou à conclusão correta de que era *a Terra que girava ao redor do Sol* e não o contrário.

O que estamos querendo dizer é que uma *teoria* aceita por um determinado período de tempo, *mesmo que com "consenso geral" enquanto perdurava*, pode *vir a ser substituída por outras décadas depois*, quando *novos conhecimentos e novas tecnologias são adquiridos*.

Na atualidade existem controvérsias sobre alguma *teoria*?

> Sem dúvida! E é muito oportuno mostrar aqui que o *evolucionismo* tem sido uma das *teorias* mais polemizadas das últimas décadas!

Quando o assunto é *origem das espécies de seres vivos existentes em nosso planeta*, existem apenas duas possibilidades de explicação: o *criacionismo* ou o *evolucionismo*.

Os *adeptos da teoria evolucionista* defendem-na com grande ênfase, porque consideram-na como *"única alternativa científica"* defensável.

Grande parcela dos biólogos consideram-se *evolucionistas* e, assim, julgam que as espécies vivas diversificaram-se por meio de *processos macroevolutivos*, ao longo de milhares e milhões de anos.

Dizem eles que *"devido a este "consenso científico", não haveria controvérsia científica fundamental sobre se existe evolução ou não"*.

Mas aqui cabe perguntar: *"consenso"* seria suficiente para a *ciência* dar o veredicto de que uma *teoria* refletiria, de fato, a *verdade*?

Nos casos das teorias da *origem abiogenética da vida* e do *geocentrismo*, já expostos, não houve *consenso geral* por muitos séculos?

Nas últimas décadas, muitos têm tentado considerar o *evolucionismo* não como uma *teoria* mas como um *fato inquestionável* e que, portanto, não haveria mais necessidade de questionamentos e estudos científicos suplementares.

Isto não está correto. Com esta forma de proceder, os defensores do *evolucionismo* consideram-no como *"a única explicação científica"* sobre a origem da *vida*, da *variedade de espécies vivas* e do *homem*.

Assim, existem aqueles que *"exigem"*, por exemplo, que, nas escolas e nas universidades, seja ensinado unicamente o *evolucionismo*.

Isto tem provocado significativas consequências nas formações escolares das pessoas, uma vez que em muitas delas tais ensinamentos podem incitar *a um certo afastamento de Deus.*

Evidentemente, isto tem *consequências* <u>durante toda a vida destas pessoas</u> e também na vida e na cultura da sociedade.

Algumas reflexões importantes devem ser aqui consideradas:

- as *teorias científicas* são transitórias e, portanto, também o *evolucionismo* poderá, num futuro mais próximo ou mais distante, ser refutado;

- se esta *teoria* ainda não está comprovada cientificamente, *não é correto ensiná-la como "verdade incontestável";*

- não se pode dizer que *evolucionismo* e *criacionismo* sejam correntes imperiosamente antagônicas;

- há inúmeros aspectos de uma e de outra parte que necessitam sempre ser levados em conta e, portanto, confrontos e conflitos não são produtivos e nem recomendados.

No capítulo 8 do presente livro, nós tratamos com detalhes sobre as questões relacionadas com o <u>ensino</u> do *evolucionismo.*

* * *

> *"Fotos" do Capítulo 7*
> *Seria adequado classificar o homem*
> *como Homo sapiens?*

No capítulo 7 deste livro, nós podemos ver as fotos que mostram sobre a *classificação dos seres vivos proposta por Lineu em 1735.*

Estamos no século XXI e, analisando as coisas agora, avaliamos que, infelizmente, parece-nos que Lineu cometeu um grande equívoco quando incluiu *o próprio homem* neste supracitado *sistema de classificação,* pois, com isso, acabou considerando-o como um mero *"animal racional".*

Uma das principais teses que defendemos nesta obra é a de que *o homem não é simplesmente um "animal".*

Vimos anteriormente que um estudo científico sério feito por pesquisadores da Dalhousie University in Halifax *(Canadá)* estimou que existam *quase nove milhões de espécies de seres vivos* em nosso Planeta.

Diante de *tão grande biodiversidade*, o agrupamento das *espécies* em *classes taxonômicas* é necessário e de grande utilidade e praticidade para facilitar a comunicação sobre os organismos vivos em trabalhos científicos e nas exposições para o público em geral.

Neste sistema de Lineu, **o homem**, por sua vez, **é enquadrado cientificamente dentro da espécie Homo sapiens ("homem inteligente")**.

Na literatura científica considera-se que o *Homo sapiens* é também conhecido como *"pessoa"*, *"gente"* ou *"homem"* e é ***"a única espécie animal de primata bípede do gênero Homo ainda viva"***.

É interessante e oportuno destacar na definição anterior que *o homem é considerado pela ciência* como *"a única* **espécie animal***"* e também como ***"primata bípede"***.

Uma reflexão importante: o *homem* seria mesmo um mero *"animal"* (*como a ciência o enquadra*) dentro deste Universo?

Por que estamos incluídos pela ciência na *espécie "Homo sapiens"*?

"Sapiens" significa "inteligente" e, de fato, ***o homem é o único ser vivo que tem a capacidade de pensar***.

Saliente-se aqui que esta característica **nos torna *verdadeiramente únicos* sobre todos os demais seres vivos**.

Ao enquadrar o ser humano como se fosse *apenas mais uma das espécies "animais"*, a *ciência*, que entende o sistema classificatório de Lineu como uma *"classificação científica"*, está levando em consideração apenas *as características biológicas e visíveis* **do corpo humano** e procura compará-las com as possíveis semelhanças com os **corpos biológicos** *dos seres de outras espécies*.

Realmente pode haver semelhanças entre o *homem* e alguns outros seres vivos, mas, destaque seja dado, *tais similitudes ocorrem* **apenas no nível dos "corpos biológicos"**.

Importante salientar: na época de Lineu (*século XVIII*), os conhecimentos científicos eram descomunalmente menores do que *a colossal abrangência da ciência do século XXI*.

Será que o *homem* deveria, de fato, ser incluído num sistema de classificação e, ainda mais, ser colocado no mesmo nível de espécies como orangotangos e chimpanzés?

Há inúmeras opiniões de que esta é uma tremenda inadequação, porque isto pode contribuir para que se acabe fazendo com que não seja dada a devida distinção e o merecido *valor superior* ao *homem*.

Com isso, não se consegue enxergar *a imensa dignidade que o homem realmente tem*.

As religiões cristãs ensinam que, quando Deus criou tudo o que existe, *o homem foi a única criatura para quem Deus disse: "Eu vou te criar à Minha Imagem e Semelhança"*... e assim o fez.

O homem é o centro e o ápice do Universo, mas, com a consideração do *homem* como *mero animal racional*, existe a tendência de negar-lhe esta destacada e merecida posição.

Deus Infinito criou o Universo e, Ele próprio, colocou o *homem* como *o rei de tudo*.

Por que o próprio *homem* iria então desdignificar-se, desvalorizar-se e rebaixar-se a si próprio?

No cristianismo ensina-se que, em consideração ao *homem*, *Deus enviou Seu próprio Filho* a este mundo e que Jesus Cristo nasceu *"como verdadeiro homem"*.

Um Deus Se fez homem, tal o amor, a distinção e a consideração de Deus Infinito para com Sua criatura mais amada.

Nenhuma outra espécie de ser vivo mereceu uma distinção tão especial.

Nenhum outro ser vivo é capaz de *fazer ciência*, como *o homem* tem feito.

Nenhum outro ser vivo é capaz de *conhecer-se a si mesma* e de *questionar sobre suas próprias origens* e sobre *seu papel dentro do Universo*, como *o homem* o faz.

O *homem* é muito mais do que simplesmente seu <u>corpo biológico</u>.

O homem é o grande *ponto de conexão entre o Divino e o Universo material* e, portanto, entre a *fé* e a *ciência*.

Podemos dizer que todo *o conteúdo Divino do homem*, **que não é visível e nem mensurável pela ciência**, bem como seu *potencial de relacionamento com o Infinito*, que, dentro do Universo, **<u>só o homem possui</u>**, distinguem-no e colocam-no em posição incomparavelmente superior a tudo o mais que há dentro da Criação.

É inadequado incluir *o homem* no mesmo sistema de taxonomia usado para os *demais seres vivos*.

O sistema taxonômico de Lineu foi feito <u>*pelo homem*</u> e *serve para <u>as ecessidades e objetivos do homem.</u>*

O homem é o grande tesouro, a magnífica pérola do Universo. Toda a Criação existe para que, dentro do Universo, possa existir *o homem*.

Nunca é demais e nem suficiente reforçar: *o ser humano* foi (e é!) *"uma escolha especial feita por Deus Infinito, Eterno e Criador"*, para ele *"ser gente"*, *"ser humano"*, *"ser grandioso"*, habitar no seio deste Universo incomensurável e maravilhoso, como *rei da criação*!

Nós, homens, somos criaturas frutos de um Mistério do Amor de Deus.

Deus quis aproximar-se tanto do homem, *a ponto de ter-Se tornado um homem*, em Jesus Cristo, Seu Filho encarnado.

Deus quis ser humano para que nós, homens, pudéssemos vir um dia a ser <u>divinizados</u>.

Na encíclica *Redemptor Hominis (n.10)*, São João Paulo II inicia de forma assertiva:

"O Redentor do homem, Jesus Cristo, é o centro do cosmos e da história".

Por tudo isso, podemos dizer que o homem é, sem a menor dúvida, incomensuravelmente mais do que os animais e do que qualquer outra criatura do Universo!

---

* * *

"Fotos" do Capítulo 8
Ícones falsos do evolucionismo x ensino

No capítulo 8 deste livro, nós tratamos sobre *o ensino do evolucionismo*. Vejamos aqui as *fotos* principais sobre este assunto.

A *teoria evolucionista* ainda está em estudo e muito dela não está, até o momento, *cientificamente comprovado*.

Wells, um autor citado aqui, alega que *"a teoria evolucionista darwiniana está em desacordo com as evidências científicas"* e, assim, este autor afirma: *"não tenho a menor dificuldade de expor com veemência **meu posicionamento abertamente contrário ao <u>ensino</u> desta teoria na educação pública"**.

Fundamentos basilares do evolucionismo são por muitos pensadores considerados como *"<u>errados e inaceitáveis</u>"* e, no entanto, apesar das inúmeras e insistentes críticas em contrário, tais fundamentos inadequados *continuam sendo ensinados há décadas nas escolas como se fossem corretos.*

É preciso salientar: *"não é segredo que o darwinismo acarreta implicações sérias"*: como escreveu o etólogo, biólogo evolutivo e escritor britânico Richard Dawkins *(nascido em 1941)*, da Universidade de Oxford, em 1986:

"Darwin tornou possível ser um ateu intelectualmente realizado".

Como escreveu o filósofo estadunidense Daniel Dennett *(nascido em 1942)*, da Tufts University, em 1995:

> *"A teoria de Darwin é um "ácido universal" que corrói "o tecido de nossas crenças mais fundamentais", especialmente a crença em Deus".*

Diante deste contexto contrário, Wells declara: *"Nunca defendi a remoção do evolucionismo do currículo de biologia (como acusam contra mim alguns dos meus críticos), mas, certamente sou a favor da **revisão de livros didáticos que deturpam a verdade"**.*

De fato, verificamos que ***aos estudantes é ensinado o evolucionismo praticamente como uma "verdade" e não como "uma possível teoria ainda em estudo e em avaliação".***

É necessário deixar claro que o *evolucionismo* é uma forma hipotética de explicação para a *origem da vida* e para *a origem das espécies vivas*, mas *não é a única*.

É necessário expor aos estudantes quais são as críticas associadas a esta forma de explicação, para que eles possam, ao longo de suas vidas, desenvolver suas próprias e independentes maneiras de enxergar.

Continua Wells, dando um exemplo do que acontece nos Estados Unidos:

> *"Cerca de **90% dos americanos não acreditam no darwinismo**, mas são obrigados a pagar pelo domínio do nosso sistema educacional pelo ensino do evolucionismo a qualquer custo e de todas as maneiras".*

Assim, com base em tudo o que foi exposto, uma profunda revisão sobre *a forma de ensinar evolucionismo* nas escolas e universidades é proposta e incentivada.

* * *

> *"Fotos" do Capítulo 9*
> *A incomensurável*
> **DIGNIDADE DO HOMEM**

As últimas fotos da nossa viagem objetivam mostrar imagens da principal tese deste livro: *a incomensurável dignidade do homem.*

Na cosmovisão cristã **Deus** é o centro, a origem e a sustentação de *tudo o que existe.*

Para os crentes no *Deus* judaico-cristão-islâmico, **Ele é o Criador e o Mantenedor de tudo o que existe.**

Não vamos aqui falar sobre Deus. Ele é infinitamente grandioso e não caberia neste pequenino espaço.

Sobre a DIGNIDADE DO HOMEM, há uma quantidade enorme de coisas que podem ser faladas. Vamos expor aqui apenas um resumo.

O *ser humano* ocupa um lugar único e exclusivo dentro da Criação; *"só ele"* foi criado *"à Imagem e Semelhança de Deus".*

Na sua natureza, *o homem* une o *mundo espiritual* e o *mundo material.*

De todas as criaturas visíveis existentes dentro do Universo, *o homem* é a única *"capaz de conhecer e de amar o seu Criador".*

O *ser humano* é *"a única parcela dentro do Universo que Deus quis <u>por si mesma</u>".*

Só o homem é chamado a compartilhar, pelo conhecimento e pelo amor, *da vida de Deus.* Foi para este fim que *o homem* foi criado, e aí reside a razão fundamental da sua *incomensurável dignidade.*

"Deus criou tudo para o homem", mas o homem foi criado para servir e amar a Deus e para oferecer-Lhe toda a Criação, conforme assevera São João Crisóstomo:

> *"É o homem, grande e admirável figura viva, <u>mais precioso aos olhos de Deus do que a Criação inteira</u>: é o homem, é para ele que existem o céu e a Terra, o mar e a totalidade da Criação.*
>
> *É à salvação dele que Deus atribuiu tanta importância, que não poupou <u>nem sequer Seu Filho único em seu favor</u>.*
>
> *Pois Deus não Se cansou de tudo empreender para fazer o homem subir até Ele, a fim de fazê-lo sentar-se à Sua direita".*

A *Ciência*, por si só, não consegue estudar *o homem "em toda a sua grandeza e plenitude"*, justamente porque os métodos científicos não têm como considerar os *aspectos espirituais do homem*.

O ser humano é a única parcela dentro do Universo que **tem a capacidade do conhecimento de Deus e a quem Deus abre, com Ele próprio, a possibilidade de um convívio eterno e ilimitadamente feliz.**

Não há a necessidade de grandes argumentações para asseverar que, dentre todos os componentes do Universo, *o homem* é a parcela mais especial.

De fato, é indiscutível que *o homem* é uma criatura de *inigualável grandiosidade* e de *incomparável dignidade* dentro do Universo.

Portanto, hoje, mais do que nunca antes, é urgente que *o homem* volte a conseguir reconhecer a grandeza e a dignidade de sua condição de *homem*, como **o ser mais valioso e digno dentro da Criação.**

Dignidade deriva do termo latino *"dignus"* e do protoindo-europeu *"dikine"*, que significam *"reconhecer a posição a que realmente se pertence dentro do Universo"*.

O homem é um *"SER SUPERIOR"* e não meramente um *"animal racional"*.

Uma reflexão oportuna:

> Nos dias atuais, quando contemplamos o vasto e conturbado cenário do mundo que aí está, será que podemos afirmar que *o homem* está, *realmente*, desempenhando em plenitude *os valores, as virtudes e a sabedoria* que lhe caberiam?

> Não estaria acontecendo que *a humanidade* está crescentemente perdendo a noção da *grandiosidade de sua dignidade*?

> Poderíamos, talvez, dizer que *a humanidade* está cavando para si mesma *um grande abismo existencial*, um perigoso desequilíbrio geral e até mesmo ecológico?

Se assim estiver acontecendo, vale a pena uma outra reflexão:

> Como podemos trabalhar para fazer cessar a derrocada e mudar a tendência decadente, convertendo-a para o rumo positivo, em direção a uma *humanidade* cada vez mais equilibrada, mais harmoniosa e mais ciente de sua *grandiosidade humana*?

> Em suma, *o ser humano* pode decidir tanto ir *para cima* (virtudes e dignidade) quanto *para baixo* (vícios e decadência).

> **Para Deus, *o homem é a Sua obra-prima!***

Só o homem tem a capacidade de ser *ponte entre o céu e a terra.*

Se o homem não for *esta ponte*, quem, dentro do Universo, fará este papel?

Torna-se, portanto, oportuno destacar o **quanto é necessário esclarecer sobre *o quão digno é o homem*.**

O ser humano precisa, urgentemente, saber da *sua incomensurável dignidade*, para que possa cultivá-la.

Só assim mais e mais pessoas crescerão na *dignidade humana*, virtude tão esquecida e incompreendida nos dias atuais.

Quanto mais pessoas estiverem galgando *os degraus da dignidade*, só então a sociedade irá tornando-se, crescentemente, *mais humana, mais feliz, mais harmoniosa* e *muito melhor.*

O homem precisa saber o quanto *ele pode subir!*

Sim, ele pode subir até mesmo ao ponto de *"vir a tornar-se uno com Deus"*!

Só o homem é chamado, pelo amor, a compartilhar *a vida de Deus!*

Como dizia o filósofo italiano Pico della Mirandola, anteriormente citado:

> *"Os milagres do espírito são maiores do que os do céu... Nada há de mais grandioso sobre a Terra do que **o homem**, nada de mais grandioso no homem do que seu espírito e sua alma. Eleva-te até eles e estarás elevando-te para além do céu".*

Deus ama tanto o ser humano que veio a este mundo *como um homem igual a todos os homens* (com exceção do pecado), Jesus Cristo, com a missão de redimir e salvar *o gênero humano.*

Nenhuma outra parcela da Criação foi privilegiada com tão grande distinção.

Jesus Cristo instituiu *a Eucaristia*, sacramento no qual está presente Seu Corpo, Seu Sangue, Sua Alma e Sua Divindade, para alimentar, salvar e santificar *o ser humano* e, assim, *o homem* possa ir sendo, ao longo de sua vida, *divinizado.*

Só ao ser humano foi reservado o galardão de poder conviver com Deus, no seio de Deus e ter como prêmio a eternidade.

Só o homem é chamado a compartilhar, pelo conhecimento e pelo amor, *a vida de Deus*.

Foi para este fim que *o homem* foi criado, e aí reside a razão fundamental da sua dignidade.

São Josemaria Escrivá também ressalta:

> *"Ó homem, se soubesses o que vales!... É São Paulo quem te diz: foste comprado "pretio magno" - por alto preço. E o mesmo São Paulo depois continua: "Glorificate et portate Deum in corpore vestro" – "glorificai a Deus e trazei-O em vosso corpo""*.

Reforçando:

> Só quando *a Ciência* junta-se *à Teologia*, que, aí sim, *ambas* têm condições de analisar adequadamente *a incomparável grandeza e a incomensurável dignidade da criatura humana*.
>
> Se não somos *sapiens*, o que somos afinal?
>
> Já que, como foi falado neste livro, está inadequado enquadrar *o homem* como *Homo sapiens,* qual seria então o enquadramento correto?
>
> Não seria preciso enquadrar em nenhum sistema de classificação feito pelo próprio *homem*.

O que precisamos é nos enquadrar no *"sistema de classificação"* em que Deus nos criou:

> Assim como o *anjo* é *"anjo"*, o *querubim* é *"querubim"*, o *serafim* é *"serafim"*, o *homem* é *"homem"*,

Mas se quisermos dar um nome ao que *o homem* é, podemos dizer o seguinte:

O homem é uma criatura superior, infinitamente amada por Deus, feita *"filho de Deus"* pelo próprio Deus, imagem e semelhança de Deus.

O homem está aqui na Terra para conhecer, amar e servir ao seu Deus e está destinado, depois desta vida aqui na Terra, a ser *divinizado* e então poder mergulhar no seio de Deus e aí permanecer na glória eterna, com e em Deus.

Bem, está na hora de fecharmos este *"álbum de fotos", que é o capítulo 10 deste livro.*

Este livro, como dissemos, teve como um de seus principais objetivos o de refletir sobre ***"a incomensurável dignidade do homem"***.

O assunto é muito belo e há muito mais coisas a serem refletidas do que o que foi possível abordar aqui.

É impossível abarcar tudo num espaço tão pequeno como o disponível nestas páginas.

Porém, pudemos ter uma certeza: a maioria das coisas que não incluímos aqui não pode ser encontrada em nenhum livro de origem humana, pois *"elas estão dentro de cada um de nós"*. Mas, não estão trancadas a sete chaves.

O segredo para ter acesso a elas é:

> - o *"conhece-te a ti mesmo"* e o *"aperfeiçoa-te incessantemente a ti mesmo"*;
>
> - para isso, cada um, durante sua vida, vai procurando crescer neste *"autoconhecimento"* e neste *"autoaperfeiçoamento"*, tendo como meta final chegar ao *mais alto grau de dignidade possível ao ser humano*;
>
> - mas, ao mesmo tempo vai procurando uma aproximação crescente com o Amor de Deus;
>
> - então, o Amor de Deus vai revelando como ir crescendo rumo *à maior dignidade possível a que podemos chegar*.

Um dia o Apóstolo São Paulo, já tendo trilhado a senda da mais alta dignidade humana, disse: *"Eu vivo, mas já não sou eu; é Cristo quem vive em mim"*[366].

Isto quer dizer que São Paulo, após sua conversão, trabalhou tanto no seu próprio autoaperfeiçoamento, que cresceu até *a maior dignidade possível* para um *ser humano podendo dizer: "... é <u>Cristo</u> quem vive em mim!"*

Ao final de sua vida, após muitas lutas e incontáveis esforços de autocrescimento, São Paulo tinha conseguido atingir o maior *grau de santidade: "a auto transfiguração em Cristo"*.

Por isso, ele dizia: *"...é <u>Cristo</u> quem vive em mim"*.

Ora, *Cristo* era *Deus* e *homem* ao mesmo tempo. Como *humano*, Ele foi *o ser humano mais perfeito que existiu*.

---

[366] Gl 2, 20.

Então, quanto mais alguém consegue, ao longo de sua vida, *transfigurar-se em Cristo*, "maior será seu grau de perfeição humana" e, por que não dizer, maior será seu "grau de *divinização*".

"*Divinização*" não quer dizer que a pessoa torna-se Deus, mas sim que torna-se *divinizada*.

Ou seja, restaurada, pronta para, após sua vida aqui na Terra, poder viver no *seio de Deus*, na *glória de Deus*, pelo resto da eternidade.

Este é o grande prêmio para o qual Deus criou *o homem*.

Mas, depende do próprio *homem* o "*fazer tudo para transfigurar-se, ao longo de sua vida*", a fim de, ao final, poder ganhar tão grande galardão.

Importante: **só ao homem** foi reservada *a incomensurável dignidade* de um dia poder "*conviver na intimidade da glória de Deus!*"

Não percamos tempo... comecemos desde já esta grande aventura...

Deus nunca nega Sua Ajuda a quem dEle quer aproximar-se...

Podemos ter uma certeza: este é o mais bem pago "*investimento*" a que alguém pode dedicar-se ao longo da vida, pois o pagamento é contínuo e remunerado em "*moedas de felicidade verdadeira*".

Quanto mais a pessoa esforça-se, mais "*moedas de felicidade verdadeira*" ela ganha.

Esta é uma "*poupança*" que é depositada num lugar onde "*nem a traça e nem a ferrugem do tempo corroem e nem os ladrões roubam*"[367].

À medida que a pessoa vai fazendo "*crescer Cristo*" dentro de si ("*transfigurando-se em Cristo*"), ela vai sentindo-se crescentemente mais feliz.

Bom trabalho e que todos possamos tornarmo-nos as pessoas mais ricas destas "*moedas da verdadeira felicidade*" no mundo.

É hora de concluir.

Creio que, após as exposições e argumentações incluídas neste livro, nós possamos escrever com letras de ouro que:

> *o homem,*
>
> *a única criatura superior,*
>
> *a única criatura que é "imagem*

---

[367] Mt 6, 19-21: "Não ajunteis para vós tesouros na Terra, onde a ferrugem e as traças corroem, onde os ladrões furtam e roubam. Ajuntai para vós tesouros no Céu, onde não os consomem nem as traças, nem a ferrugem, e os ladrões não furtam, nem roubam. Porque onde está o teu tesouro, ali também está teu coração".

e semelhança de Deus",

criatura sumamente amada por Deus,

é

incomensuravelmente mais do que *sapiens*.

* * *

A falsa ciência cria os ateus,
a verdadeira ciência faz o homem prostrar-se
diante da Divindade.

Voltaire (1694-1778)
François-Marie Arouet, escritor, historiador e filósofo iluminista francês

*O **cientista** escala, finalmente,
a montanha da ignorância, está prestes a
chegar ao pico mais alto e, quando vence o último obstáculo,
é recebido por um punhado de **teólogos**,
que já estão sentados ali no topo há séculos!
Robert Jastrow (1925-2008)
Astrônomo, Físico e Cosmologista*

Agradeço a Deus, em Sua Infinita Bondade e Generosidade, pela alegria de poder trazer o presente livro como despretensiosa contribuição para que a humanidade possa descobrir e cumprir, de forma cada vez melhor, sua insubstituível e inadiável missão dentro desta sua fabulosa epopeia universal.

Nota: Esta obra foi construída tendo por base uma vasta quantidade de fontes bibliográficas e de outras bases adicionais, as principais delas referenciadas ao longo do texto. Visando facilitar a exposição e a fluidez da leitura, optou-se por evitar excesso de citações no decorrer das páginas. Caso algo tenha sido esquecido ou seja encontrada alguma coisa que necessite de correção ou de crédito, pedimos a fineza de nos informar pelo email: formag1106@gmail.com. Desde já agradecemos.